城市与区域空间结构研究丛书 | 吴殿廷 主编

国家自然科学基金项目（41771128）

区域创新与经济发展的耦合互动关系研究
Research on the Coupling Interaction Between Regional Innovation and Economic Development

吴昊 著

东南大学出版社
SOUTHEAST UNIVERSITY PRESS
南京·2023

内容提要

在"创新、协调、绿色、开放、共享"新发展理念中,创新发展是关键。本书从国家创新驱动发展战略的大背景出发,搭建了包括企业、科研院所与高校、创新中介机构和政府在内的区域创新主体的圈层结构,并根据创新价值链理论建构了区域创新活动概念模型;从创新投入、创新产出、创新经济产出三个阶段角度构建了三类共 27 项区域创新发展评价指标体系;采取数据包络分析和面板门限回归分析等方法,从"水平"和"效率"两个层面考察了全国 30 个省区市(不包括西藏和港澳台地区)的区域创新水平与区域经济发展水平、区域创新效率与区域创新转化经济效率的互动关系和相互影响效果;最后提出了我国区域层面创新发展的模式和路径。

本书可作为区域经济学、产业经济学和人文地理学等专业师生的学习资料,也可作为从事区域规划或区域政策研究人员的工作参考书。

图书在版编目(CIP)数据

区域创新与经济发展的耦合互动关系研究 / 吴昊著.
— 南京:东南大学出版社,2023.12
(城市与区域空间结构研究丛书 / 吴殿廷主编)
ISBN 978-7-5766-0952-3

Ⅰ.①区… Ⅱ.①吴… Ⅲ.①区域经济发展 – 研究 – 中国 Ⅳ.① F127

中国国家版本馆 CIP 数据核字(2023)第 209653 号

责任编辑:孙惠玉　李倩　　责任校对:周菊　　封面设计:企图书装　　责任印制:周荣虎

区域创新与经济发展的耦合互动关系研究
Quyu Chuangxin Yu Jingji Fazhan De Ouhe Hudong Guanxi Yanjiu

著　　者:	吴昊
出版发行:	东南大学出版社
出 版 人:	白云飞
社　　址:	南京四牌楼 2 号　邮编:210096　电话:025-83793330
网　　址:	http://www.seupress.com
经　　销:	全国各地新华书店
排　　版:	南京凯建文化发展有限公司
印　　刷:	南京凯德印刷有限公司
开　　本:	787mm×1092mm　1/16
印　　张:	13.75
字　　数:	335 千
版　　次:	2023 年 12 月第 1 版
印　　次:	2023 年 12 月第 1 次印刷
书　　号:	ISBN 978-7-5766-0952-3
定　　价:	49.00 元

本社图书若有印装质量问题,请直接与营销部调换。电话(传真):025-83791830

总序

任何事物的发展都是在时空中展开的，当这个事物的体量很大时，其内部的分异就不容忽视。中国经济社会系统就是这样的事物，中国的很多城市、区域也是这样的事物，而且还都处在快速分异、分化之中。所以，在中国，以研究空间结构为主的学科——地理学，在当前是最具生命力的学科之一，全世界还没有哪一个国家的地理学研究人员数量和高校招生规模可与中国媲美。

以北京师范大学为例，从改革开放初期的一个地理系，发展到目前的地理科学学部、环境学院、水科学研究院、应急管理部—教育部减灾与应急管理研究院等，现有全职教师300多名，在岗教授100多名，每年招收博士生数以百计。当然，中国在这方面的研究水平还不高，与美国、德国、日本等发达国家相比还有很大差距，但凭借着人多势众的研究队伍和广泛的社会需要，中国的空间结构研究必将在不远的将来站在世界的前沿，甚至引领世界发展。

空间结构是指在一定地域范围内不同要素的相对区位关系和分布形式，它是在地球表层系统长期发展过程中人类活动和区位选择的积累结果与空间表现形式，反映了人类活动的区位特点以及在地域空间中的相互关系。这些成果重在研究城乡之间、区域之间的统筹协调发展问题。按照正常的思维习惯，即先从宏观整体出发，然后再逐渐深入微观具体层面，因此本套丛书我们将视角放在城市和区域内部，以一线城市、部分二线城市和发达地区为主要研究对象，利用城市地理学、区域经济学等最新理论和地理信息系统（Geographic Information System，GIS）等现代手段，探索快速发展的城市和区域的空间演变规律，旨在为正处在全面城镇化阶段的国家决策和转型与跨越发展的区域决策提供支撑。

中国的空间结构研究从2005年开始进入爆发式发展时期，在2015年前后最为活跃，至今仍是学界关注的热点课题。在中国知网上，以"区域空间结构"为主题进行检索，2000年可检索到文献23篇，2005年可检索到74篇，2010年可检索到122篇，2015年可检索到113篇，2020年可检索到76篇，2021年可检索到73篇；以"城市空间结构"为主题进行检索，2000年可检索到文献41篇，2005年可检索到190篇，2010年可检索到362篇，2015年可检索到323篇，2020年可检索到258篇，2021年可检索到267篇。由此可见，空间结构研究契合了国内研究的热潮。我们欢迎国内外同仁前来加盟，总结、探索并推出具有中国特色的城市与区域空间结构研究系列成果，以推动中国城市与区域的可持续发展。

高瞻远瞩遥感者，博大精深地理人。科学发展纵横论，强邦富民要躬行。地理学以其独特的空间思维迎合了大国崛起的现实需要，成为当前最具价值的战略学科之一。我们在为地理学迅速成长欢欣鼓舞的同时，也深感责任重于泰山。是为序，并与国内外同仁共勉。

本丛书的出版得益于东南大学出版社的支持,尤其是徐步政、孙惠玉两位编辑的帮助。在当今人们都热衷于追求经济利益的大背景下,他们却对学术著作出版热心扶持,其高尚之情怀令人感动。特借丛书出版之际,向东南大学出版社表示敬意和谢意!

吴殿廷

前言

2015年10月29日，习近平在党的十八届五中全会第二次全体会议上的讲话中提出了"创新、协调、绿色、开放、共享"的发展理念。创新发展随之成为国家战略。国家创新离不开区域创新，区域创新是国家创新的主要载体和承担者。区域创新已经成为我国区域经济发展问题的关注热点，只有通过统筹协调区域内各创新主体，构建具有自身特色的区域创新体系，才能让区域走上创新驱动、内生增长的发展轨道，并保持足够的可持续竞争能力。

在当前全球化和新经济的大背景下，区域创新成为近年来区域经济学研究课题的重要一环，区域创新体系也已经成为区域发展研究不可或缺的组成部分，并为政府部门制定创新发展政策提供了依据和参考。创新活动是一项复杂的系统工程，探讨区域创新的结构和路径机制，研究影响区域创新的因素与内在机理，研究区域经济发展和区域创新之间的互动关系，对提升区域创新能力、制定和实施相关区域创新政策和措施至关重要，对于加速我国区域经济发展具有重要意义。

区域经济学是一门理论与实践相结合的应用性学科。作为经济学领域的重要学科之一，区域经济学从经济地理学发展而来，在改革开放后开始蓬勃发展，一批又一批经济学家、学者和研究人员开展了大量的理论探索和应用实践，为指导我国区域经济发展、合理安排经济发展部门、统筹协调区域平衡与一体化做出了巨大贡献。区域创新处于区域经济学和创新经济学的交叉研究地带，既研究区域经济的发展、影响因素和内在机制，也研究区域创新所涉及的技术创新、产品创新、市场创新、要素创新、组织管理创新、制度创新等各方面，并且对区域创新与经济发展之间的互动进行了研究，既有区域创新影响区域经济的一面，也有区域经济作用于区域创新的一面。正因为区域创新是一个较为前沿的研究领域，因此其研究范围较广，本书无法覆盖到区域创新的全部内容，因此仅聚焦于区域创新与经济发展的互动这一个角度，以期能够给读者一些有益的参考和借鉴。

本书基于笔者在中国人民大学攻读博士学位期间的毕业论文撰写而成，研究数据均来自日常积累，并得到了中国人民大学侯景新教授、孙久文教授和北京师范大学吴殿廷教授的指导，以及国家自然科学基金项目"协同发展背景下京津冀非基本公共服务业空间响应机理及空间优化研究"（41771128）的支持，特此说明和致谢。

最后，十分有幸能够在中国人民大学求学期间得到来自导师和课题组的悉心指导和照顾，特别感谢东南大学出版社的关怀和指导。本书以"区域创新"这样一个宏大的主题为题，仅站在探究互动关系这一视角出发，实为一家之言，遗漏之处欢迎各位专家、学者及热心于区域创新的研究者们批评指正。

吴昊
2022 年 6 月于北京

目录

总序
前言

1 绪论·······001
  1.1 研究背景·······001
  1.2 研究意义·······003
    1.2.1 实践意义·······003
    1.2.2 理论意义·······003
  1.3 研究对象（范围）及其界定·······003
    1.3.1 区域创新·······004
    1.3.2 区域经济发展·······005
  1.4 研究内容与方法·······005
    1.4.1 主要研究内容·······005
    1.4.2 主要研究方法·······008
  1.5 研究目标与技术路线·······009
    1.5.1 主要研究目标·······009
    1.5.2 研究技术路线·······010
  1.6 可能的创新点·······011

2 相关研究进展·······012
  2.1 区域创新理论的简要回顾·······012
    2.1.1 创新经济学的基本理论·······012
    2.1.2 国家创新体系理论·······016
    2.1.3 区域创新体系理论·······017
  2.2 区域创新评价方面的研究进展·······018
    2.2.1 国外研究进展·······019
    2.2.2 国内研究进展·······021
  2.3 区域创新效率方面的研究进展·······022
    2.3.1 国外研究进展·······022
    2.3.2 国内研究进展·······023

2.4 区域创新与经济发展的互动关系研究进展 024
　　2.4.1 国外研究进展 024
　　2.4.2 国内研究进展 026
2.5 相关进展述评 027

3 理论范畴与概念模型 029
3.1 区域创新参与主体 029
　　3.1.1 企业 031
　　3.1.2 科研院所与高校 031
　　3.1.3 创新中介机构 032
　　3.1.4 政府 033
3.2 区域创新价值链相关理论 034
　　3.2.1 创新价值链概念内涵 034
　　3.2.2 创新价值链与创新服务链 035
　　3.2.3 创新价值链研究进展 036
3.3 区域创新与经济的耦合理论 037
　　3.3.1 耦合理论概述 037
　　3.3.2 区域创新与经济发展耦合关系方面的研究进展 038
3.4 区域创新促进区域经济发展的概念模型构建 041
3.5 指标选择与评价体系构建 044
　　3.5.1 区域创新与经济发展指标体系的构建目标与原则 044
　　3.5.2 已有指标体系的借鉴 045
　　3.5.3 区域创新与经济发展指标体系构建 046

4 区域创新与经济发展的空间格局 049
4.1 区域创新投入指标的地域差异 049
　　4.1.1 人均研发经费的地域差异 051
　　4.1.2 规上研发（R&D）投入强度的地域差异 052
　　4.1.3 高校人口比的地域差异 053
　　4.1.4 万人高校在校生数的地域差异 054
　　4.1.5 规上研发（R&D）人员全时当量的地域差异 055
　　4.1.6 人均高新技术企业研发（R&D）经费支出的地域差异 ... 056
　　4.1.7 万人高新技术企业科技活动人员的地域差异 057

   4.1.8 万人高新技术企业大专以上人数的地域差异 058
  4.2 区域创新产出指标的地域差异 059
   4.2.1 十万人发明专利数的地域差异 061
   4.2.2 人均技术合同成交额的地域差异 062
   4.2.3 十万人高新技术企业数量的地域差异 063
   4.2.4 百万人专利合作条约（PCT）专利申请量的地域差异 064
   4.2.5 人均高新技术企业工业总产值的地域差异 066
   4.2.6 人均高新技术企业总收入的地域差异 067
   4.2.7 人均高新技术企业净利润的地域差异 068
   4.2.8 人均高新技术企业创汇总额的地域差异 069
  4.3 区域经济发展指标的地域差异 070
   4.3.1 人均全社会固定资产投资存量的地域差异 072
   4.3.2 人均实际使用外资金额的地域差异 073
   4.3.3 人均货物进出口总额的地域差异 074
   4.3.4 城镇居民家庭平均每人全年消费性支出的地域差异 075
   4.3.5 人均地区生产总值的地域差异 076
   4.3.6 单位国内生产总值（GDP）废水排放量的地域差异 077
   4.3.7 单位国内生产总值（GDP）电力消费量的地域差异 078
  4.4 本章小结 079

5 区域创新水平与区域经济发展水平的互动关系 081
  5.1 区域创新水平的区域格局与演变趋势 083
   5.1.1 区域创新指标权重的确定 083
   5.1.2 区域创新水平的时空演变分析 083
  5.2 区域经济发展水平的区域格局与演变趋势 085
   5.2.1 区域经济发展指标权重的确定 085
   5.2.2 区域经济发展水平的时空演变分析 086
  5.3 区域创新水平与区域经济发展水平的互动关系 088
   5.3.1 数据前期检验 088
   5.3.2 区域创新水平与区域经济发展水平的整体作用机制 090
   5.3.3 区域创新水平与区域经济发展水平的局部作用机制 095
  5.4 本章小结 107

6 区域创新效率与区域创新转化经济效率的互动关系 ... 108

6.1 区域创新效率与区域创新转化经济效率相关文献回顾 ... 108
6.2 基于松弛变量计算效率值（SBM）的超效率模型及马姆奎斯特（Malmquist）指数模型方法简析 ... 109
6.3 区域创新效率与区域创新转化经济效率的比较分析 ... 111
6.3.1 区域创新效率的比较分析 ... 112
6.3.2 区域创新转化经济效率的比较分析 ... 117
6.4 区域创新与区域创新转化经济的全要素生产率 ... 121
6.4.1 区域创新投入→区域创新产出全要素生产率的演变趋势 ... 122
6.4.2 区域创新产出→区域创新经济产出全要素生产率的演变趋势 ... 127
6.5 区域创新效率与区域创新转化经济效率的互动关系 ... 133
6.6 基于面板归并回归（Tobit回归）的效率影响因素及其作用机制 ... 137
6.6.1 各指标对区域创新效率的影响及其作用机制 ... 137
6.6.2 各指标对区域创新转化经济效率的影响及其作用机制 ... 141
6.7 本章小结 ... 145

7 区域创新的经济门限效应 ... 148

7.1 区域创新与经济发展的相关文献回顾 ... 148
7.2 面板门限回归模型方法 ... 150
7.3 区域创新的经济门限效应分析 ... 151
7.3.1 数据来源与前期检验 ... 151
7.3.2 面板协整检验与豪斯曼（Hausman）检验 ... 153
7.3.3 区域创新与区域经济发展的门限效应分析 ... 159
7.4 基于门限效应的固定效应面板回归分析 ... 167
7.4.1 基于全样本的面板回归 ... 167
7.4.2 基于门限效应的面板回归 ... 170
7.5 本章小结 ... 177

8 结论、讨论及政策建议 ... 180

8.1 主要结论 ... 180
8.1.1 区域创新投入指标呈现"东高西低"的空间分布格局 ... 180

  8.1.2 区域创新产出指标的地域差异较高且同样呈现"东高西低"特征 180
  8.1.3 区域经济发展指标的地域差异在稳步缩小 181
  8.1.4 区域创新水平和区域经济发展水平显著正相关 181
  8.1.5 区域创新效率"东西高中间低" 181
  8.1.6 区域创新转化经济效率呈现"西高东低，零星分布"的空间格局 181
  8.1.7 区域创新及其转化效率有待提高 182
  8.1.8 推进区域创新与区域经济互动融合发展 182
  8.1.9 区域创新的经济门限效应显著，跨越区域创新的经济门限面临挑战 182

8.2 政策建议 182
  8.2.1 立足区域自身基础，努力提高区域创新的投入与产出能力 183
  8.2.2 鼓励东部沿海地区创新扩散，促进区域协调发展 184
  8.2.3 进一步畅通区域创新成果转化链条，促进创新和经济的更好互动 184
  8.2.4 不同地区采取不同的创新发展策略 185

8.3 进一步展望 186

参考文献 188
图表来源 206
后记 207

1 绪论

1.1 研究背景

创新始终是一个国家、一个民族发展的重要力量,也始终是推动人类社会进步的重要力量(习近平,2016)。21世纪是知识经济时代,能否通过创新实现可持续发展是世界各国都在关注的重要课题。在1978年召开的全国科学大会上,邓小平同志做出了"科学技术是生产力"的重要论断。1995年江泽民同志在党中央、国务院召开的全国科学技术大会上的讲话中,号召大力实施"科教兴国"战略,再次重申了创新的重要性。2012年胡锦涛同志在全国科技创新大会上强调,要坚定不移地树立和落实科学发展观,充分发挥科技进步和创新在经济社会发展中的巨大作用(饶燕婷,2012)。2013年3月李克强同志首次提出"打造中国经济升级版"这一全新的经济发展理念(贾康,2015)。中国经济升级版包含了中国经济发展的方方面面,更加注重创新在经济发展中的作用,是更高水平的转型升级(胡鞍钢等,2013)。经过40多年的快速发展,中国面临资源环境瓶颈制约的现象更加明显,在经济全球化不断退后、劳动力人口不断减少的宏观背景之下,中国经济的传统优势正在减弱,传统的外延式增长模式不能带领中国走出"中等收入陷阱",中国需要内涵式可持续发展的经济增长模式。为扭转不利局面,只有通过增强自主创新能力,提高经济发展的质量和层次,才能从根本上解决好当前经济发展中存在的各种矛盾和问题。

在"中国经济升级版"的基础上,我国又提出了"新常态"的发展理念。中国经济自改革开放后,经历了40多年的高速增长,现在正在步入换挡减速的关键期,即进入了"新常态"发展的新时期,因此我国的经济发展也需要进行阶段性的转变。新常态具有三个关键词:一为"中高速",即发展速度要降到中高速的合理区间之内;二为"结构调整优化",即增长路径要从粗放转向集约;三为"创新驱动",要摒弃要素驱动的传统套路,着力形成创新驱动的新动力。习近平同志在党的十八大中正式提出"创新驱动发展战略",指出应将科技创新摆在国家发展全局的核心位置,努力实现到2020年进入创新型国家行列的目标。随后习近平同志在党的十八届五中全会上又提出了"创新、协调、绿色、开放、共享"的新发展理念,将创新提到首要位置,进一步指明了我国发展的方向和要求（韩保江，2015）。坚持创新发展，就必须把创新摆在国家发展全局的核心位置。区域创新作为国家创新系统的重要组成部分，构成了国民经济和科技发展的重要基础，区域创新能力也成为我国能够获得国际竞争优势的关键因素。

"十三五"是我国经济的一个重要转型期，也是自"十一五"的初步转型期、"十二五"的攻坚转型期以来的全面升级期，国民经济和社会发展全面纳入了科学发展轨道，我国正逐渐消除"国内生产总值（Gross Domestic Product，GDP）崇拜"，弱化 GDP 的指挥棒职能，充分激发创新活力（胡鞍钢等，2013）。区域创新与经济发展之间的良性互动关系更为重要，必须妥善处理好经济增长、发展质量和区域创新之间的平衡关系，以区域创新促进我国经济向"又好又快"的总目标持续发展。国家创新离不开区域创新，区域创新和城市创新是国家创新的主要承担者（涂成林，2007）。区域创新已经成为当今区域经济发展问题的关注热点，只有通过统筹协调区域内各创新主体，构建具有自身特色的区域创新体系，才能让区域走上创新驱动、内生增长的发展轨道，并保持足够的可持续竞争能力。创新活动是一项复杂的系统工程，探讨区域创新的结构和路径机制，研究影响区域创新的因素与内在机理，对提升区域创新能力、制定和实施相关区域创新政策与措施至关重要，对于加速我国区域经济发展具有重要意义。

2020 年 10 月 29 日，在党的十九届五中会上通过的《中共中央关于制定国民经济和社会发展第十四个五年规划和二〇三五年远景目标的建议》，在最显眼的位置专辟一章讲创新驱动发展，强调要把科技自立自强作为国家发展的战略支撑，面向世界科技前沿、面向经济主战场、面向国家重大需求、面向人民生命健康，深入实施科教兴国战略、人才强国战略、创新驱动发展战略，完善国家创新体系，加快建设科技强国。

近年来，北京、上海、广东等省份的区域创新活动受到世界瞩目，为我国建设创新型国家提供了可以借鉴的发展经验。中共中央办公厅、国务院办公厅（2015）印发的《关于在部分区域系统推进全面创新改革试验的总体方案》，科技部联合中华全国工商业联合会印发的《关于推动民营企业创新发展的指导意见》，科技部（2013）制定的《区域创新能力监测指标体系》等政策文件，都为我国推动区域创新提出了新的要求和发展方向。但不可否认的是，我国目前仍处于创新型国家建设的初期，区域创新能力、水平和效率仍有待提升，区域创新支撑经济发展的能力有待提升。加快推进区域创新资源和要素的集聚，推动创新人才和资本的跨区域流动，以区域创新提升经济发展质量，是当前所面临的紧迫任务。

1.2 研究意义

1.2.1 实践意义

研究区域创新与经济发展之间的关系，有助于促进区域创新与区域经济的互动协调发展，推动区域创新与经济发展的水平和效率不断提升。把握区域创新与经济发展互动的内在机理，提升区域产业发展层级，反过来也会进一步推动区域创新。

我国的区域创新格局发展到现阶段，在区域创新水平和效率上出现了明显的不同形态，区域创新的地域差异逐渐拉大，有些地方如北京、广东等省份的创新发展成果显著，而中西部地区及东北地区的创新水平和效率仍然处于较低的水准，导致这些地区无法实现真正的产业升级，也对经济的可持续发展构成了阻碍。研究区域创新与经济发展，有助于促进我国产业结构升级和资源要素的优化配置，优化区域空间的发展结构，促进区域经济向更合理的方向发展。

1.2.2 理论意义

（1）有助于拓展区域创新的研究方法。社会领域的问题和自然科学中的问题总有相同或相似之处，自然科学中的很多规律在经济社会运行中也会被发现。本书以实证分析为基底，综合利用了数据包络分析（Data Envelopment Analysis，DEA）、面板回归分析、面板门限回归分析等多重手段，着重从水平和效率的双重视角系统地研究区域创新与经济发展的体系理论，有助于丰富已有的区域创新与经济发展的相关概念。本书从理论研究和实证分析两个层面的研究入手，为进一步深入研究区域创新、促进经济可持续发展提供了新的方法。

（2）有助于深入理解区域创新的影响因素和机制，理解创新与经济发展的互动关系。关于区域创新体系，尤其是影响区域创新水平与效率的作用机制及影响机理是什么，以及区域创新与经济增长是如何相互影响的机理机制等，在这些方面仍需开展大量的研究工作。因此研究区域创新和区域经济发展的互动关系的问题，既是对当前区域创新研究的进一步深化，也是对创新经济学及其相关理论的有益补充、深化及完善。

1.3 研究对象（范围）及其界定

以区域创新与区域经济发展的互动关系为题，为我国更好地实施创新驱动战略提供参考。

1.3.1 区域创新

区域是一个相对概念，可分为地理区域、行政区域和经济区域（Boeing et al.，2011）。区域创新就是各创新主体在一定地域范围内相互联系、相互作用，进而构成区域性的具有创新结构与功能的经济活动。经过长期的自上而下的行政管理实践，我国各级行政区在客观上已经发展成为内在统一程度较高的区域。考虑到我国经济社会活动组织的特殊性，以及统计数据的完整性，本书以行政区域的创新活动和区域发展研究为主。

约瑟夫·熊彼特（Joseph Schumpeter）是现代创新理论的奠基人，其将创新定义为运用新工具或新方法对原始资源进行重新组合应用，以创造出新的价值和需求。从某种程度来说，创新并非局限于科学技术领域，也同样适用于其他研究领域。由于人们逐步认识到科技创新对推动经济发展具有重要作用，创新理念得到了愈发广泛的关注。在美国国家科学基金会（National Science Foundation，NSF）发布的《1976年：科学指示器》中，技术创新被正式定义为"将新的或改进的产品、过程或服务引入市场"，科技创新被认为是一个将科学发现和技术发明应用于生产并创造出新的社会价值的过程（张来武，2011）。

区域创新体系的概念一直处在发展与演变之中，英国学者库克（Cooke）教授率先对区域创新体系进行了系统的定义，他在后续研究中对区域创新体系进行了更深入的探讨。他认为区域创新系统是由在地理上具有互相关联并形成分工特征的企业、研究机构和高校等联合构成的一种区域性组织和体系（Cooke et al.，1998）。随后弗里曼（Freeman，1982）、拉根迪克等学者（Lagendijk et al.，2000）对区域创新进行了全方位的研究，以解释制度、组织环境等对区域创新体系与创新能力、创新潜力的联系和影响作用。这就是说，区域创新包括区域的产品（产业）创新、科技创新、机制体制创新等多方面。本书主要研究的区域创新体系就是指在一定的地域范围内，包含企业、大学和科研机构、中介服务机构等创新主体在内，与创新全过程相关的不同创新主体之间发生交互作用的完整体系。

与西方学者关注"创新"和"技术创新"不同，我国学者则更多地强调"科技创新"这一概念。20世纪80年代以来，随着信息技术、生命科学、能源环境等新兴技术的蓬勃发展，科学与技术不断地相互渗透与融合，这使得人们对"科学"与"技术"的概念区分逐渐模糊，"科技创新"逐步取代"创新"与"技术创新"，成为国内学者广泛关注的热点词汇。我国学者傅家骥等（1992）指出，科技创新源于技术创新，二者的不同之处在于科技创新在注重技术创新的同时，也强调科学研究在创新活动中的重要性。李文明等（2006）认为科技创新包含了技术创新，其涵盖的范围更加广泛、内涵更加全面，即科技创新不仅强调了科学研究与发现对创新活动的催生作用，而且强调了创新活动对新技术应用与转化的促进作用。因此本书重点以科技创新为区域创新的核心议题，重点探讨区域创新与区域经济发展的互动关系。

1.3.2 区域经济发展

区域经济（regional economy）是指在一定地域和空间范围内，当地的经济发展的各种内部要素与外部条件相互作用的集合，是一定空间范围内所有经济活动的总和（张秀生等，2005）。区域经济发展的总体情形通常以国民生产总值（Gross National Product，GNP）和人均国内生产总值（per capita GDP）来予以度量。区域经济的增长一方面依赖资源开发的增长率，另一方面需要依靠投入产出的弹性（即边际生产力）。区域经济增长包括内涵式的增长和外延式的增长：前者即通过生产要素的投入增加而引致的经济增长，后者则是在生产要素受到一定约束条件下依靠生产率的提升、制度的改变或市场分工等因素而拉动的增长（韩立红，2013）。经济发展是对经济增长概念的扩充，以柯林·克拉克为代表的学者认为，经济发展不仅仅局限在经济总量的增长，其发展过程和内容也十分重要，包括了经济结构转变、产业结构优化、工业化和城市化等内容（邹薇，2002），因此经济发展是经济的水平、质量、效率和结构等一系列层面的根本性变化。

区域经济作为一种经济发展的地理概念，反映了在某一区域内资源开发和利用的情况和问题，尤其是指矿物资源、土地资源、人力资源等各方面资源的合理利用程度，主要表现在地区生产力布局的科学性和经济效益上（张可云，2013）。对区域经济发展研究的核心目的在于解决区域经济如何持续有效增长的问题，即采取何种措施和手段能够促使区域范围内生产更多的财富，进而提高人民生活水平。区域经济学理论的发展，也经历了从杜能的农业区位理论、韦伯的工业区位理论、克里斯塔勒的中心地理论、廖什的市场区位理论以及胡佛的区域经济学和艾萨德的区域科学，再到克鲁格曼的新经济地理学等近100年的发展历程（安虎森等，2015），在空间上则呈现从点轴开发理论、增长极理论、圈层结构理论、网络开发理论的演变经历（郭腾云等，2009）。随着区域经济学理论的不断演进，开放创新成为新的区域经济研究热点，以独立研发、自主创新为主的内生性创新正在逐步取代以引进吸收和模仿集成为主的外源性创新，这成为区域经济发展中的重要议题。

1.4 研究内容与方法

1.4.1 主要研究内容

本书基于创新价值链理论与耦合理论，从区域创新和经济发展的水平与效率的双重视角予以切入，首先对区域创新与经济发展的地域差异进行深入剖析；其次在构建区域创新活动的三阶段概念模型（区域创新投入→区域创新产出→区域创新经济产出）的基础上，选取30个省级层面（不包括西藏和港澳台地区）作为研究样本，以区域创新和经济发展的水平与效率作为研究对象，分别采用多元统计分析、地理信息系统软件（ArcGIS）分析、面板回归分析、数据包络分析（DEA）和面板门限回归分析等多种计量方法，利用2007—2017年11年的面板数据系统地研究区域创新与区域经济发展的互动关系与影响机制；最后提出关于我国促进区域创新与经济发展的对策与建议。具体研究内容如下：

（1）区域创新与经济发展的地域差异分析。根据区域创新的理论内涵，结合前人对区域创新影响因素的研究，以数据可比性和可得性为主要原则，采用相对指标而非绝对指标以剔除区域发展规模对区域创新评价和区域经济发展评价的干扰，构建包括三大类（创新投入、创新产出、创新经济产出）共计23个具体指标在内的"区域创新与经济发展指标体系"，该指标体系也将绿色发展的相关指标作为非期望产出指标纳入，以更有效全面地衡量区域创新与经济发展情况。为便于对各指标的区域差异进行研究，采用峰度、偏度和变异系数对2007—2017年中国30个省级行政单位（不包括西藏和港澳台地区）的各项指标进行描述性统计分析。

（2）区域创新水平、区域经济发展水平测定。党的十八届三中全会提出将"完善和发展中国特色社会主义制度，推进国家治理体系和治理能力现代化"作为全面深化改革的总目标，而不论是创新还是经济发展都是国家治理的具体体现（江必新，2014），因此有效衡量和测度区域创新水平与经济发展水平对本书研究具有重要意义。对于区域创新水平与经济发展水平的测算主要依靠客观赋值法进行分析。确定指标权重可以有主观赋值法和客观赋值法两种方法，且二者均有广泛的应用（邱东，1990）。比较常用的主观赋值法包括层次分析法（Analytic Hierarchy Process，AHP）、相关数技术评价的计划辅助（Planning Assistance Through Technical Evaluation of Relevance Number，PATTERN）法（可能—满意度法）、专家咨询法、集值迭代法、模糊综合评价法等，但由于人为因素介入，评价结果存在一定程度的偏差，同时当指标较多时，权重的确定也比较困难（刘明广，2015）。客观赋值法以多元统计分析方法为主，以主成分分析法、因子分析法、聚类分析法为代表（孙晓东，2005；吴殿廷等，2015；王霞等，2014；胡雷芳，2007），多元统计分析方法的核心思想是将多指标转化为少数指标，进而进行数据的降维处理。熵值法作为一种客观赋值的方法，通过计算信息熵和指标间的相对变化度对系统整体的影响来决定指标的权重，此方法能够克服指标间信息重叠和人为的主观性，但对样本的数据特征具有较高的依赖性（朱晶晶等，2012）。主成分分析法是一种基于"降维"思想的数据分析方法，也是指标体系构建中的重要方法，但由于主成分分析法需要依靠抽样适合性检验（KMO检验）、巴特利特（Bartlett）球形检验等手段来判定是否适合进行主成分的降维计算，因此本书在综合考虑多种因素后，最终采用熵值法进行指标权重的计算，并得到区域创新水平与经济发展水平的分值，随后利用统计分析方法分析区域创新水平与经济发展水平的地域分布情况和时空演变格局。

（3）区域创新效率与区域创新转化经济效率测算。对于效率的测算，国内外学者通常采用随机前沿分析（Stochastic Frontier Analysis，SFA）和数据包络分析（DEA）两种计量手段作为核心研究方法，并且这两种方法都能够将全要素生产率分解为技术进步变动和技术效率变动两个方面，都能够较为合理地反映经济活动的基本事实（魏下海等，2011；李双杰等，2009）。相比于数据包络分析（DEA）模型，随机前沿分析（SFA）的模型假设更为复杂，并且需要考虑生产函数和技术无效率项的形式，对于效率的测算不如数据包络分析（DEA）简便直接，因此本书采用数据包络分析（DEA）作为研究区域创新效率与区域创新转化经济效率的核心方法。由于采用数据包络分析方法对区域创新效率与区域创新转化经济效率进行测算，因此需要对区域创新活动和经济发展活动的规模效应进行相应假设。关于创新活动的规模效应，学界对此有诸多看法。不论是罗伯特·索洛（Robert Solow）发现的全要素生产率，还是保罗·罗默（Paul Romer）提出的以内生技术进步为特征的知识积累模型，都较为清晰地阐释了技术进步对经济发展的促进作用，并且发现了技术创新对经济增长存在规模效应递增的现象，但对于创新本身的投入产出并没有明确研究出其具有规模效应不变（Constant Returns to Scale，CRS）还是规模效应可变（Variable Returns to Scale，VRS）的特征。由于在数据包络分析中，规模效应不变和规模效应可变的假设对于计算结果有着较大的差异，因此本书同时计算规模效应不变和规模效应可变两种情形下的效率值并计算综合效率，以更加准确地对区域创新效率与区域创新转化经济效率开展计量分析和相应研究，包括地域分布情况、时空演变情况等。

（4）区域创新与区域经济发展的互动关系分析。一是研究区域创新水平与区域经济发展水平的互动关系。区域创新与区域经济发展具有相互影响的作用，区域创新对区域经济发展的带动作用主要体现在经济增长与产业结构优化方面，区域经济发展又会为区域创新提供更充足的资金投入和基础设施建设投入，并会对创新人才有着更好的激励作用。为研究二者之间的相互作用机制，同时本书涉及30个省区市（不包括西藏和港澳台地区）的面板数据，因此主要采用面板数据回归来开展区域创新与区域经济发展之间的相互影响作用的研究。二是研究区域创新效率与区域创新转化经济效率的互动关系。基于"区域创新投入→区域创新产出→区域创新经济产出"的三阶段模型，本书采用经过数据包络分析（DEA）计算得到的面板数据（区域创新效率和区域创新转化经济效率）

进行面板数据回归分析，以探讨区域创新与区域经济发展的相互作用及其机制。此外采用面板归并回归（Tobit 回归）作为核心研究方法，分析区域创新投入指标、区域创新产出指标和区域经济发展指标分别对区域创新效率和区域创新转化经济效率的影响作用。三是区域创新的经济门限效应。该部分着重研究以区域创新产出为核心的区域创新的经济门限效应，即在何种门限情况下对区域创新产出的情况产生何种影响作用与相关机制，进而对区域经济发展和区域创新的关系进行更深入的了解。

1.4.2 主要研究方法

对区域创新与区域经济发展互动关系的已有研究方法进行回顾，可以将其研究方法大致归纳为如下几类：一是计量经济分析方法。这是研究经济学问题的重要途径，也是用的最广的一种。不同学者根据不同的研究内容和研究视角选择截面数据、面板数据或时间序列数据，然后进行设定假设条件、构建模型、假设检验、参数估计等，最后进行参数估计值的稳健性检验。二是数据包络分析（DEA）方法。作为运筹学和研究经济生产边界的一种方法，数据包络分析（DEA）可以通过测算投入产出的效率进行评价。三是面板门限回归分析方法，可以较为直观地发现解释变量对被解释变量存在的结构性突变问题，有效规避了分类回归的弊病。

基于上述，本书的核心研究方法包括文献研究法、理论模型构建法以及计量经济分析法。本书牵涉的数据均为面板数据且为大 N（样本量）小 T（观察时间）的短面板数据，因此在计量经济分析时本书主要采用静态面板数据回归，也采用了双向最小二乘虚拟变量（Least Squares Dummy Variables，LSDV）回归估计、德里斯科尔—克雷（Driscoll-Kraay）稳健标准误估计、面板修正标准误（Panel Corrected Standard Errors，PCSE）估计、可行广义最小二乘法（Feasible Generalized Least Squares，FGLS）估计等方法加以深度分析。此外，本书的计量经济分析的核心方法包括熵值法、数据包络分析方法、面板归并回归（Tobit 回归）方法和面板门限回归方法。

（1）熵值法。熵值法通过计算信息熵，根据指标间的相对变化度（即信息熵）来对指标权重进行测度，相对变化程度大的指标具有较大的权重，且无需假定数据具有特定的分布形态，因此能够较为有效地克服指标赋权的主观性，较为客观地反映信息熵的效用价值，给出有较高可信度的指标权重，适用于涉及指标较多时的综合评价，是一种用途广泛的客观赋值方法。本书研究因有负向功效性指标，因此采用极值法作为熵值法计算过程中的数据无量纲化手段，将在第 5 章予以具体描述。

（2）数据包络分析方法。数据包络分析方法是在 1978 年由美国学者查恩斯（Charnes）等提出的一种评价多投入和多产出的决策单元效率的分析方法，该方法以相对效率为概念，包括基于规模效应不变的分析方法（即 CCR 方法）和基于可变规模收益假设的 BCC 模型，二者均为径向数据包络分析（DEA）模型。由于径向数据包络分析（DEA）模型对无效率的测度没有将松弛变量包含在内，因此托恩斯（Tones）等学者提出了基于松弛变量计算效率值（Slack-Based Measure, SBM）的模型并得到了广泛应用。安德森（Andersen）等学者后继又提出了超效率数据包络分析（DEA）模型，因此计算出的效率值可以大于 1，便于对各研究单元的效率值进行排序和区分。本书采用了托恩（Tone）等学者研发的基于松弛变量计算效率值（SBM）的超效率模型（SE-SBM），具体描述将在第 6 章展开。

（3）面板归并回归（Tobit 回归）方法。归并回归（Tobit 回归）是截尾回归模型或删失回归模型，属于受限因变量回归分析的一部分。由于本书中经过数据包络分析（DEA）得出的效率值均为大于 0 的截断数据，因此无法采用传统的静态面板回归方法进行分析。对于经过计算的面板效率数据而言，面板归并回归（Tobit 回归）模型是最佳选择，因此本书也选择面板归并回归（Tobit 回归）模型进行进一步分析，并采用似然比（Likelihood Ratio, LR）检验来决定是否可以使用随机效应的面板归并回归（Tobit 回归）来进行分析。后续将在第 6 章开展进一步描述。

（4）面板门限回归方法。门限回归模型提出于 20 世纪 80 年代，但早期的门限回归模型由于缺乏合适的建模程序，在实际应用中没有受到太多关注。随着门限回归模型的发展，汉森（Hansen）于 1999 年提出了基于个体固定效应的一种适用于面板数据的门限回归模型估计模型，随后卡纳（Caner）和汉森（Hansen）在 2004 年进行了进一步完善，使得基于面板数据的门限回归分析成为可能。由于区域创新与经济发展之间的关系相对复杂，经济变量对创新变量的影响作用可能存在结构性突变问题，因此采用常规的分段回归有可能会因为分组不当而造成偏误且难以修正，故本书采用面板门限回归模型对影响区域创新的经济门限效应进行深入分析，该部分将在第 7 章予以呈现。

1.5 研究目标与技术路线

1.5.1 主要研究目标

（1）基于创新价值链理论和耦合理论，按照区域创新到经济发展的链条，构建"区域创新投入→区域创新产出→区域创新经济产出"的三阶段概念模型，选择合适的指标形成适宜的"区域创新与经济发展指标体系"。

（2）揭示区域创新投入指标、区域创新产出指标和区域经济发展指标的空间分布格局和时空演变趋势，并通过计量分析方法，定量地衡量区域创新与经济发展的水平与效率，研究相互影响的要素和作用机制，研究区域创新的经济门限效应，对不同经济发展阶段的区域创新的影响作用进行深入探析。

（3）通过计量研究结果，结合中国的发展实际情况，针对性地提出中国各地区促进区域创新与经济有机互动发展的对策建议，为中国各地区制定更为合理的区域创新发展战略和经济发展战略提供基础依据和理论指导。

1.5.2 研究技术路线

本书遵循"文献综述→理论梳理→实证研究→结论与对策建议"的逻辑思路，在区域创新体系理论、创新价值链理论、区域创新与区域经济的耦合理论等指导下开展研究，采用的研究方法有文献研究法、数据包络分析（DEA）法、面板回归分析法、面板归并回归（Tobit 回归）分析法、面板门限回归分析法等，技术路线如图 1-1 所示。

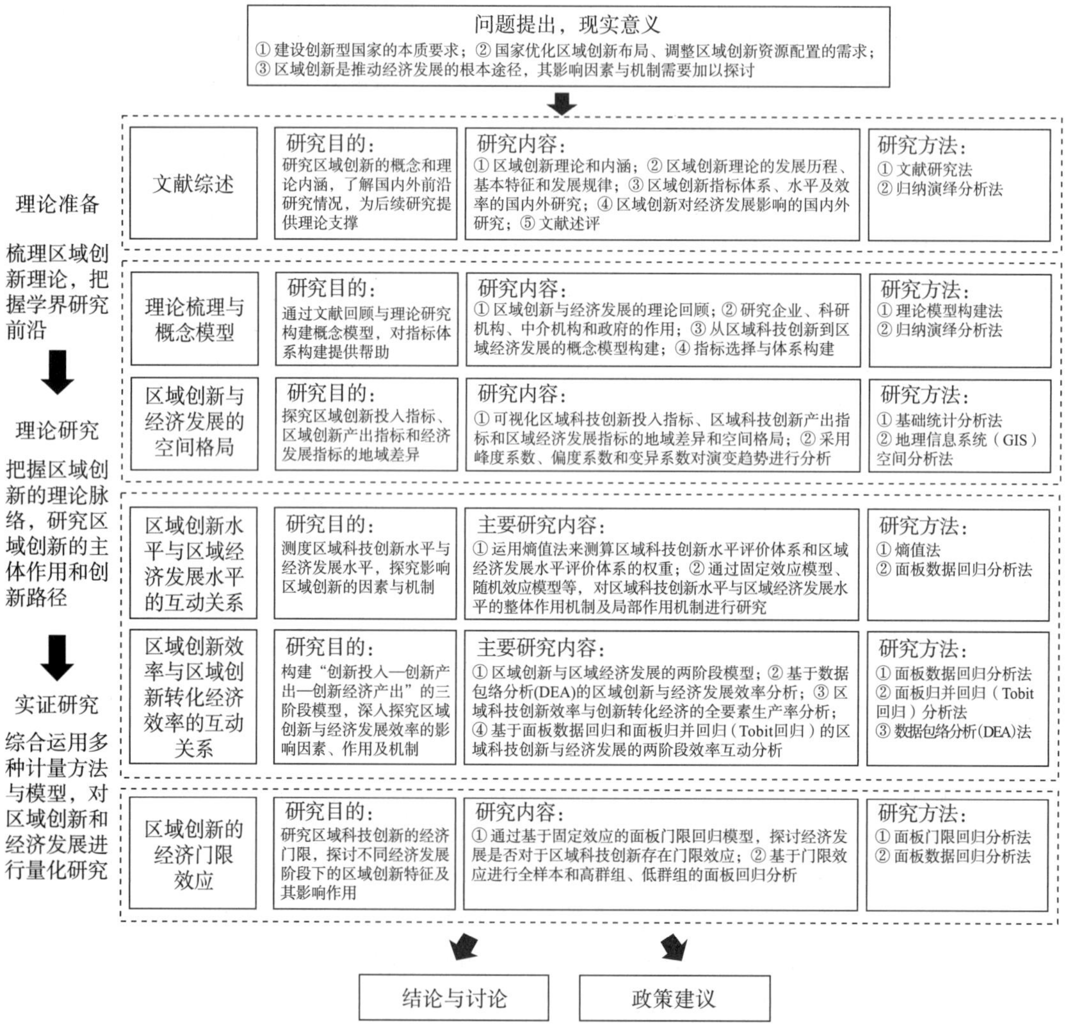

图 1-1 技术路线图

1.6 可能的创新点

（1）初步构建了较为系统的区域创新与经济发展评价指标体系。本书根据从科技创新到经济活动的阶段性和过程性，从"区域创新投入→区域创新产出→区域创新经济产出"的三阶段模型切入，基于全国30个省级（不包括西藏和港澳台地区）层面的数据样本，并且将环境约束纳入其中作为"非期望产出"（undesired output），将通过专利合作条约（Patent Cooperation Treaty，PCT）的专利申请量、高新技术企业数量等创新性指标较早地纳入指标体系中，构建了较为全面且合理的"区域创新与经济发展指标体系"，能够比较全面客观地衡量区域创新和经济发展的水平和效率，以及相应的区域分布格局与时空演变趋势。

（2）较为深入地考察了区域创新投入、区域创新产出和区域创新经济产出的地域差异，并且从"水平"（level）和"效率"（efficiency）两个层面系统地考察了区域创新水平与区域经济发展水平、区域创新效率与创新转化经济效率的互动关系和影响作用，并对总体互动机制和局部互动机制分别进行研究，能够更加清晰直观地反映"水平""效率"之间的互动关系。

（3）对创新活动和经济转化的全要素生产率进行深入研究，发现区域创新的全要素生产率在逐步提升，而区域创新转化经济的全要素生产率均有较为明显的下滑。前者主要是技术变化的提升导致了区域创新全要素生产率的上升，说明当前我国仍处于"创新投入→创新产出"的规模经济阶段，而后者主要由于技术变化值降低的幅度要高于效率变化值提升的幅度，在一定程度上说明当前我国从创新产出到经济产出转化的过程中还有很多问题没有理顺。

（4）在综合运用相关量化方法方面有一些新的尝试。重点采用了数据包络分析（DEA）方法和面板门限回归分析方法。在数据包络分析（DEA）方法中对区域创新活动分别进行规模效应不变和规模效应可变的讨论，并将效率值与面板归并回归（Tobit回归）分析方法相结合，在研究方法的运用上进行了有益的探索和扩充。在门限效应分析方面，对区域创新的经济门限效应进行了细致分析，发现经济发展确实对区域创新有着显著的门限效应，处于不同经济发展阶段的各地区有着不同的区域创新特征，并基于门限效应进行高低群组的面板回归分析，同时对影响创新的经济因素进行了深入探究。

2 相关研究进展

2.1 区域创新理论的简要回顾

2.1.1 创新经济学的基本理论

创新经济学是一个非常宽泛的概念，适用于经济学、公共管理、企业管理等很多领域。对于创新的经济学解读，尤其是对创新进行经济学理论的研究，最早可以追溯到马克思时代。后续的经济学家如熊彼特、迈克尔·波特（Michael Porter）等也构建了具有极大影响力的创新经济学理论框架，近年来创新经济学又有了新的发展。梳理创新经济学的发展脉络有助于了解创新经济学的演进过程，并且能够更加清晰地理解创新的经济学意义。

1）马克思关于创新经济学的理论探索

最早对于创新展开经济学研究的学者可以追溯到卡尔·海因里希·马克思（Karl Heinrich Marx），马克思在《资本论》一书中就提出了自然科学和技术进步对于经济发展的作用。马克思（1953a）通过总结认为，社会生产力的发展主要来源于三个方面，分别是"发挥着作用的劳动的社会性质、社会内部分工、智力劳动特别是自然科学的发展"。克里斯托夫·弗里曼（Christopher Freeman）在解释熊彼特的创新理论时曾对马克思的贡献做出了肯定，他认为"马克思恐怕领先于其他任何一位经济学家，把技术创新看作经济发展与竞争的推动力"（伊特韦尔等，1996a）。

马克思通过深入的研究，率先发现了科学技术对于生产力提高的重要性，以及技术创新对于经济发展的促进和驱动作用。马克思多次在其著述中提到科学技术在实际生产中的应用及带来的效率增加，指出科学技术作为生产力中的一种能够显著地提高当时的劳动生产率，较高的科学发展水平和领先的生产工艺是提升劳动生产力的重要决定因素，二者都会推动社会生产力的发展，即推动经济水平的提升。从马克思的剩余价值理论中也可以看出创新的作用，他在研究相对剩余价值时，就自然科学领域的创新对经济社会的影响展开了非常丰富的讨论，他写道："劳动资料取得机器的物质存在形式，要求以自然力来代替人力，以自觉应用自然科学来代替从经验中得出的成规。"相对剩余价值建立在提高社会劳动生产力的基础上，其生产必须通过改变和提升劳动的技术条件和社会条件才能提高劳动生产力，进而缩短劳动时间以攫取相对剩余价值。根据马克思对于相对剩余价值的分析可以看出，提高相对剩余价值的关键在于推动创新，即通过科技的演进来提高劳动生产力。

马克思还从超额剩余价值的视角来解释创新对于社会生产力的提升作用。马克思通过研究超额剩余价值发现，创新带来的成果会通过超额剩余价值向社会扩散，即全社会都在追求超额剩余价值这一举动带动了生产方式和工艺的创新，进而导致全社会的劳动生产力普遍提升，最终超额剩余价值消失，每个资本家获得一般的相对剩余价值。相对剩余价值是全社会追求创新带来额外利益的结果，这也意味着创新的成果将服务于更广的人群。

2）熊彼特的创新经济学理论

学界对创新概念的解释最早是从技术创新与经济发展相互作用的视角出发，深入探讨技术创新对经济发展的具体影响作用，其中最核心的代表人物就是熊彼特，他也是创新经济学这一概念最早的提出者和相应创新经济学理论框架的搭建者。熊彼特于1912年在《经济发展理论——对于利润、资本、信贷、利息和经济周期的考察》（以下简称《经济发展理论》）一书中提出了创新的基本概念，认为"创新是建立一种新的生产函数或是一种生产函数的新组合，其目的在于不断打破经济均衡，获取潜在的超额利润"。他把创新的概念进一步明确并指出"技术创新"的五种情形，即产品创新、技术创新、市场创新、资源配置创新以及组织创新（即狭义的制度创新）。

在随后的研究中，熊彼特及继任的学者发现了两大创新活动模型，并将其分别命名为"熊彼特Mark Ⅰ"和"熊彼特Mark Ⅱ"。"熊彼特Mark Ⅰ"模型在《经济发展理论》一书中被提出，熊彼特考察了19世纪末期众多中小企业的创新案例后发现，这些创新活动的特征是低技术含量的创新活动。"熊彼特Mark Ⅰ"模型的创新知识主要来源于外部，创新知识的不确定程度较高，同时影响企业创新能力的因素也大多是外部因素。马勒巴等（Malerba et al.，1995）学者也考察了德国、法国、英国和意大利四国的创新活动尤其是专利数量，研究了企业在创新活动中的角色和作用。"熊彼特Mark Ⅱ"模型是在《资本主义、社会主义与民主》中提出的观点，熊彼特（2013）在研究了20世纪前期美国工业的创新发展史之后，强调了大型企业的创新驱动作用，同时他认为不同企业创新能力的差异是内生的，主要是由进入后的技术累积所决定，先期进入市场的领先企业具有较强的创新能力优势。

熊彼特是创新经济学的奠基者，他的一系列著作构建了创新经济学的理论框架，完整地阐述了创新的定义、扩散途径和相关机制等问题，对经济学、管理学、社会学等学科都产生了深远影响。

3）波特的创新经济学理论

继马克思和熊彼特两位经济学家之后，哈佛大学的波特从竞争视角出发丰富了创新经济学的理论内涵。波特教授先后出版了《竞争战略》（1980年）、《竞争优势》（1985年）、《国家竞争优势》（1990年）三部曲，从企业、区域和国家三个维度来探讨竞争力，并重点研究了创新对于竞争力尤其是国家竞争力的作用。波特在研究竞争力时认为，竞争优势的最根本源泉是创新。对于企业而言，企业能够在市场竞争中立足并战胜竞争对手，是因为能够进行不断的技术革新和生产工艺的改进，创新不仅能够帮助企业获得国内市场上的竞争优势，而且能够让企业在国际竞争中拔得头筹。企业如果想维持自身的竞争优势，就需要不断地进行创新，以塑造更持久的竞争优势，让企业占据价值链的主动地位。

此外，在国家层面上，波特（2003）认为国家的竞争力是一个国家在某一领域创新和保持竞争优势的能力，而这种竞争力主要取决于产业创新与产业升级的能力。不同的国家具有不同的竞争力形态，"钻石模型"让波特认识到，对于生产要素（人力资本、物质资源、知识资本等）的不断创新是国家经济向前发展的核心推动力，落后的国家或地区如果能够有效地利用变化趋势，提升生产要素的创新能力，就能持续地获得竞争优势。

波特从竞争力的视角研究了创新对于塑造竞争力的作用，认为无论是企业、区域还是国家层面，创新都是塑造竞争力的关键。波特的创新理论不仅为创新经济学提供了新的理论框架和视角，而且为我国的创新驱动发展战略提供了重要的理论支撑。

4) 其他具有代表性的创新经济学理论

除了马克思、熊彼特和波特之外，其他经济学家也研究了创新在经济发展中的作用。在西方经济学的大背景之下，以罗伯特·索洛（Robert Solow）为代表的技术创新理论和以道格拉斯·诺斯（Douglass North）为代表的制度创新理论分别对创新带来的经济影响进行了深度研究，并取得了丰硕的研究成果。

（1）技术创新理论

技术创新理论由索洛（Solow, 1956, 1957）率先提出，他在1956年和1957年发表的两篇代表作中提出了全要素生产率（Total Factor Productivity, TFP）的概念，并且以技术进步为重要变量，构建了生产函数进行研究。索洛（Solow, 1957）以经济部门的历史数据为依托，通过计量经济学的方法测算出了索洛余量，并用技术进步来解释经济增长的原因。索洛还在论文中对于柯布—道格拉斯生产函数中的"技术水平恒定"的限制加以改进，推导出增长速度方程，为解释经济增长中的技术进步作用做出了巨大贡献。索洛改进后的柯布—道格拉斯生产函数如下：

$$Y = A(t) K^{\alpha} L^{\beta} \qquad (式 2-1)$$

其中，$A(t) = A^0 e^{\lambda t}$，A^0 表示初始的技术水平，λ 表示技术进步系数，Y（产出）、K（资金投入量）、L（劳动力投入量）、t（时间）分别构成方程的主要部分。α 和 β 分别代表资金的产出弹性系数和劳动的产出弹性系数，并且 α+β 的值可以大于 1、小于 1 或等于 1，即规模报酬递增、规模报酬递减或规模报酬不变。

索洛通过对美国 1909—1949 年私营非农业经济的劳动生产率发展情况进行实证分析后发现，技术进步所占的贡献率高达 87.5%，其余部分依靠资本投入量获得。索洛还测算了英国 1900—1949 年的经济增长数据，发现技术进步的贡献率也达到了 40% 的高水平，这是传统的经济学理论所无法解释的。这一时期的经济学家开始跟随索洛的步伐对创新作为经济变量的作用加以研究，但尚未形成完善的技术创新理论框架，也没有形成规律性的总结。

在 20 世纪七八十年代，由于技术进步带来的显著效用，越来越多的学者展开了技术创新理论的研究，英国的经济学家弗里曼（Freeman，1982）在其撰写的《产业创新经济学》(The Economics of Industrial Innovation)中对宏观经济学进行了补充，并重点研究了技术创新对工业经济的影响以及促进作用。斯通曼（Stoneman）分析了技术创新的路径依赖效应，并且研究了在不同国家和地区影响技术创新扩散的原因（田亚新，2008）。曼斯菲尔德通过研究技术创新发现，影响某一部门采用新技术的因素包括三个基本因素（模仿比例、采用新技术的企业相对利润率、采用新技术的投资额）和四个补充因素（旧设备被替换前的使用年数、该工业部门销售量的年增长率、该工业部门采用某项新技术的最早年份、该新技术初次采用时在经济周期中所处的阶段）（郑士贵，1996）。这一时期技术创新理论的研究者大多通过实证研究来计算各因素对创新的作用，并且开始深入研究技术创新的特征、动力和过程机制等问题。

20 世纪 80 年代以来，经济学界对经济增长的研究日趋深入，并已形成了独立的发展经济学，经济学家开始通过修正新古典经济增长理论的基本假设，将技术进步作为内生变量，把劳动力扩展为人力资本投资，以增强经济模型对现实经济活动的解释能力。罗默的新增长理论是这一时期最重要的宏观经济学发展理论，他认为当前经济活动的最突出特点是科技的快速进步，知识资源在经济增长中起到越来越重要的作用。新增长理论将知识作为经济增长的重要内生变量，罗默在随后提出的知识溢出模型中则认为，内生的技术进步是经济增长的唯一源泉，将创新的地位进一步提高。罗默在模型中有两点重要假定：一是知识是追逐利润的厂商进行投资决策的产物，因此知识是经济系统决定的内生变量；二是知识具有溢出效应，任何厂商生产的知识都能提高全社会的生产率（朱勇等，1999）。罗默通过研究后发现知识积累率是各国经济增长率存在巨大差别的主要原因，创新带来的技术进步与资本积累和人均收入的提高具有明显的正相关关系。此后众多经济学家基于这一框架对技术创新理论进行了进一步的研究，并通过知识溢出模型来研究企业技术创新、企业组织结构与创新行为等诸多课题，取得了丰富成果。经济学家开始将技术创新理论的研究铺向更广的范围，技术创新理论进入了综合化发展的时代。

（2）制度创新理论

制度创新理论是经济学家在研究制度经济学与熊彼特的创新理论之后，将二者有机融合产生的新理论，重点从经济制度建设的角度去理解创新的经济作用。制度创新理论始于20世纪70年代，由诺斯最先提出。20世纪80年代以来，以弗里曼和纳尔逊（Nelson）为代表的制度经济学家开始重视制度、文化等因素在技术创新中的作用，进一步丰富了制度创新理论的内涵。制度创新理论认为，制度创新对技术创新具有决定性的作用，这为深入研究技术创新的经济作用提供了新的视角。

对制度创新的概念及内容的完整表述最早由诺斯和戴维斯提出，他们认为制度创新指的是能够使创新者获得追加利益的变革。促成制度创新的核心因素包括三个，分别是市场规模的变化、生产技术的发展，以及由此引起的一定社会集团或个人对自己收入预期的变化（Davis et al., 1971）。诺斯和戴维斯重点分析了经济发展过程中的制度安排，通过研究后认为制度创新是推动技术创新的力量之一。同时他们还认为，制度创新需要一个相当长的过程，这主要是因为制度创新存在着一定的时滞问题。

20世纪70年代，美国经济学家卡米恩和施瓦茨对垄断竞争市场中的技术创新过程进行了研究，发现决定技术创新的核心要素包括竞争程度、企业规模和垄断力量。从制度经济学的角度来看，最适合技术创新的制度环境是介于垄断和完全竞争之间的"半竞争"市场结构，在完全竞争条件下，缺乏持久可靠的收益不利于积累技术创新的资本，而在垄断条件下，则会因为欠缺竞争的动力而减缓技术创新的步伐（茅力可等，2007）。

拉坦等经济学家在结合了前人研究成果的基础上，提出了诱致性创新理论模型，重点关注由资源稀缺变化和要素相对价格变化引起的技术创新需求变化，以及由市场需求引起的技术创新需求变化两条线索，并通过分析1880—1960年美国和日本农业发展的数据验证了诱致性技术创新的假说（Hayami et al., 1970）。在这一模型中，技术创新和制度变革互为供需关系，当技术创新发生的时候，制度变革的供给曲线就会移动，技术创新降低了制度变革的成本。我国经济学家林毅夫也曾运用诱致性创新理论来研究中国的农业发展，经过实证研究后支持了这一理论假说。

2.1.2 国家创新体系理论

国家创新是最早受到学者关注的领域，1987年，美国经济学家弗里曼在《技术政策与经济绩效：日本国家创新系统的经验》一书中首次提到了"国家创新体系"这一理念，他将创新归结为一种国家行为，并在其中强调了四个影响国家创新能力的关键要素，分别是政府政策、企业研发（Research and Development，R&D）活动、教育培训和产业结构

（Dore，1988）。弗里曼的国家创新体系理论（图2-1）从宏观经济视角出发，着重分析了以技术创新为核心，附带有制度创新、组织创新、思维创新等各方面因素组成的创新系统，从而发现了创新尤其是科技领域的创新对国家或地区经济的卓越贡献（张秀生等，2005）。在此后，伦德瓦尔（Lundvall）、纳尔逊等众多经济学家相继发表了关于国家创新体系的研究成果，其中纳尔逊在1993年出版的《国家创新系统》一书中，利用比较分析法对美国、日本等国家的创新体系进行了深入研究，并且认为创新具有不确定性，政府应当建立良好的合作分享机制，让企业、科研机构等多种创新主体都能更好地融入创新活动中。

图 2-1　弗里曼国家创新体系理论框架

"国家创新体系"这一概念随后就被经济合作与发展组织（Organization for Economic Co-operation Development，OECD）所引用，并且该组织也开展了国家创新体系的实证研究，并发布了《管理国家创新系统》的研究报告。在报告中，经济合作与发展组织（OECD，1999）认为，在国家创新体系中，各创新要素间的相互作用对创新活动和创新能力起到了重要作用。各创新行为主体的相互作用主要包括如下几点：① 企业之间的合作，以技术合作为主。② 企业与研究机构的合作。③ 中介服务机构与其他行为主体的合作。④ 政府与其他行为主体的合作。

在此后，经济合作与发展组织（OECD）又发布了《充满活力的国家创新体系》（*Dynamizing National Innovation Systems*）等一系列关于国家创新体系的研究报告，进一步丰富了国家创新体系的内涵，并且对组织内的十几个成员国的国家创新体系进行了详尽的比较研究。经济合作与发展组织（OECD）的一系列报告表明，国家创新体系的理论研究已经成熟，现代意义上的国家创新体系理论已基本形成。

2.1.3　区域创新体系理论

20世纪90年代开始，国家创新领域的研究在理论和实践层面上都涌现出了诸多重大成果。经济学家开始从国家创新体系的微观视角出发，深入关注区域层面的创新体系，形成了较为系统的区域创新体系相关的理论。库克（Cooke，1992，1996）率先提出了区域创新系统（regional innovation systems）的概念，随后在他主编的《区域创新系统：全球化背景下区域政府管理的作用》一书中，进一步对区域创新的概念进行了深度阐述，认为区域创新系统是由相互分工与关联的企业、研究机构、高校等构成的支持创新的区域性组织体系。瑞典学者阿什海姆等（Asheim et al.，1997）随后经过研究认为，区域创新体系是由支持组织围绕两类主要行动者（一为产业集群和相关企业部门，二为科技机构、高校、技术中介、产业协会、金融机构等支持性基础部门）相互而生的区域集群，它们都具有支持区域创新的手段和能力。随后加拿大学者杜洛瑞克斯（Doloreux）、瑞典学者伊萨克森（Isaksen）等都对区域创新体系的架构和组成部分进行了更多的理论研究。

我国学者在国家创新理论的基础之上也展开了对于区域创新系统的探讨。冯之浚（1999）认为，区域创新体系是由众多参与者，包括企业、大学、科研机构、中介机构和地方政府构成的一种具有创新活动能力的系统。胡志坚等（1999）认为，区域创新系统是在一定地域范围内由参与创新活动的各种主体（企业、中介、大学和研究机构以及政府）组成的，为知识和技能的创造、储备和转让而相互作用的一种网络体系。李青（2005）从区域创新系统的构成角度提出"区域创新体系是以参与技术开发和扩散的企业、大学和研究机构为主，并有市场中介服务组织广泛介入和政府适当参与的互动创新系统，服务于知识、技能及新产品的创造、储备和转让"。《国家中长期科学和技术发展规划纲要（2006—2020年）》中指出，要发挥高校、科研院所和国家高新技术产业开发区在区域创新体系中的重要作用，增强科技创新对区域经济社会发展的支撑力度。

结合国内外的研究成果，可以对区域创新系统进行如下概括：区域创新系统是在一定的地域范围内，以促进区域创新活动为目的，由创新主体要素（包括企业、大学、科研机构、中介服务机构和政府）、功能要素（包括制度、技术、管理和服务等）、环境要素（包括机制、调控、基础设施和保障条件等）等部门构成的与创新全过程相关的系统组织和空间结构。也就是说，区域创新系统本质上是一个社会体系，系统内各主体之间以系统的方式进行互动交流，进而能够增强系统的互动性，从而提升区域的整体创新能力。

2.2 区域创新评价方面的研究进展

在当前全球创新发展的大趋势下，有关区域创新评价的研究受到学者们的关注，国内外学者围绕区域创新的指标体系构建、区域创新水平与能力评价等问题开展了诸多研究。对特定的区域开展了全方位、多角度、多层次、多维度的衡量与测评，因此基于不同创新评价指标体系而得出的区域创新评价结果也具有相当程度的不同。

2.2.1 国外研究进展

《奥斯陆手册》(1992年第一版)是目前学界较早开展区域创新评价的研究，此后各国、各地区相继推出了基于不同指标构成的区域创新评价指标体系，并得出了各具特色的研究成果，比较具有代表性的研究包括欧洲创新记分牌（European Innovation Scoreboard，EIS）、全球创新指数（Global Innovation Index，GII）、全球竞争力指数（Global Competitiveness Index，GCI）等（表2-1）。世界经济合作与发展组织（OECD）从国家创新体系视角出发，在1997年较早地提出了包括知识投入、知识存量、知识产出、知识网络、知识与学习六个核心部分在内的指标框架（陆根书等，2008）。随后拉多塞维奇（Radosevic，1998）指出区域创新指标评价需要包含四个因素，分别是国家因素、部门特性因素、微观特性因素、区域因素，这些形成了对国家创新系统的补充和扩展。斯皮尔曼等（Spielman et al., 2008）基于该指标框架，探讨了该框架在国家农业创新指标设计和建设中的应用，并将其用于衡量发展中国家农业部门方面的国家绩效。巴尔扎特等（Balzat et al., 2005）亦将使用国家创新体系的方法作为概念框架，并应用多元数据分析方法对18个国家的创新水平进行测度，最终获得了对所分析的国家创新系统结构组成更为精确的描述。

表2-1 国外典型区域创新评价指标体系汇总

名称	发布机构	评价对象	主要指标
欧洲创新记分牌	欧盟委员会	欧盟成员国	框架条件、创新投资、创新活动与创新影响4个一级指标，创新企业、就业影响等10个二级指标，27个与研究和创新相关的三级指标
全球创新指数	欧洲工商管理学院	全球127个国家和经济体	创新投入和创新产出2个一级指标，制度环境等7个二级指标，教育支出等21个三级指标和81个具体指标
全球竞争力指数	世界经济论坛	全球138个经济体	法律和制度、基础设施、宏观经济环境等12个一级指标和114个二级指标
世界竞争力年鉴	瑞士洛桑国际管理发展学院	世界主要国家或地区	经济绩效、企业效率、政府效率、基础建设4个一级指标和45个二级指标
经济合作与发展组织（OECD）科学、技术与工业记分牌	经济合作与发展组织（OECD）科技政策委员会	经济合作与发展组织（OECD）成员国	专利申请数、高等教育研发支出、企业商标和专利数、博士毕业人数、全球互联网协议（Internet Protocol，IP）流量、研发支出等200多个指标

续表 2-1

名称	发布机构	评价对象	主要指标
硅谷指数（Silicon Valley Index，SVI）	硅谷联合创投、硅谷社区基金会	美国硅谷	人口、社会、经济、地方行政和空间 5 个一级指标，经济成功准备等 16 个二级指标，年龄分布、就业增长、天使投资等 175 个具体指标

目前在西方国家尤其是欧洲地区得到广泛认可的创新评价体系是较为知名的"欧洲创新记分牌"。2000 年欧洲委员会（European Commission，2011）提出了欧洲创新记分牌（2020 年）版本，其中包含框架条件、创新投资、创新活动、创新影响 4 个一级指标，人力资源、有吸引力的研究体系、适宜创新的环境、金融支持、企业投资、创新企业、创新联动、知识资产、就业影响和销售影响 10 个二级指标，以及 27 个与研究和创新相关的三级指标。欧洲创新记分牌（2017 年）涵盖框架条件、投资、创新活动及影响力四个方面（下含 10 个维度和 27 项具体指标），将欧洲国家依次划分为领先创新、强大创新、中等创新、一般创新四类国家或地区（European Commission，2018）。国外学者基于"欧洲创新记分牌"开展了诸多关于区域创新测度与评价的研究。斯特凡诺等（Stefano et al.，2007）对欧盟 25 个成员国以及 2 个新成员国——保加利亚和罗马尼亚，以及土耳其、冰岛、挪威、瑞士、美国和日本的创新指标和趋势进行了分析。亚当（Adam，2014）对葡萄牙等西欧国家和地区的创新绩效进行了比较评估，并形成了比较有效的指导方案。埃德奎斯特等（Edquist et al.，2015）经过研究发现，欧洲创新记分牌所提供的创新指数存在极高的误导性，因此在进行区域创新水平与能力的测度与评价时，不仅要计算该创新指数，而且需要对构成该综合创新指标的各个指标进行更深入的分析，以便正确衡量创新系统的绩效，并应当将输入和输出指标视为两种单独的指标，然后分别对每种类型进行衡量。由此可见，尽管"欧洲创新记分牌"已经成为被广泛认可的区域创新评价指标体系，但在实际运用过程中仍存在一些问题。

此外，其他国外学者也从不同的研究视角出发，选择适宜的指标对区域创新评价开展研究。埃万杰利斯塔等（Evangelista et al.，1998）以 1993 年社区创新调查（Community Innovation Survey，CIS）数据为基础，发现研发活动平均占创新总支出的 20%，而创新投入（尤其是研发和投资）的组合与公司规模密切相关，并会对创新水平产生显著影响。安杰利斯·迪兹（Angeles Diez，2001）对区域一级中小企业的创新进行了系统研究和评价，同时将注意力放在企业间和机构间的合作网络（集群）和区域创新系统，进而有针对性地提出相应的评估方法，并能够赋予当地代理人权力和增强学习能力的有用工具。弗里奇（Fritsch，2002）将知识生产函数方法应用于区域创新系统质量的度量和比较上，并基于欧洲 11 个地区的数据，发现这些地区的制造企业之间在统计上有许多显著差异,且研发活动的生产率之间的区域间差异在某种程度上与中心—外围范式相对应,他认为大量的集聚经济有利于研发活动,进而提升区域创新水平。凯内利等(Cainelli et al.,2006)使用纵向企业级数据集探索了服务业创新与经济绩效之间的双向关系,结果表明创新受到过去经济表现的积极影响,创新活动[尤其是对信息和通信技术(Information and Communications Technology,ICT)的投资]对创新水平的增长和生产力的发展都有积极影响,且生产力的发展和创新水平的增长都具有自我增强的机制,这进一步提高了经济绩效。卡萨(Kaasa,2009)使用主成分分析法,由20个指标构成了6个因素,重点研究了社会资本的不同维度如何影响创新产出,并基于欧盟统计局(Eurostat)和欧洲社会调查(European Social Survey,ESS)的区域级数据发现社会资本确实会影响创新活动,且会影响区域创新水平的高低。伦吉尔等(Lengyel et al.,2011)使用熵统计来衡量匈牙利创新系统中的知识探索程度,研究数据包括了区域(地理代表)、工业部门(技术代表)和公司规模(组织代表)分类的高技术和中型技术公司以及知识密集型服务,结果表明匈牙利的西北部地区由于受到外资企业的促进作用而使得其创新水平有所提升。

2.2.2 国内研究进展

目前已有诸多国内学者对区域创新展开研究,较为成熟的是《中国区域创新能力报告》《中国区域创新能力评价报告》《国家创新指数报告》,上述官方报告为国内各级政府提供了较好的参考价值和决策依据。除了上述国内较成熟且具有代表性的一些官方研究成果外,学界也对区域创新进行了相关研究,并对区域创新水平和能力进行了测度与比较。甄峰等(2000)是我国较早展开相关研究的学者,其针对我国沿海10个省市构建了创新评价指标体系。陈红儿等(2002)以浙江省的区域产业竞争力为研究对象,选取了包括区域创新在内的15项指标,采用主成分分析后归纳为6个主因子加以解释,并对浙江省的产业竞争力进行横向评价。范柏乃等(2002)认为区域创新能力包括技术创新投入能力、技术创新配置能力、技术创新支撑能力、技术创新管理能力与技术创新产出能力,并从这5个方面筛选了92个评价指标,从4个层面(目标层、准则层、领域层和指标层)构成了城市技术创新能力的理论评价模型,具有较高的可操作性。毕亮亮等(2008)以长三角16个城市为研究对象,采用因子分析和分层聚类分析相结合的评估方法对长三角各城市的科技创新能力进行评价,认为应当构建以上海为核心城市,以杭州、宁波、苏州和南京4个城市为中心城市的"长三角区域科技创新圈"。邵云飞等(2009)综合利用了主成分分析、Q型聚类分析等方法,对各区域的主成分值聚类后进行了判别分析,对我国各区域创新的类别分别进行了检验和调整。符想花（2010）选出了18项用于测度高技术产业水平的指标，并综合运用因子分析、聚类分析方法对区域高技术产业发展水平进行了比较研究。李高扬等（2011）基于《中国区域创新能力报告：2009》中的创新评价指标体系，构建了包含5类潜变量、19类观测变量在内的结构方程模型，通过计算各潜在变量得分，得出各大类指标对区域创新水平的影响权重。易明等（2013）运用我国30个省级行政区（不包括西藏和港澳台地区）的11年（2000—2010年）面板数据，通过构建结构方程模型分析了外商直接投资、知识溢出对区域创新水平的影响。郭凯（2014）基于灰色系统理论和模糊数学理论，综合使用了专家评价法、层次分析法（Analytic Hierarchy Process，AHP）以及模糊综合评价方法，建立了创新型城市评价模型，并以洛阳市为典型案例进行了研究，其认为洛阳市的区域创新建设效果较为显著。方创琳等（2014）综合利用熵技术支持下的层次分析法（AHP）模型、模糊隶属度函数方法构建的综合计算机工程与制造（The Integrated Computer Engineering and Manufacturing，ICEM）模型和地理信息系统（GIS）技术，开发中国创新型城市综合评估与动态监测系统软件，以及中国创新型城市综合评估和动态监测系统整体模型。肖泽磊等（2017）从创新资本投入、研发人力投入和创新文化三个要素构建指标体系并测算区域创新水平的发展趋势，发现2007年是中国区域创新能力格局变化的重要拐点。

2.3 区域创新效率方面的研究进展

2.3.1 国外研究进展

随着知识经济的兴起，知识生产的效率、知识溢出的范围以及对经济增长的作用等问题备受西方经济学研究者的关注，对于知识生产函数（Knowledge Production Function，KPF）的研究开始兴起，并且大量的实证研究表明知识生产函数作为一个经验模型确实存在，格里利谢斯—贾菲（Griliches-Jaffe）知识生产函数与随后诸多学者对其的改进成了理解区域创新效率的理论根基（Griliches，1979）。国外学者基于上述理论对区域创新效率开展了诸多研究。甘恩等（Gann et al.，1998）以英国节能住宅技术创新的环境为研究对象，探讨了建筑法规对资源约束和创新驱动力的影响。弗里奇（Fritsch，2002）使用改进后的柯布—道格拉斯生产函数测量欧洲11个国家的区域创新效率，发现每个地区研发（R&D）活动的效率均在一定程度上受到产业集群的影响，技术集中更有利于提高研发（R&D）活动的效率。库马尔等（Kumar et al.，2002）通过对57个国家的案例进行分析，利用数据包络分析（DEA）方法将劳动生产率的增长分解为以下要素：技术变革、技术追赶和资本积累。该方法采用了生产前沿进行计算，既不需要技术功能形式规范,也不需要有关市场结构或市场缺陷的假设,由此发现技术变革绝对是中立的,各国的技术创新和资本积累的差异是导致全球经济两极分化的重要原因。李河基等(Lee et al., 2005)运用两阶段数据包络分析(DEA)模型对各个国家之间的技术创新效率进行比较研究,发现中国的创新效率相对于日本和韩国而言无效。亨德森等(Henderson et al., 2008)采用库马尔(Kumar)和拉塞尔(Russell)考察20世纪90年代跨国增长时所使用的增长核算程序,对发达国家、新兴工业化国家、发展中国家和转轨经济体的数据集进行研究,将每个工人的产出增长分解为技术追赶、技术变革和资本积累,论证了贫富差距的进一步扩大是因为技术变革,而资本积累所起的作用却相对较小。萨基斯等(Sarkees et al., 2009)从企业视角出发,发现企业内部对资源的争夺常常使规模偏向于效率而不是创新,成功采用歧义策略的公司要优于过分强调效率或创新的公司。弗里奇等(Fritsch et al., 2010)发现区域专业化与区域创新效率之间存在反向U形关系,表明马歇尔(Marshall)和雅各布斯(Jacobs)类型的外部性确实存在。随后弗里奇等(Fritsch et al., 2011)基于知识生产函数概念,对区域创新系统效率进行实证研究,发现私营部门以及大学和其他公共研究机构的溢出效应对私营部门研究的效率产生了积极影响,特别是私营和公共部门研究与开发之间相互作用的强度提高了区域创新效率。陈凯华等(Chen et al., 2012)采用了网络数据包络分析(DEA)模型来衡量中国区域创新系统的效率,并将创新过程分解为两个连接的子过程,即技术发展和随后的技术商业化,结果表明中国只有1/5的区域创新体系具有较高的创新效率。

2.3.2 国内研究进展

我国学者对于区域创新效率的研究起步较晚,从21世纪初开始有学者率先进行研究。刘顺忠等(2002)较早地运用数据包络分析(DEA)方法来分析我国各地区创新系统的特点,并对各系统的创新绩效进行了评价。李习保(2007)使用发明专利总量和职务发明专利量分别估计基于前沿产出函数计算得出的创新效率,其认为使用职务发明专利量估计的投入产出弹性更高。吴延兵(2008)以新产品开发项目数来衡量创新产出,以研发资本存量和研发人员数量来衡量创新投入,综合使用随机前沿(Stochastic Frontier Approach,SFA)和数据包络分析(DEA)方法测度了我国29个地区的大中型工业企业知识生产效率。赵峥等(2014)以2000—2009年30个省级层面(不包括西藏和港澳台地区)的面板数据为样本,运用数据包络分析(DEA)模型进行创新效率测度,发现中国省际创新效率波动性较大,政府投入、人才储备、区域经济、对外开放等因素对区域创新效率的提升具有明显的正向效应。杜娟等（2014）将区域创新的过程归纳为人才培养和科技创新两个阶段，并以此构建了重点城市的创新能力评价指标体系，同时综合考虑了共享投入和分阶段产出的两阶段数据，运用数据包络分析（DEA）方法对国内 52 个重点城市的总体和单阶段的创新能力进行了评价研究。寇明婷等（2014）在考虑技术研发和技术转化间生产技术的差异性、生产关系的关联性以及中间要素参与性的基础上，将创新活动划分为技术研发和技术转化两阶段，构建了创新型城市投资效率的客观评价框架，对于应用数据包络分析（DEA）模型评价创新效率提供了有益参考。曹贤忠等（2015）运用数据包络分析（DEA）中的规模效应不变（CRS）和规模效应可变（VRS）模型以及马姆奎斯特（Malmquist）指数方法，测度了长三角城市群研发资源的投入产出效率、变化趋势以及空间分异特征，发现长三角城市群研发资源的投入和产出效率虽然呈上升态势，但总体仍然较低。常晓然等（2016）从两阶段出发，结合非期望产出模型和非导向的基于松弛变量的网络数据包络分析（SBM-NDEA）模型，对我国 54 个城市的创新效率进行评价，认为当前我国区域创新的效率值都偏低，均有很大的提升空间，技术商业化阶段对创新总效率的影响较大。

2.4　区域创新与经济发展的互动关系研究进展

2.4.1　国外研究进展

西方经济学研究者较早地关注了创新与经济之间的关系，比较有代表性的是罗默提出的内生经济增长理论，其首次将经济增长的重心集中于技术创新的驱动，强调物质资本和人力资本的投资、研发与创新资本的积累以及其他一些对经济有正面效应的活动，这些都会决定经济长期增长的作用。从罗默（Romer，1986）的开创性研究以来，将创新纳入经济增长模型进行拓展研究的文献极大地丰富了人们对创新与经济增长的理解。大体上看国外关于科技创新与经济增长的研究覆盖了宏观和中微观，进入 21 世纪后西方学者对于企业层面的微观数据有了更加深入的研究，对创新与经济互动研究进一步细化和深化。

在宏观层面，罗默（Romer，1990）较早地将研发（R&D）引入经济增长模型中，并以此形成了经典的内生经济增长理论。而后其余研究者的相关研究也主要将精力放在对内生经济增长理论的拓展和深化上，主要是对模型参数的变动以及进一步优化，如墨菲等（Murphy et al.，1989a，1989b）牵头研究了创新的策略性互补和需求外溢模型，杨小凯等（Yang et al.，1991）重点研究了技术扩散模型，格罗斯曼等（Grossman et al.，1991）、阿吉翁等（Aghion et al.，1992）重点研究了内生技术进步模型，并探讨了回报递增模型等。里德尔等（Riddel et al., 2003）对区域创新能力的经济贡献进行了比较深入的研究。史密斯（Smith, 2005）通过研究发现资本积累、劳动分工和科技进步都是推动经济增长的动力。内生经济增长理论及其衍生的相关理论通过科技进步内生化进经济增长的各种公式当中，比较成功地解决了传统经济增长模型未能考虑到技术进步和全要素生产率提升的理论缺陷。从整体上看，内生增长模型及其衍生理论认为，专利、创新及成果扩散都会促使企业扩大利润率，进而调整产业结构，从而促进经济增长，使传统的经济增长模式从"资源导向"向"创新导向"转变，因此可以比较肯定地认为，科技进步是经济增长的主要动力。

在中微观层面，西方经济学家对于区域创新和经济发展的互动关系展开了诸多基于企业和产业数据的实证研究。西尔弗伯格等（Silverberg et al., 1994）以有限理性为原则，研究了资本积累率与创新行为的相关关系，并发现创新活动可以有效促进企业增长。毕尔巴鄂—奥索里奥等（Bilbao-Osorio et al., 2004）认为区域创新活动具有最低门槛，并且在技术溢出效应扩散中存在重要的距离衰减效应，基于此发现欧盟周边地区的高等教育研发投资与创新活动具有正相关联系，这种联系存在地域特征，并最终能够将区域创新活动转化为经济增长的动力。王鹏凯等（Wong et al., 2005）认为技术创新对增长影响的研究在很大程度上反映了新公司形成的作用。他们采用了2002年37个国家的横截面数据，以改进的柯布—道格拉斯模型来测算总创业活动（Total Entrepreneurial Activities, TEA），并认为在发达国家中中小企业贡献了较多的创新活力和经济增长动力。卡佩罗等（Capello et al., 2013）在对27个欧盟国家进行实证研究的基础上，不仅发现了创新效率与当地知识基础的优势相关联，而且发现了本地创新模式的知识强度相对较低。于文涛等（Yu et al., 2014）以创意产业集群（Creative Industries Cluster, CIC）为对象，研究中国区域创新和经济增长的影响，并对区域创新（即上游）和区域增长（即下游）进行面板回归分析以研究二者的关系，认为应该在中国保留和建立更多的创意产业集群（CIC）区域以促进经济增长。塞纳等（Şener et al., 2011）重点研究了科技创新对国家竞争力发展战略、竞争力传导机制对经济合作与发展组织（OECD）中高收入地区的经济增长所产生的影响，并发现在经济合作与发展组织（OECD）群体里，以科技创新为竞争力发展导向的国家（地区）会受益于其科技所带来的长期增长率，从而获得持续的竞争力和稳定、长期的经济增长，因此科技创新导向对于经济合作与发展组织（OECD）中的国家和地区都至关重要。巴塔比亚尔等（Batabyal et al., 2017）基于熊彼特的创新理论，着重分析了研发（R&D）的内在本质，并结合典型地区的实践证明，在平衡增长路径（Balanced Growth Path, BGP）中的经济增长并不平衡，其原因在于研发（R&D）活动受到生产线的质量影响，于是基于该模型对政策制定者提出了获得创新均衡的建议。马拉达纳等（Maradana et al.,

2017）通过面板数据研究了 1989—2014 年 19 个欧洲国家的创新与人均经济增长之间的长期关系，并提出了六个不同的创新指标，即专利居民、非专利居民、研究与开发支出、研究与开发活动中的研究人员、高科技产品出口以及科技期刊文章产出量，以检验经济增长与科技创新的长期关系，同时发现了在大多数情况下，创新与人均经济增长之间存在长期关系的证据，并通过格兰杰因果关系检验发现在不同地区中存在单向和双向的因果关系，各个国家都应当认识到创新和人均经济增长的相互作用，以维持经济的可持续发展。

2.4.2 国内研究进展

对于区域创新与经济发展之间的互动关系，我国学者也展开了丰富的研究，大部分研究文献从科技投入、研发和技术产出的角度来定义区域创新水平，并通过对科技投入、要素投入的测度来研究区域创新能力与经济增长的关系。朱春奎（2004）以 1978—2000 年的财政投入和经济增长的面板数据为对象，分别进行了协整检验与格兰杰因果关系检验，发现财政投入和经济增长之间存在长期动态的均衡关系，即表明在创新领域的财政投入可以比较稳定地促进国内经济增长。王海鹏等（2005）以误差修正模型（Error Correction Model，ECM）和格兰杰因果关系检验为研究方法，认为国内的科技投入和经济增长之间的因果关系较为复杂，整体上呈现双向因果关系，但部分指标的双向因果性不大。张迎春等（2006）认为企业家是实现区域经济增长的最重要条件之一，并以企业家创新理论为基础，以辽宁省为研究对象，发现企业家资源会直接影响区域经济增长。刘和东（2007）利用时间序列动态均衡关系分析方法，对我国 1991—2004 年的专利授权量与国内生产总值（GDP）等数据进行协整分析，发现我国自主创新能力与经济增长存在动态均衡关系。任义君（2008）以我国 31 个省区市（不包括港澳台地区）为研究对象，对科技创新能力与区域经济增长进行典型相关分析，最终发现了二者之间的强相关效应。张明喜（2009）以我国科技经费投入量和科技活动人员投入量为解释变量，通过构建灰色关联度模型开展了实证分析，发现上述两项指标均会对经济及各个产业的增长产生显著的影响作用，随后运用聚类分析发现不同地区的投入—产出效率差异。王立成等（2010）以中国沿海三大经济区域为研究对象，以灰色关联度分析为手段，研究经济增长与科技投入之间的作用关系，发现科技活动人员、科技活动经费对经济增长有由大到小的影响作用。李正辉等（2011）以中国 30 个省区市（不包括西藏和港澳台地区）连续 6 年的数据，构建了面板计量模型，发现区域技术创新对经济增长具有显著的正向作用，并且呈现显著的地域差异和阶段性特征。

科技创新不仅带来了经济增长，而且还为产业升级转型提供了有益帮助，相比于西方经济学者，我国的经济学者也更加重点关注了科技创新对产业结构的影响。许树辉等（2014）基于改进的柯布—道格拉斯生产函数，认为城市的科技创新与当地产业集群的生成与发展具有紧密的关联性，并以广东韶关的制造业集群为对象开展实证研究，发现科技创新有效地促进了产业集群从劳动密集型向技术和资金密集型迈进。王桂月等（2016）建立了在创新驱动视角下的产业升级评价指标体系，并通过结构向量自回归（Structural Vector Autoregressive，SVAR）模型重点研究了科技创新与产业转型升级之间的相互动态影响关系，认为创新投入、创新环境和创新产出总体上对我国的产业升级转型具有相当大的正向影响作用，因此科技创新有助于我国产业向高端化发展。李政等（2017）提出创新是促进产业转型升级的重要推动力，与此同时产业升级也会对科技创新产生反作用。通过构建基于三阶段最小二乘法的联立方程，经实证发现产业升级与科技创新、经济增长的良性互动模型，但对我国的四大板块区域其影响机制有所不同，东部地区的创新与经济的互动作用更为优秀。夏业领等（2018）通过复合系统协同度模型，对我国2000—2015年的科技创新—产业升级的相同基期和相邻基期协同度进行了计算，结果表明16年间的协同度显著提升，但科技创新的有序度要持续性低于产业升级的有序度，我国科技创新与产业升级仍然处于较低的协同状态，因此需要促进二者平衡发展，更好地实现以创新推动产业升级转型的协同效应。王鹏等（2019）以国家级高新技术产业开发区（以下简称"高新区"）为研究对象，采用2007—2015年285个地级及以上城市的面板数据，构建了产业结构高级化指标中的较合理化指标，通过双重差分倾向得分匹配法（PSM-DID）研判了国家级高新区的设立对城市产业升级转型的影响作用，结果显示尽管国家级高新区的设立对城市产业结构的促进作用在降低，但仍然显著地推动了产业结构的高级化和合理化。

2.5 相关进展述评

从整体来看，目前国际上对于创新评价的研究仍然主要以国家为研究尺度，这些评价体系和指标也可以借鉴到区域创新评价领域。国际上也有很多研究者从微观角度入手，从企业和街区的小尺度分别来研究创新效率和经济发展。国内学者的研究领域更加关注创新理论与对指标体系的支撑，一方面是构建具有地域特色的创新评价体系，另一方面是倾向于用数理分析的方式在省市宏观层面进行创新效率和经济增长的实证研究，对于中微观尺度的研究较少，可能是由于数据资料的易得性不佳造成的。

从研究方法来看，现有文献对区域创新效率的测算方法可以归结为参数法和非参数法两种。参数法即设立特定的生产函数，进行随机误差分布等相关假设条件，进而测算创新效率，一般以随机前沿分析（SFA）

方法为主要手段，且国内外学者均有广泛的应用。非参数法即不需要先行设定生产函数形式，不需要进行参数估计，存在研究的黑箱，这种方法以指数法和数据包络分析（DEA）法为代表，且数据包络分析（DEA）法更为实用，解释力也相对指数法更强。

　　从研究内容来看，目前国内外对于区域创新和经济发展的各方面均已经具备了丰富的研究成果，尤其是对于区域创新效率的研究近年来增速较快。但国内外学者的研究均较为割裂，对于从整体上研究区域创新水平、区域创新效率和区域经济发展之间的互动关系较少，也没有形成较为完整的体系，因此需要加强对于区域创新水平、效率与空间的关联性研究，以期形成从区域创新到经济发展更为完善的理论框架。

3 理论范畴与概念模型

3.1 区域创新参与主体

区域创新是一个复杂的、多元的、非结构化的现象，创新主体是创新的根源，也是创新能够进行的先决条件和必要因素，不存在没有参与主体的区域创新。创新主体的概念最早可追溯到熊彼特所撰写的《经济发展理论》一书中，他率先提出在创新活动中，企业家、政府、制度最为关键（代明等，2012）。目前学界对于创新主体的争论主要包括"三元学说"和"五元学说"。三元学说认为创新活动的核心主体分为企业、研究机构和高等教育机构三类，这种对创新主体的分类也是目前最广为流传的一种分类标准，同时在西方国家也得到了比较广泛的认可。随着创新活动的不断丰富，创新活动的参与主体日趋多元化，因此三元学说也逐渐发展到五元学说。五元学说主要认为创新主体包括政府、企业、科研机构、高校和中介机构，其最大的特点是增加了政府和中介机构作为创新活动的两个核心参与主体（李嘉明等，2009）。政府和中介机构并非传统意义上的创新主体，但因为二者均对创新产生了较大的推动作用，因此也是区域创新研究的重点。

在区域创新的过程中，判定创新主体主要有以下三个依据：

一是创新资源的来源。创新资源是创新过程中需要的各种投入要素，包括技术研发、核心专利、独特设计、管理方法、资金支持等各方面。有一些创新资源来自企业，如企业自有的专利，还有一些创新资源来自科研院所，如基础研究的科技成果。政府也在创新过程中提供了专项扶持资金、定向投资基金等资金资源。从创新资源的视角来看，企业与科研院所毫无疑问属于创新主体，政府作为创新主体主要发挥了引导、支持和扶持的特殊作用。

二是创新队伍的构成。从狭义的区域创新的角度来看，当前我国的科研人员[仅统计研发（R&D）]主要来自企业、高校、科研机构等各个部门，其中企业聚集了最多的科研人员，高校与科研机构则聚集了大量的高层次人才，承担了大量的基础研究工作。因此从这一视角来看，企业、高校与科研机构也都是创新主体。

三是发挥作用的重要性与机制。创新主体在创新过程中发挥的作用一般包括知识技术生产、引导扶持、传递共享等。创新可以分为原始创

图 3-1 原始创新、集成创新、引进吸收再创新的关系示意图

新、集成创新和引进吸收再创新（图3-1），不同的创新主体在不同类别的创新中其发挥的作用也不尽相同。在原始创新中，知识与技术的生产最为重要，因此企业、高校与科研院所的主体作用十分明显。在集成创新与引进吸收再创新中，政府的引导扶持作用和中介机构的服务、共享与增值的作用更加明显，虽然政府与中介机构并不直接参与创新活动，但作为创新的"催化剂"和"润滑剂"仍然是不可或缺的重要创新主体（余以胜等，2014）。

按照创新的圈层结构可以将创新主体归纳为三个层级，分别是核心层、中间层与外围层。核心层重点对应的是原始创新能力，即知识技术的生产，主要包括高校、科研院所和企业内设的科研机构。中间层重点对应的是集成创新和引进吸收再创新能力，即创新成果的提炼整合、优化提升、互通共享和流转增值，这一部分主要包括各种产学研服务机构和区域创新的中介机构，如产业技术研究院、技术转移中心等。外围层则对应的是创新制度环境的构建，其只有一个部门即政府，政府通过配给资源、政策干预等方式发挥创新主体作用（图3-2）。

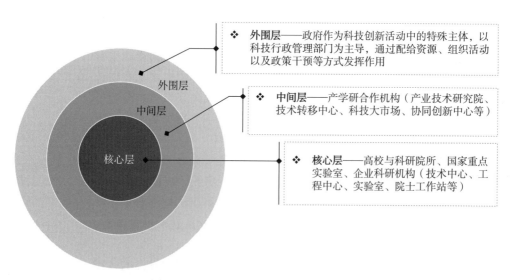

图 3-2 区域创新主体的圈层结构示意图

3.1.1 企业

企业是区域创新中最重要的主体，也是公认的自主创新的源泉。企业创新的门类广泛，包括知识创新、技术创新、商业模式创新等多种类别。企业创新可以概括为"通过技术、知识等创新资源的积累和创新能力的培育，开展研发和试验活动，获得知识产权和创新收益的一系列行为"（李伟等，2009）。在区域创新的大框架下，企业创新也可以分为原始创新、集成创新和引进吸收再创新，并且我国企业的原始创新（自主创新）的占比在不断提高。

国外学者十分重视企业的创新作用，以艾伯纳西、厄特拜克等学者为代表的众多学者认为企业是唯一的创新主体，并且基于创新类型的不同将创新主体区分为不同规模的企业，认为小规模企业是创新活动的核心主体，而大中型企业的创新活动则是渐进型创新（李兆友，1997）。我国学者也提出了企业是技术创新主体的观点。如黄鲁成（2003）较早地提出了区域技术创新生态系统这一重要概念，并对企业在创新生态中的地位和作用进行了阐述。陈晓红等（2006）认为企业的创新活动是区域创新的核心载体，尽管中小企业的创新活动具有不足与缺陷，但企业能够实现"线性创新"和"网络创新"，因此具有更好的创新主动性。冯娟（2008）通过分析企业在三次产业革命中所起的作用，得出了企业在工业发展史中始终处于技术创新主体地位的结论，这是以历史为视角、以世界为背景，对企业是现实的技术创新主体的有力说明。王丽民等（2013）借鉴熊彼特的创新经济学理论，认为企业能够对各种要素进行优化组合并最终实现创新，因此尽管许多机构和社会组织在创新活动中有所参与和贡献，但由于企业才能发挥技术创新的组织活动性，所以只有企业才是区域创新的真正主体；他们还进一步提出不管企业具有多少创新能力，企业都是国家创新和区域创新的主体。

3.1.2 科研院所与高校

科研院所和高校是增强区域创新能力的重要基础和生力军，也是我国提高自主创新能力的骨干力量和引领先锋，在区域创新体系中具有不可替代的作用。经济合作与发展组织（OECD，2013）在1996年发布的《知识经济》(*The Knowledge-based Economy*)报告中明确指出，知识经济不仅依赖知识的创造和技术研发，而且依赖科技与知识的基础研究与应用研究。在世界范围内，科研院所与高校都是基础研究和应用研究的绝对主力。长期以来，在党和国家"科教兴国"大政方针的引导下，我国科研院所与高校利用自身学科和人才优势，研发了一批先进的科学技术成果，通过建立大学科技园等方式开展了形式多样的产学研合作，促进科技研发成果的转移与转化，并通过校办企业、合作办企等方式创建了一批创业企业，在促进国家产业结构升级、推动经济社会发展等方面做出了突出贡献（孔然等，2013）。

不论是创新的"三元学说"还是"五元学说"，科研院所与高校都是其中重要的一支。一直以来，科研院所与高校在区域创新中发挥的最明显作用是为知识和技术创新，尤其是原始创新提供土壤。我国在计划经济时期，企业以生产经营为主，科研创新的任务通常被直接下达给科研院所和高校，并主要由高校负责教学职能，科研院所负责基础研究职能。这种创新机制具有的突出弊病在于，创新的各个阶段缺乏连贯性，企业、科研院所和高校之间彼此脱节，基础研究、应用研究与试验发展的创新链条被打断，导致科研成果难以面向市场，转化率与利用率都很低，这种将科研院所与高校的创新职能单一化、独立化的做法必然导致了创新的高投入和低产出。进入社会主义市场经济后，我国逐渐开始对科研院所和高校的创新职能进行调整，科研院所和高校不仅要在基础研究方面继续发挥引领带动作用，而且更多地承担了应用研究与试验发展的责任。当前大部分城市内的高校与科研院所已经成为知识和技术创新的辐射源，将智力资源充分对接了生产力的现实需要，打通了"基础研究→应用研究→试验发展→生产经营"的创新链条，成为区域创新经济发展的重要引擎。

3.1.3 创新中介机构

联合国于1990年正式提出了"知识经济"的概念，1996年亚洲太平洋经济合作组织明确地将知识经济定义为"以知识为基础的经济"。在1998年世界银行（World Bank，1999）的发展报告中，知识经济被定义为"一种崭新的经济形态，指建立在知识和信息的生产、分配和使用上的经济活动"。从20世纪末开始，世界范围内掀起了关于知识经济的研究热潮，各国均充分认识到知识经济已经成为促进国家、区域和城市经济发展和区域创新的关键。在知识经济时代，区域创新也发生了新的变化，区域创新的牵涉面更加广泛、更加综合，区域创新从垂直性的线性创新逐渐发展为互动性的网络创新。2004年美国总统科技顾问委员会发布了一份名为《维护国家的创新生态体系、信息技术制造和竞争力》的报告，首次提出了创新生态的概念。至此，区域创新进入了一个更为多元化、交互化的时代，也给创新中介的发展创造了难得的机遇。如何将创新成果顺畅地转化为生产力成为研究创新经济的学者和政府官员所共同关注的焦点。

发达国家的创新中介机构发展迅速，目前已成为西方发达国家区域创新的重要构成要素，在提高区域创新能力、推进城市科技进步、加速创新过程、引导创新扩散并产业化等方面发挥了重要作用。我国的创新中介机构也经历了漫长的成长过程，在改革开放前我国基本上通过计划经济手段来对全国范围内的区域创新资源进行配置，因此创新成果的转化和扩散也具有较强的行政性。但创新活动仅靠行政部门并不能有效运转，因此在新中国成立后，在行政部门之外又逐步建立了一批准科技中介机构，如隶属于各部委的科技情报服务机构、各类分属不同学科门类的科技学会，以及主要在大城市建立的具有试运行性质的综合性科技服务机构。但不可否认的是，在计划经济时代，上述准科技中介机构仍具有很强的行政色彩，也相对较好地承担了交流科技信息、组织技术引进、促进科技成果转化等一系列科技服务职责（王希良等，2011）。改革开放不久，我国的准科技中介机构开始转化为创新中介机构，并在政府的引导扶持下开始成长，伴随科技部的火炬计划不断推进，当前我国的创新中介机构已经初步形成体系和规模。根据《中国科技统计年鉴：2016》的数据可知，2000—2015年我国生产力促进中心机构数量的复合增长率达到了10.8%，服务企业数量的复合增长率达到了18.6%，全国技术市场成交合同金额的复合增长率高达20.5%，服务企业数量和技术合同成交额都超过了同时期国内生产总值（GDP）的复合增长率（13%）。但是在当前的社会主义市场经济条件下，我国创新中介机构的"自身造血功能"较低，创新中介机构的服务能力、水平和效率还不能充分满足创新型国家的建设需求，为此也有必要将科技中介机构的服务能力建设问题提升到国家战略高度。

3.1.4 政府

在我国的区域创新体系下，政府是一个极其特殊的主体。政府不直接参与区域创新的各个环节，却是区域创新体系中引导各个主体协同合作的关键，众多学者也对政府在区域创新的作用进行过阐述。科技部政策法规与体制改革司原司长张景安（2003）认为，政府的作用主要体现在宏观调控方面，政府围绕区域创新的重大战略目标，组织和集成社会创新资源，组织实施国家重大科研任务，同时通过营造政策环境，制定相关标准，创造并引导市场需求，行使评估和监督等职能。陈蕾（2010）认为，政府应当是创新过程的组织者和调控者，起到组织和引导企业、高校、科研机构和创新中介机构的创新活动。刘小元等（2013）经过研究后认为，政府是区域创新过程中的制度创新主体，主要为创业企业提供财政、税收、金融和产业方面的政策支持，以引导企业开展技术创新，并通过优化创新资源配置来鼓励创新。总体来看，政府在区域创新中所发挥的作用，应当体现在通过制度设计健全市场体系，规范市场秩序，充分发挥市场在创新资源配置中的决定性作用，为创新创业奠定良好的制度基础，在宏观上保障区域创新能够有效地实行。

对于政府应当在创新中发挥的作用，西方发达国家和我国的做法存在显而易见的差别。西方发达国家特别注重市场对于创新的引导和促进作用，在建设创新型城市的过程中崇尚"去政府化"，比如美国的硅谷地区就是区域创新的典范。硅谷以斯坦福科技园为创新源头，创新的主体是众多的企业，并且充分发挥了企业与科研机构及公共服务机构的互动作用。硅谷的高度市场化背后也有政府的推动作用，当地政府通过政府采购（诸如微电子技术产品、晶体管、集成电路等政府采购支持）、委托高校研发（为研究型大学和国家重点实验室提供大量的科研经费）、立法和政策扶持（出台政策以支持创新、人才储备、职业培训等）、税收激励（减轻研究开发部门的税务负担）、移民政策和措施（吸引高学历、高科技人才移民）等来推动创新，但其行为大多基于市场化的逻辑。我国因为具有其比较特殊的国情，政府在区域创新方面的作用相对更大一些（周勇，2016）。从研究的类型上看，我国政府对于基础研究和共性技术研究的投入较大，这主要是由于基础研究具有公共产品属性，具有高投资、高风险的特征，因此企业较少关注基础研究，我国政府通过财政拨款、科技专项计划等方式承担了大部分基础研究的责任。在应用研究领域，共性技术能够为多项产品和多种技术的发展提供支持，具有显著的正外部性，因此也决定了政府必须对其加以关注和投入（徐晓雯，2010）。

3.2　区域创新价值链相关理论

3.2.1　创新价值链概念内涵

创新是通过配置一系列生产要素并进行优化组合的过程，这一过程具有价值增殖的特征，因此从科研成果到产业化之间存在着一条完整的创新价值链（Innovation Value Chain，IVC）。在本人参与撰写的学术专著中涉及创新转移的雁阵模式部分曾提及了创新价值链这一概念（侯景新等，2018）。在微观层面，创新价值链的意义更加重大，与此同时伴随创新价值链还衍生出了创新的服务链，创新价值链和创新服务链可以从微观视角更加细致地解读区域创新各个主体所发挥的作用。

价值链这一概念最早起缘于波特。价值链概念作为波特提出的分析企业竞争态势和管理模式的重要理论和方法，其关键在于通过具有相互联系的多个价值活动实现整体的价值增殖过程。价值链体系的实质是单个的价值活动单元通过协作共同创造出更大的价值。在价值链这一概念的基础之上，汉森等（Hansen et al.，2007）最早论述了创新价值链这一概念，他们认为创新价值链与波特的产业价值链具有相同之处，并将此创新视为一个三阶段的连续过程。我国学者也从产业发展阶段和技术生命周期的诸多视角出发，对创新价值链的概念、内涵和作用进行了相关阐述，对创新价值链的全球分工及其经济地位进行了研究（杨水利等，2019；杜义飞等，2004；张小蒂等，2007）。创新价值链的基本模型如图 3-3 所述。

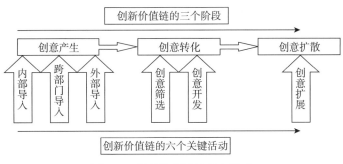

图 3-3 创新价值链的基本模型

创新价值链的第一个阶段是创意产生，第二个阶段是创意转化，第三个阶段是创意扩散（张慧颖等，2011）。总体而言，创新价值链是创新与价值链概念的有机结合，它意味着创新活动的价值创造和价值增殖过程，以及与之相应的链式组织形式，反映了创新过程中价值的转移、增长和创造（Roper et al.，2008），代表了创新活动的价值属性，同时其背后蕴藏着价值创造的巨大空间（钟柯远，2005）。从形式上看，创新价值链具有完整的链式结构：从基础研究开始，陆续经过了应用研究、试验发展、小试/中试、技术的转移与转化，最终达到满足市场需求和形成经济目标的市场化全过程（张晓林等，2005）。因此在创新活动中，只有实现最终的经济价值，才能完成创新价值链的全过程，即区域创新只有当与社会生产紧密结合时，才能完成整个创新价值链的全过程，其价值才能得以完整体现（闻媛，2004）。同时创新价值链强调分工协作与系统的优化和整合，每一个创新活动主体都有明确的定位和作用，任一主体的缺失都会降低创新价值链的作用。

3.2.2 创新价值链与创新服务链

区域创新价值链可以看作是一种区域内部由相关主体联结协作而成的链式结构，区域内的企业或机构通过地理集中与产业组织优化，按照市场交易和专业化分工原则，专注在自己最有竞争力的创新价值链环节中，从而形成区域创新价值链。区域创新价值链突破了传统的空间与时间，以及组织管理方式和方法的限制，这对于促进区域产业结构升级，发展城市经济，不断朝着高附加值、高加工度的核心环节攀升，保持城市经济的持久生命力有重大的实际意义（董理等，2010；刘燕华等，2016）。

为了推动区域创新活动在每一特定环节中的成效，需要有针对性地在创新价值链的基础上来提供创新服务，即需要打造完善的创新服务链。在技术源头环节，需要以高校和科研院所为核心，与企业尤其是具有较强研发实力的大中型企业共同承担国家重大科技攻关项目和产业化发展的尝试。在应用研究环节，高校和科研院所可以与企业成立联合实验室或研发中心。在研发（R&D）环节，高校和科研院所可以通过自办企业或者与企业合作的方式，积极推动研发成果转化。在科技成果的产业化阶段，应当积极推动形成以引导产业发展、推动技术创新为目标的产业联盟。因此，在创新价值链中，参与主体在不同的阶段会有些许差别。

要实现创新价值链和创新服务链的有机互动，创新服务链必须形成专业化的闭环。张景安（2003）经过研究认为，创新服务链的建设要大致瞄准四个方向：一是要明确区域创新主攻方向和突破口；二是要集聚创新人才；三是要健全体制机制；四是要加强国际合作。这一条创新服务链从发现、发明、产业到市场，要把碎片化的各种服务需求和服务机构组织起来，形成整体的服务效果，使得从创新的原始研发到形成产业化价值成为一个整体的链条（图3-4）。

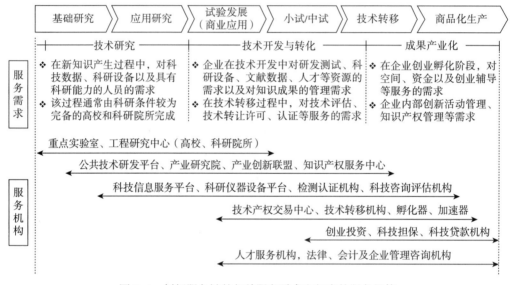

图3-4　创新服务链的相关服务需求和相应的服务机构

3.2.3　创新价值链研究进展

在创新价值链方面，西方学者率先开展研究。霍尔等（Hall et al.，2002）认为基础研究仅仅是创新活动的第一步，因此他们在价值链理论的基础上，把创新活动分为基础研究、应用拓展以及研究市场化三个环节，并通过研究1994—1997年加拿大生物技术行业的研发强度发现了创新措施和业务绩效之间的关系，认为研发强度与专利措施相关，尽管研发和科学的突破推动了生物技术行业的创新，但市场需求在企业的业务绩效中仍起着至关重要的作用。罗珀等（Roper et al.，2008）则运用创新价值链理论对爱尔兰和北爱尔兰制造业的创新效率进行了研究，将泛爱尔兰地区的制造业创新活动分为知识获取、知识转化、开发利用三个核心环节，并对这三个核心环节的创新效率进行了相应的测算与评价，以研究不同环节的价值增殖情况。吉姆·洛夫（Jim Love）研究了创新价值链的概念框架和相应的建模工具的使用，并展示了创新价值链方法如何帮助突出关键企业集团（基于新技术的企业）创新绩效的优缺点，并通过研究认为创新价值链的使用突出了关键的互补性，同时能够突出知识创新和绩效产出（Ganotakis et al.，2012）。

我国学者对创新价值链的研究较晚，相对于西方学者偏向于微观视角的创新价值链分析，我国学者更倾向于从中观和宏观视角出发开展研究。朱杭等（2006）认为中介机构是创新价值链中的重要成员，并在文章中简述了创新价值链的概念和机理；认为中介机构作为以技术为商品，推动技术转移、转化和开发为目的的组织，在创新价值链中发挥着桥梁和纽带作用；深入剖析了技术中介提升创新价值链的效益所在，为提升技术中介的作用提出了建议。余泳泽（2009）在创新价值链理论的基础上，通过将我国高技术产业创新活动进行细分，对我国高技术产业创新效率进行了实证研究。余泳泽等（2013）基于创新价值链视角将创新过程分为知识创新、科研创新和产品创新三个阶段，并分别测算了三个不同阶段的创新效率，认为由于存在空间外溢效应和价值链外溢效应，因此三个阶段的创新效率也存在明显的空间相关性。谢青等（2015）基于创新价值链视角，认为政府的创新政策是推动新兴产业发展的重要动力，并从政策工具入手，研判了我国与汽车产业相关的 37 项中央政策文本，对创新价值链的政策工具有效性开展研究，认为政策工具和创新价值链之间具有不同的相关关系。于志军（2016）则依据创新价值链理论，并根据我国高校自身的创新特点，将我国高校的创新活动分为知识产出和成果转化两个环节，并对每个环节的创新效率进行了测算与评价。余珮等（2016）基于创新价值链理论，构建技术研发、产品开发和产品销售概念模型，重点研究了我国 115 个国家级高新区的创新效率，认为当前我国高新区的技术研发效率最低，且大部分样本高新区均存在不同阶段的创新短板。洪银兴（2017）认为区域创新的全过程包括上游环节（知识创新环节）、中游环节（知识孵化为新技术的环节）和下游环节（创新价值的实现环节），创新成果的总价值是整个创新价值链的结果，创新价值链价值实现的关键在于研究成果的转化，且区域创新的全过程是科学家的知识资本、企业家的人力资本和风险投资家的金融资本的集合。

3.3 区域创新与经济的耦合理论

3.3.1 耦合理论概述

耦合（coupling）这一概念源于物理学，它反映了两个或两个以上不同的系统通过其子系统间的互动作用，进而产生依赖、促进、协调的一种关系，如电磁耦合等。目前耦合这一概念已经从物理学衍生到产业经济、区域经济等社会科学领域之中。美国学者韦克（Weick，1976）较早地提出了经济系统的松散耦合关系，创造性将耦合概念用以反映研究主体间既紧密联系又相互保持独立的关系。我国学者吴大进等（1990）也较早地将耦合理论运用于经济社会的研究当中，如期出版的《协同学原理和应用》就已经将耦合协同的概念衍生到社会科学范畴。当前耦合理论已经普遍性地得到了国内外社会科学研究者的认可。

随着学者们对经济社会发展相关研究的不断深入，耦合理论被广泛应用于经济管理领域，用于研究经济社会发展过程中各子系统间的互动关系。左其亭等（2001）从社会经济系统、生态环境系统以及二者相互联系的定量研究入手，建立了社会经济生态环境耦合系统动力学模型，为研究社会经济与生态环境的协调发展提供了新的研究视角。刘耀彬等（2005）利用协同学方法，以灰色关联分析法为手段构建出城市与环境相互作用耦合度模型，并且认为快速城镇化虽然带来了资金、资源和人口的大量转移，但并没有与生态环境相适应，我国大部分地区的经济社会与环境保护之间仍然呈现出明显的拮抗关系。蒋天颖等（2014）探讨了区域创新与城市化的耦合关系，认为区域创新能够促进城市化发展，城市化也有利于区域创新的发生与扩散，并基于此关系，以浙江的11个地级市为数据样本，运用耦合度模型探讨区域创新与城市化的耦合度及耦合关系。由此可见，运用耦合理论对经济社会发展情况进行定性分析和实证分析的相关研究频频涌现，极大地丰富了耦合理论的内涵，推动了耦合理论的发展。

综上，对"耦合"这一概念的应用已不仅仅局限于物理学领域，其同样可以用于分析经济学、管理学等领域中两个或两个以上系统通过能量传递实现相关联系、相互匹配、相互适应、协调共生等，使原有系统的效益能够得到更大限度发挥的过程。把握耦合的概念需从两个方面入手：一是耦合由谁产生，即各系统间实现能量传递的基本媒介；二是如何进行耦合，即各系统间实现能量传递的主要方式。

3.3.2 区域创新与经济发展耦合关系方面的研究进展

在区域创新内部研究领域中，张首魁等（2006）认为技术创新是由模块化结点形成的网络复杂组织，因此超越了传统的组织理论，故采用韦克（Weick）等的松散耦合理论作为视角开展研究，并从网络整体性和模块独立性两个维度出发构建网络模块化（Network-Modularity）矩阵，对技术创新的弱耦合关系和相应的耦合过程进行讨论。张婷（2006）系统地对我国知识创新和技术创新的耦合关系开展了研究，认为知识创新和技术创新之间存在着"知识生产→知识转化产业化→知识扩散反馈→新的知识生产"这一闭环的耦合关系，并通过对国内各个省区市的区域创新和知识创新进行研究，综合运用系统建模和因果反馈分析探索了知识和技术的关键耦合域以及耦合形成的内在因素。郝生宾等（2008）从企业的微观层面出发，重点研究了企业技术能力和技术管理能力之间的耦合关系，通过构建包括功效函数、耦合度函数、耦合度指标体系和耦合协调度函数等在内的多个维度的指标体系，对企业技术能力和技术管理能力耦合的测算进行了有益尝试。吴伟伟等（2009）同样从企业的微观层面探讨了技术创新能力和技术管理之间的"双螺旋"形式的耦合关系，并以81家企业的调研数据为样本开展了相关实证分析，验证了这一"双螺旋"的耦合关系确实存在。王亚娟等（2014）通过"技术耦合"和"关系耦合"的双重视角，研究了知识获取效率对供应商创新能力的影响作用，并分析了技术模块化对降低不确定影响的机制和提高信息获取效率的作用，认为在"获取→吸收→整合→转化"的知识创造过程中，"关系耦合"的效用会更加突出。祝影等（2016）认为创新活动可以解构为创新和发展两个子系统，且这两个子系统之间存在耦合关系，进而可以对耦合协调度和综合发展水平进行测算，并基于上述模型对中国省级层面的创新绩效开展了实证分析，对我国三大地带的耦合协调度及综合发展水平的区域差异进行了研判。盛彦文等（2017）以耦合协调度模型为研究视角，采用灰色关联分析法对我国2009—2014年各省份的企业、高校和科研院所的三大创新子系统的创新水平、耦合协调度及相应的影响要素进行了测评和研究，认为三大创新子系统的区域分异特征也值得进一步关注。

在区域创新与产业集群的研究领域中，耦合理论也被常用于讨论在各个产业结构之间，以及在产业升级转型的过程中，不同产业子系统之间，或者产业与经济发展之间的耦合关系及其相应的影响因素。郭峰（2006）认为产业集群作为竞争单元的优势受到广泛认可，并对产业集群和区域创新的耦合关系（包括环境、技术、结构、制度四个方面）进行了研究，认为区域创新会对产业集群的加速形成提供帮助，且会通过相互耦合带来产业空间集聚的经济性，从而推动区域经济的可持续发展，同时也认为这种耦合作用存在一定的路径依赖性，也存在外部因素的冲击威胁。徐占忱（2006）从"地理接近性""社会接近性""行业接近性"三个视角出发，较为系统地研究了区域企业集群的耦合效应，研究了企业集群与技术创新的耦合作用机理，以及相应的耦合网络基础和发展模式，如接近性耦合复合性创新等，并认为这种耦合可以促进区域企业的知识溢出和扩散，从而有利于某一区域整体的知识增长。熊勇清等（2010）结合我国产业发展的现实情况，针对"传统产业改造升级"和"战略性新兴产业培育"两个方面的重要任务，认为战略性新兴产业和传统产业之间存在三类耦合关系，并从耦合互动的角度出发对这两类产业耦合发展的阶段、作用机制等内容进行了分析，认为战略性新兴产业与传统产业之间的内在互动机制包括政府推动机制、传导机制、叠加放大机制、联动机制和融合机制五个主要类别。陈雁云（2011）对产业集群与城市群的耦合关系进行了研究，并将创新指标纳入产业集群的考虑当中，提出了产业集群与城市群的非线性相互作用关系，同时就长三角、珠三角、环渤海三个地区的产业集群和集聚度对城市群产生的耦合作用和集聚效应进行了研究，发现二者相互促进且互动强化，进而提出促进城市化和产业集群化的政策建议。郝生宾（2011）通过研究企业自主创新的技术能力和网络能力，认为二者之间存在着互动耦合关系，并且符合双螺旋上升的规律。企业的创新不仅要依靠技术能力，而且要依靠网络能力来实现企业间的创新互动，进而实现区域内产业的整体创新能力。

在区域创新与区域经济发展的研究领域中，近年来越来越多的学者开始就区域创新对区域经济发展的各个子系统间的耦合关系进行研究。王环（2014）以环渤海经济圈的区域创新与科技金融的耦合关系为研究对象，构建了相应的评价指标体系，并对二者的协整关系和耦合关系开展了实证分析，发现环渤海地区的区域创新与科技金融的耦合协调度在稳步提高，并基于此结论提出了推动区域创新与科技金融良性互动的政策建议。谢彦龙等（2017）运用了综合评价模型和耦合协调度模型两种方法，重点分析了陕西省10个地级市的区域创新及经济发展水平，并研究了二者的耦合协调度和发展趋势，发现除西安市外，其他省内地区的区域创新与经济发展水平均较弱，经济与创新的耦合度也有待提高。蔡冰冰等（2019）综合运用了线性加权法、耦合协调度模型和空间计量分析等手段，构建了区域创新与经济发展的评价体系，并以此测算了我国省级层面的区域创新与经济发展水平，同时对二者的耦合度和时空演变格局进行了可视化分析，结果表明我国省级层面上二者的耦合度呈现"东高西低、南高北低"的分布格局，空间差异仍在逐渐增大。赵冉等（2019）借鉴耦合理论，构建了高等教育、创新能力与经济增长三者之间的耦合协调度模型，并对2006—2016年河南省18个地市级单位的面板数据进行研究，研究结果表明除郑州达到了三者优质协调的耦合程度之外，其余省内地区的三者耦合协调度均较低，因此有必要通过加强高等教育来促进省内区域创新的水平，拉动三者协调发展。姚建建等（2020）认为区域经济、区域创新、科技人才的耦合关系及协调发展对于区域经济的发展具有重要作用，并从上述三个子系统出发构建了耦合协调指标体系，运用耦合协调度模型对我国三大地带的11个典型省市的耦合协调度进行测评并开展相应的时空演化分析，结果表明东部地区的区域经济、区域创新和科技人才三者的耦合程度较高，"东高西低"的分布格局较为明显。

由此可见，区域创新与经济发展的耦合是一个复杂系统，二者间的耦合会因时间和地区的差异而不断变化，耦合程度的高低直接反映了一个地区区域创新与经济发展是否实现了良性互动。耦合程度高说明该地区在某一时期科技进步和经济发展取得了显著成效，并且区域创新与经济发展间产生了一定程度的良性互动,即区域创新较好地推动了经济发展,而经济发展加速了区域创新步伐。耦合程度低则说明该地区在某一时期内科技进步和经济发展进程相对缓慢,且二者间尚未形成互促共进的良好局面。基于此,本书将区域创新与经济发展的耦合概括为在一定时期内,区域创新与经济发展这两个具有关系的系统相互促进、相互协同发展,进而促使区域创新与经济发展实现良性互动,进而使区域创新能力不断攀升,使产业结构向合理化、高度化稳步迈进,最终目的是实现区域创新与区域经济的高质量互动发展。

3.4　区域创新促进区域经济发展的概念模型构建

考察区域创新价值链理论和耦合理论的研究成果,可以发现国内外学者对区域创新活动的研究基本上都将创新活动划分为投入和产出两阶段,并大多以研发(R&D)资金、人力资源投入等作为投入指标,将专利申请量和授权量、新产品销售收入等作为产出指标开展研究,均已形成了相对成熟的研究范式,国内外学者也开展了相应研究。如科伯恩等(Cockburn et al.,1987)基于耶鲁大学工业研究与发展调查数据库,重点考察了工业企业的创新活动对股票市场估值的影响,发现专利作为保护创新回报的机制具有有效性,创新活动也对工业企业的资本估值有正向影响。弗曼等(Furman et al.,2002)以国家创新能力为视角,重点研究了国际专利(以美国专利为主)与国家创新能力框架下相关变量之间的关系,认为国家创新能力显著地影响了国际专利产出,即影响了下游商业化的水平。霍尔等(Hall et al.,2002)重点研究了加拿大生物技术行业的研发强度、创新措施和业务绩效之间的关系,研究表明研发强度与专利测量相关,但研发在推动生物技术产业的创新方面不如市场需求的效果显著。科恩等(Cohen et al.,2002)使用了卡内基梅隆大学的调查数据库,通过对工业研发的数据分析来评估"公共研发"(即大学和政府研发实验室)对工业研发的影响作用,发现公共研发对工业研发的影响作用并不明显,企业自身的创新投入对创新产出有着更多的影响。刘和东等(2006)以我国1999—2003年大中型工业企业统计数据为基础,通过向量自回归分析,认为研发(R&D)投入强度与自主创新能力之间存在长期的均衡关系,并且研发(R&D)能够比较明显地促进创新能力的提升。程华等(2009)以1990—2007年浙江省统计数据为基础,以研发(R&D)经费作为投入指标,以专利授权量为产出指标,采用误差修正模型发现创新活动的投入与产出之间存在协整关系,且研发投入能够显著地正向影响创新的产出。周亚虹等(2012)使用广义上的柯布—道格拉斯生产函数作为工业企业创新绩效的基本工具,通过对工业企业的研发(R&D)活动建模分析,发现工业企业通过技术革新等活动提高了企业的产出水平,企业研发活动的投入产出弹性为5.5%。以上将创新活动分为投入与产出两阶段的研究思路，以及将专利和新产品开发情况作为衡量创新活动主要的创新产出标准，具有较强的参考价值，并且也为三阶段概念模型的构建提供了有益参考。

经过对区域创新价值链理论和耦合理论的文献梳理发现，创新活动的基本规律比较清晰，对于将区域创新活动划分为投入端与产出端的研究范式较为成熟。创新价值链模型是研究区域创新活动的起点，区域创新活动的过程既是创新资源转换的过程，也是价值增殖的过程，同时创新价值链理论与耦合理论相结合，能够更有效且完整地反映创新活动的指向性和复杂性。众多学者均以此构建研究的概念模型，如庞瑞芝等（2011）基于创新价值链的理论模型，认为工业创新的概念模型应包括技术创新初始投入、技术创新中间产出、技术创新最终成果三个阶段，并采用网络数据包络分析（DEA）模型对工业创新活动绩效开展研究。肖仁桥等（2015）将工业创新活动划分为科技研发和科技成果转化两个阶段，并将专利申请等指标作为中介变量进行工业创新活动的测度。总体来看，学者将区域创新活动划分为三个阶段较为合理，若将区域创新活动的阶段划分过细，将难以找到足够的数据加以支撑。因此本书也将区域创新到经济发展的活动划分为三个阶段，即创新初始投入阶段（创新投入阶段）、创新中间产出阶段（创新产出阶段）与创新产业化阶段（经济产出阶段），具体的简化概念模型如图3-5所示。

第一阶段是创新初始投入阶段（创新投入阶段）。创新初始投入可以简单概括为人、财、物三个方面的投入，即人力资源投入、资金投入和仪器设备投入。创新活动的核心要素是人力资源，只有人能够发挥主观能动性将资源转化为劳动与知识，因此不论是资金投入还是仪器设备投入，最终都需要通过人力资源投入才能实现创新活动。资金投入包括研发（R&D）资金支出、购买技术经费支出等，这些经费支出均会直接作

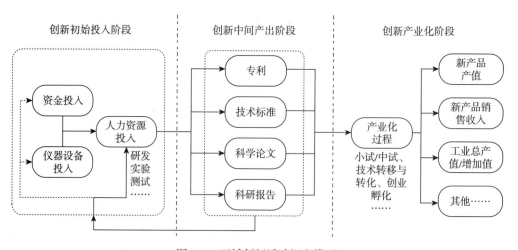

图3-5 区域创新活动概念模型

用于人力资源投入。仪器设备投入既包括狭义的购买仪器设备的经费支出，也应该包括购买或租赁厂房等大宗项目的固定资产支出，但受限于统计指标的可获得性，仅考虑狭义支出。人力资源投入可以划分为直接人力资源投入与间接人力资源投入。"研发（R&D）全时人员当量"是直接人力资源投入的核心指标，该指标测度了直接从事研发（R&D）活动的人员的投入程度，并且也包括了直接为研发（R&D）活动提供服务的管理人员、行政人员和办事人员的投入程度，除此之外，其余的人力资源投入均可视为间接投入。

第二阶段是创新中间产出阶段（创新产出阶段）。创新中间产出的主要类别包括专利（发明专利、实用新型专利、外观专利）、技术标准、科学论文和科研报告等，这些均是创新成果的具象化体现。对于高校或科研院所而言，该阶段的创新产出大部分是终端产出，即科学论文、科研报告等已经是其能够抵达的创新活动终点，但区域创新更多在于企业科技活动，而企业科技活动的最终目标是将创新成果用于生产以获得经济效益，因此将这一阶段的产出定义为创新中间产出。该阶段的活动具有显著的知识创造特征，具备知识与技术含量高的特征，对于人力资源具有很高的质量要求。创新中间产出不仅会导向创新产业化阶段，其所产生的知识成果还会反过来对创新初始投入阶段产生影响，并且主要影响的是人力资源投入。

第三阶段是创新产业化阶段（经济产出阶段）。该阶段也是知识的扩散与价值实现阶段，所有关于创新的科技活动最终都将通过小试/中试、技术转移与转化或创业孵化等途径走向产业化，以发挥并实现区域创新的经济价值。区域创新活动的最终产出不仅包括新产品产值、新产品销售收入和工业总产值/增加值，而且包括形成产业体系等宏观成果，一般情况下学者均选择新产品产值等易获得的指标来衡量创新的最终产出。同时区域创新带来的经济产出还不止于此，还应当惠及包括人均国内生产总值（GDP）、货物进出口贸易、利用外资等在内的所有经济层面，即区域创新活动在宏观上对经济发展都会产生较为显著的影响，因此创新产业化阶段也就是经济产出阶段。基于上述文献回顾与概念模型，可以发现区域创新活动呈现出清晰的创新链条，其既包括了从创新初始投入阶段过渡到创新中间产出阶段的知识创造和资源转化过程，也包括了从创新中间产出阶段向创新产业化阶段的价值增殖和知识转化过程。本书重点关注的区域创新活动的双重阶段，既包括了资源转化和知识创造过程，也包括了价值增殖过程，因此本书实际上可以简化为"创新投入→创新产出→经济产出"的发展链条。在这条由区域创新向区域经济发展转化的过程中，既包括总量因素（发展水平），也包括速度因素（发展效率），因此本书将在水平与效率两个方面进行综合研究，并结合门限回归对经济发展阶段所导致的创新活动的影响作用与机制进行更深层次的研究，以充分研究创新投入到创新产出再到经济产出的关系及影响作用，最终能够有效且深入地对区域创新活动的内在机理加以解释。

3.5 指标选择与评价体系构建

3.5.1 区域创新与经济发展指标体系的构建目标与原则

研究我国区域创新与经济发展指标体系的主要目的在于，将涉及区域创新的复杂关系予以简单化和指标化，用具有代表性的典型指标获取尽可能多的信息，为创新型国家的建设提供有效的评价标准，也为地方政府推动区域创新提供相对科学的指引方向。具体而言，建设区域创新与经济发展指标体系应当具有以下目的：

第一，构建一套具有科学性的区域创新与经济发展的评价指标体系，清楚地反映区域创新能力的发展水平以及各方面的变化程度。该评价指标能够将影响区域创新的主要因素都纳入其中，以便及时发现区域创新中所存在的问题，分析原因并为提高区域创新能力采取有效措施。

第二，充分借鉴其他国内外区域创新的评价体系，把城市放到全球坐标系中加以比较分析。通过评价指标体系，审视区域创新所处的发展阶段，了解自身差距与不足，向国际上的先进城市学习发展经验，以便科学地规划区域创新未来的发展方向和目标。

第三，兼顾定量和定性指标两种：定量指标本着客观性、科学性、实用性、可比性等原则，指标体系的设置应该尽量与现有的统计指标、业务核算指标相统一，使评估指标易于采集，评估方法相对简便清晰且易于操作；定性指标应在前人研究的基础之上，结合实际统计工作的需要，将复杂的问题条理化、直观化，以求得评价结果的客观性和可信度。在指标体系的编制工作中，应以定量指标为主、定性指标为辅。

基于此，本书基于科学性原则、可操作性原则、可比性原则和时效性原则，构建适合本书的区域创新与经济发展指标体系。

（1）科学性原则。根据区域创新与经济发展指标体系参与主体回顾，区域创新的指标体系涵盖了创新主体、创新资源、创新环境等多方面要素，各个要素都应该通过相应的指标在区域创新体系中反映出来，因此测量指标必须相对科学合理，同时要具有系统性和完备性。此外，测量体系并不是各个指标的简单积累，而应该被分成若干不同层次加以独立考量，应当具有一级指标、二级指标、三级指标等具有层次性的指标体系。各个指标之间还应当尽可能地相互独立，避免指标间的相互干扰，以尽最大可能客观地反映区域创新的水平。

（2）可操作性原则。区域创新与经济发展指标体系的可操作性主要体现在如下几个方面：一是数据资料应当易于获取，主要通过查阅遵循国家标准制定的中国科技统计年鉴、中国城市统计年鉴、各城市科技年鉴等权威资料获取指标体系的相关数据，在指标体系权重等方面，可以通过专家问卷调查、访谈等形式获得相关资料。二是数据资料必须可量化，定量指标口径应尽量一致，避免横向比较时出现偏差，同时定量指标必须真实、可靠、有效，在需要进行调整的时候采取科学的手段，定性指标要尽量少。三是纳入创新指标体系中的指标数量不宜太多，避免出现相互之间的干扰，同时也减少统计工作中带来的误差。

（3）可比性原则。国家创新和区域创新的指标体系已经基本成熟，因此测评区域创新与经济发展指标体系的指标应该在内涵、结构、内容上向国家创新体系和区域创新体系采取科学合理的借鉴，以便于让指标体系能够与国家创新体系和区域创新体系相互衔接，避免出现过大的冲突。在区域创新与经济发展指标体系的编制过程中应当明确各个评价指标的含义、统计口径、统计时间、适用范围等，确保指标能够进行横向和纵向的比较，以便于进行相关性分析。

（4）时效性原则。在进行区域创新指标体系的编制过程中，应当与国家"十三五"规划进行适度衔接，同时应当涵盖国家《创新型城市建设监测评价指标（试行）》的大多数指标，尽量与国家科技统计工作的各项指标保持大体一致。指标体系应当反映当前区域创新中受关注的重点问题，包括科学发展、自主创新、发展模式转变、产业结构优化、可持续发展等问题，让指标体系具有与时俱进的特征。

3.5.2 已有指标体系的借鉴

合理选取区域创新的投入与产出指标是科学评价区域创新效率的基础，对于如何选取适当指标来对区域创新进行综合和全面的衡量，学界展开过很多研究。美国华盛顿创新和科技指标体系从6个方面出发选取了衡量区域创新的指标体系，分别涉及创新、竞争力、成长、融资能力、人力资源潜力、生活质量（朱孔来等，2010）。2000年欧洲委员会（European Commission，2011）提出了欧洲创新记分牌（2020年）版本，其中包含框架条件、创新投资、创新活动、创新影响4个一级指标，人力资源、有吸引力的研究体系、适宜创新的环境、金融支持、企业投资、创新企业、创新联动、知识资产、就业影响和销售影响10个二级指标，以及27个与研究和创新相关的三级指标，能够较好地对欧洲地区的创新能力和水平进行分地区评价，并得到了广泛的借鉴。2006年美国学者弗洛丽达（Florida，2002）提出了由人才（talent）、科技（technology）、宽容（tolerance）组成的3T创新指数，认为创意群体偏爱"具有多样性、包容性和对新兴概念具有开放性"的地区，在这些地区的创新能力会有显著提高。波士顿咨询集团（Boston Consulting Group，BCG）和美国制造商协会（National Association of Manufacturers，NAM）提出了包括制度、人力资本、基础设施、市场完善度、商业完善度5个创新输入指标，以及包括知识和技术输出、创造性输出2个创新输出指标在内的全球创新指数，具体涵盖了从专利申请量到教育支出等81项具体评估指标，是目前影响力较大的创新评价体系（Dutta et al.，2012）。美国华盛顿创新和科技指标体系就选取了创新、竞争力、成长、融资能力、人力资源潜力、生活质量6个指标为准则（朱孔来等，2010）。刘顺忠等（2002）选取了研发（R&D）支出经费和研发（R&D）科学家与工程师数量作为创新投入指标，选取发明专利授权量、国外三系统［科学引文索引（Science Citation Index，SCI）、工程索引（Engineering Index，EI）、科技会议录索引（Index to Scientific & Technical Proceedings，ISTP）］收录科技论文数量、新产品产值率、亿元投资新增国内生产总值（GDP）和万元国内生产总值（GDP）综合能耗作为产出指标，运用数据包络分析（DEA）方法加以研究。陶雪飞（2013）认为影响区域创新综合能力的2个主要因素是区域创新能力和新技术产业化能力，因此选择了技术创新体系能力、知识创新体系能力等5个一级指标，科技活动人员数量、发明专利总数等13个二级指标，并采用层次分析法进行了研究。王刚（2015）从可操作性出发，认为区域创新的指标可以划分为投入指标［研发（R&D）人员全时当量和研发（R&D）经费内部支出］和产出指标（专利申请授权量、技术市场合同成交额、高技术产业主营业务收入）两大类。范柏乃等（2002）等认为城市创新能力包括技术创新投入能力、技术创新配置能力、技术创新支撑能力、技术创新管理能力与技术创新产出能力，并从这5个方面筛选了92个评价指标，从4个层面（目标层、准则层、领域层和指标层）构成了城市技术创新能力的理论评价模型，具有较高的可操作性。毕亮亮等（2008）以长三角16个城市为研究对象，采用因子分析和分层聚类分析相结合的评估方法对长三角各城市的区域创新能力进行评价，认为应当构建以上海为核心城市，以杭州、宁波、苏州和南京4个城市为中心城市的"长三角区域创新圈"。

3.5.3 区域创新与经济发展指标体系构建

本书根据区域创新的理论内涵，结合了学者对区域创新影响因素的研究，参考了许多国内外的研究成果，在数据收集阶段坚持科学性、可操作性、可比性、时效性等原则，并在进行指标筛选时绝大部分采用了相对指标而非绝对指标，因为相对指标可以避免总量数据带来的统计偏差，也可以平衡北京、上海、广东等省区市在总量上的巨大优势。最终筛选出适合统计口径较为一致的数据展开进一步研究，统计数据包括区域创新投入指标、区域创新产出指标及区域经济发展指标三个部分内容（表3-1）。由于我国西藏、广西和港澳台地区的统计数据存在不全或无法统计等问题，因此全书纳入统计范围的共30个省区市，其中前6章不包括西藏和港澳台地区，第7章不包含广西和港澳台地区。所有的统计数据均来自各省统计年鉴、省或区域创新年鉴、火炬统计年鉴及统计公报、中国能源统计年鉴等各种官方统计数据信源。

表3-1 区域创新与经济发展的相关指标说明

目标层	范围层	指标层	选择依据
区域创新投入指标	资金投入能力	人均研发经费/元	即人均研发（R&D）经费内部支出。该指标衡量研究与开发机构当年用于本机构内部的人均实际支出，具有较强的可比性，可以用来测度各省份支持区域创新的资金投入力度
		规上研发（R&D）投入强度/%	即研发（R&D）内部经费支出占一般公共预算支出的比重。研发（R&D）内部经费支出中政府资金占据很大比重，用在研发（R&D）内部经费支出占财政支出的比重来衡量政府对于区域创新的资金支持力度
		人均高新技术企业研发（R&D）经费支出/元	与人均研发经费类似，用于衡量规上高新技术企业的研发（R&D）资金投入能力，其更具有针对性，能够与人均研发经费互补并相互印证
	人力资源投入能力	高校人口比/[个·(百万人)$^{-1}$]	普通高校为区域创新提供后备人才，由于各个高校数量及规模存在较大差异，因此选用这两项指标既能够提升区域创新水平，也能够用于衡量区域创新的发展潜力
		万人高校在校生数/人	
		万人高新技术企业科技活动人员/人	分别统计直接从事科技活动以及专门从事科技活动管理和提供服务的人员，以及统计在企业内部的从业人员的大专以上学历从业人员，二者兼顾到学历层次与直接投入科技活动的直接影响，具有互补性也能够相互印证
		万人高新技术企业大专以上人数/人	
		规上研发（R&D）人员全时当量/(人·年)	该指标是国际上通用的比较科技人力投入的指标，通过全时人员数和全时工作加以折算，可用于衡量区域创新的直接人力投入程度
区域创新产出指标	智力产出能力	十万人发明专利数/件	发明专利是国内含金量最高的专利类别，相比科技成果评比等其他指标，该指标的市场化程度更高，因此具有极强的可比性
	创新转移能力	人均技术合同成交额/元	创新转移包括扩散和吸收两个方面，技术合同的输出与输入总额可以有效体现区域创新的总体转移能力，并采用人均来避免各省份规模的影响
	产业升级能力	十万人高新技术企业数量/家	高新技术企业代表了企业创新的前沿水平，城市内高新技术企业数量的多寡也可较为直接地衡量城市内是否形成了创新集群
	国际化能力	百万人专利合作条约（PCT）专利申请量/个	专利合作条约（PCT）是中国企业进入国际创新竞争的有效途径，其专利申请量可以用来衡量某一城市在国际上的创新竞争力，且具有较大可比性
	高新技术企业综合竞争能力	人均高新技术企业工业总产值/元	该部分四项指标的数据来源均为火炬统计年鉴，其中部分年份的创汇总额通过中美汇率进行折算。该部分测度了高新技术企业的工业总产值和企业总收入两个方面，以综合衡量高新技术企业的产出情况；通过高新技术企业净利润来衡量高新技术企业的实际收入情况及可持续发展能力；通过人均创汇总额来衡量高新技术企业的国际竞争能力
		人均高新技术企业总收入/元	
		人均高新技术企业净利润/元	
		人均高新技术企业创汇总额/美元	

续表 3-1

目标层	范围层	指标层	选择依据
区域经济发展指标	固定投资指标	人均全社会固定资产投资存量/元	以货币形式表现的建造和购置固定资产活动的工作量,是衡量社会固定资产再生产的能力,是经济活动的重要组成部分
	对外经济指标	人均实际使用外资金额/美元	对外经济可通过资本与实物进出口两个方面衡量。人均实际使用外资金额以实际到达外资款项为准,能够真实体现我国的外资资本利用水平;人均货物进出口总额能够准确地衡量实物交易水平
		人均货物进出口总额/美元	
区域经济发展指标	居民消费指标	城镇居民家庭平均每人全年消费性支出/元	用于衡量城镇居民满足家庭日常生活需要的全部消费性支出,包括八个主要类别,能够比较精准地衡量城镇居民消费能力
	经济总体指标	人均地区生产总值/元	人均国内生产总值(GDP)是国际上通行的用以衡量经济发展的总体性宏观指标,能够比较准确且全面地衡量某一地区的综合经济实力
	绿色发展指标	单位国内生产总值(GDP)废水排放量/[t·(万元)$^{-1}$]	废水排放量统计了生活废水排水量及工业废水排水量,电力消费量与废水排放量均属于负向指标,二者体现了地区的节能降耗和污水减量化水平,是绿色发展的重要组成部分
		单位国内生产总值(GDP)电力消费量/[kW·h·(万元)$^{-1}$]	

在该指标体系中,所有牵涉到国内生产总值(GDP)的指标都涉及价格因素,因此按照各年度的国内生产总值(GDP)水平进行了不变价的平价处理,并以2000年为基期进行相应折算。从2000—2017年共经历三次不变价基础年份的变化,也相应按照不变价比例进行处理。在所有指标中除了人均全社会固定资产投资存量为存量数据外,其余指标均为流量数据。我国虽没有统计历年的全社会固定资产投资的存量,但固定资本形成总额会递延至下一个或下几个年度,因此应当将每年报告的全社会固定资产投资的流量指标转化为存量指标,因此本书通过永续盘存制对该指标进行相应折算,具体过程在第4.3.1节中予以详细报告。此外,高新技术产业开发区作为承载区域创新的核心空间载体,对区域创新水平与经济发展水平也有着显著的影响,高新技术企业产出的多寡与发展质量的高低在很大程度上决定了创新水平和经济水平的高低。由于火炬统计年鉴以高新区为单位进行统计,因此本书将各省份的高新区进行汇总后按省级层面数据进行处理。

4 区域创新与经济发展的空间格局

为便于对各指标的区域差异进行更进一步的分析，此章节采用峰度、偏度和变异系数对 2007—2017 年中国 30 个省区市（不包括西藏和港澳台地区）的各项指标进行描述性统计分析。峰度是空间数据在均值附近的集聚程度，而偏度是空间数据不对称分布的情况，主要以平均值为中心，刻画其偏向情况（王学民，2008）。变异系数则是用标准差除以均值，以消除时间等因素的影响，主要用于衡量数据的相对离散程度（表 4-1）。本章将 2007 年、2012 年和 2017 年的统一指标分别分为五个组别，进而能够较为直观地发现各个指标的区域差异。

表 4-1 相关特征值简析

统计方法	方法解析
峰度	峰度等于 3，则数据分布为正态分布；峰度大于 3，则数据分布有过度的峰度，且峰比正态分布陡峭，为尖峰分布；峰度小于 3，则数据分布具有不足的峰度，且峰比正态分布要扁平，为扁平分布（Joanes et al., 1998）
偏度	偏度等于 0，则数据分布左右对称；偏度大于 0，表明数据分布为右偏分布，且偏度越高，右偏程度越大；偏度小于 0，表明数据分布为左偏分布，偏度越小，表明左偏程度越高
变异系数	主要用于衡量数据的相对离散程度。变异系数越大，说明地区间的差异越大；反之，即变异系数越小，则地区间的差异越小

4.1 区域创新投入指标的地域差异

我国区域创新投入的地区差异较大，从 2007—2017 年区域创新投入的八项指标来看，当前我国的区域创新投入指标在整体上从绝对值来看仍具有较大的地区差异，主要是其变异系数仍保持在较高的水平，尤其是人均高新技术企业研发（R&D）经费支出（X_6）、万人高新技术企业科技活动人员（X_7）、万人高新技术企业大专以上人数（X_8）的变异系数值较大，分别为 1.576、1.547 和 1.636（表 4-2）。从偏度数据来看，区域创新投入的数据分布形态与正态分布相比为正偏（右偏），即在右侧长尾区域有较多的极端值，数据均值右侧的离散程度很强，尤其是万人高新技术企业科技活动人员（X_7）和万人高新技术企业大专以上人数（X_8）这两个指标的偏度值远高于 3，分别达到了 3.272 与 3.801，表明其数据分布极不均衡，且该两项指标的变异系数也分别达到了 1.547 和 1.636 的

表 4-2　2007—2017 年区域创新投入指标数据特征

区域创新投入指标	代码	平均值	标准差	偏度	峰度	变异系数
人均研发经费 /元	X_1	278.074	288.233	1.683	2.188	1.035
规上研发（R&D）投入强度 /%	X_2	0.009	0.005	0.908	0.081	0.578
高校人口比 /[个·（百万人）$^{-1}$]	X_3	2.021	0.731	1.841	3.995	0.361
万人高校在校生数 /人	X_4	180.852	56.110	0.739	0.898	0.310
规上研发（R&D）人员全时当量 /（人·年）	X_5	4.444	2.462	1.204	1.721	0.553
人均高新技术企业研发（R&D）经费支出 /元	X_6	203.944	321.845	2.761	7.892	1.576
万人高新技术企业科技活动人员 /人	X_7	30.186	46.773	3.272	12.240	1.547
万人高新技术企业大专以上人数 /人	X_8	61.466	100.730	3.801	17.138	1.636

高值，这在一定程度上表明我国的高新技术企业人力资源投入存在着显著的地区不均衡。从峰度数据来看，区域创新投入指标的总体数据分布与正态分布相比较为尖顶峰，上述两项指标的峰度值甚至达到了 12.240 与 17.138 的高位，表明该指标高度集中且呈现"尖峰分布"和"右偏分布"形态。

尽管整体上我国的区域创新投入指标存在着较大的地域差异，但从相对量来看地域差异仍是在缩小当中，其具体表现在，虽然 2007—2017 年的平均变异系数值高达 0.951，但该值从 2007 年的 1.137 下降到 2012 年的 0.921 直至 2017 年的 0.806，说明其数据的离散程度呈现逐渐下降趋势。并且除了规上研发（R&D）人员全时当量（X_5）外各个分指标 2017 年的变异系数相比 2007 年均下降，尽管部分指标有波动，如规上研发（R&D）投入强度（X_2）的变异系数在 2007 年、2012 年和 2017 年分别为 0.533、0.536 和 0.529，但仍然不能改变变异系数的下滑态势。从偏度数据来看，除规上研发（R&D）人员全时当量（X_5）2007 年的偏度为左偏（-0.285）外，其他指标均为右偏，且从 2007—2017 年各指标的偏度系数均呈下降或波动下降趋势，表明数据的右偏幅度和离散程度在逐步缩小，这与变异系数的数据变动态势相似。从峰度数据来看，规上研发（R&D）投入强度（X_2）的各年度峰度、规上研发（R&D）人员全时当量（X_5）的 2007 年峰度为负数，产生这一现象的原因是电子表格（excel）软件的数据基准与数据统计分析软件 Stata 等不同，但仍可以表明其数据分布情况更为平缓且更趋于正态分布，具有较好的正态性（郝继平等，2009）。其他指标的峰度大致都呈现下降或波动下降态势，也在一定程度上说明数据的偏离程度更加趋于平缓（表 4-3）。

表 4-3　区域创新投入指标数据特征演化趋势

变量代码	2007 年			2012 年			2017 年		
	偏度	峰度	变异系数	偏度	峰度	变异系数	偏度	峰度	变异系数
X_1	2.242	5.685	1.138	1.470	1.338	0.924	1.148	0.247	0.854

续表 4-3

变量代码	2007 年			2012 年			2017 年		
	偏度	峰度	变异系数	偏度	峰度	变异系数	偏度	峰度	变异系数
X_2	0.592	−0.168	0.533	0.756	−0.610	0.536	0.498	−0.695	0.529
X_3	2.373	5.999	0.489	1.880	4.318	0.338	1.732	4.222	0.292
X_4	1.491	2.693	0.432	0.898	1.565	0.286	0.852	1.811	0.212
X_5	−0.285	−0.278	0.410	1.131	0.855	0.564	1.079	1.462	0.557
X_6	3.986	17.258	2.246	2.786	7.555	1.606	2.186	4.703	1.254
X_7	3.978	17.376	1.948	2.974	8.781	1.468	3.060	10.328	1.355
X_8	4.066	18.056	1.900	3.538	13.370	1.642	3.464	13.506	1.391

注：X_1 为人均研发经费；X_2 为规上研发（R&D）投入强度；X_3 为高校人口比；X_4 为万人高校在校生数；X_5 为规上研发（R&D）人员全时当量；X_6 为人均高新技术企业研发（R&D）经费支出；X_7 为万人高新技术企业科技活动人员；X_8 为万人高新技术企业大专以上人数。

4.1.1 人均研发经费的地域差异

人均研发经费测度是规上工业企业研发（R&D）经费支出的人均水平，由于牵涉到国内生产总值（GDP），因此按照各年度的国内生产总值（GDP）水平进行了平价处理，以 2000 年为基期。从整体的复合增长率（Compound Annual Growth Rate，CAGR）来看，全国的均值为 12.49%，保持着良好的增长态势，但黑龙江（4.76%）、辽宁（6.01%）、上海（6.32%）、天津（7.25%）和山西（7.42%）等地区的复合增长率大幅度落后于其他地区，并且从整体上来看东北地区的人均研发经费投入增速明显落后，海南（28.51%）、云南（22.08%）和湖南（21.96%）的增速则显著领先，复合增长率排名前十位的均为中西部和西南地区，表明这些地区正在加快增加研发投入的力度，以适应经济发展的新常态，通过创新带动经济发展以实现弯道超车的意图较为明显。

我国的人均研发经费投入呈现非常明显的"东高西低"的区域特征，东部沿海地区的经济发展水平更好，更加注重对于区域创新的投入，因此也具有更好的表现。2007 年该项指标的前十名分别为上海（668.055 元）、天津（424.840 元）、江苏（321.969 元）、北京（285.961 元）、广东（271.533 元）、浙江（244.910 元）、山东（199.622 元）、辽宁（193.937 元）、福建（110.011 元）和重庆（95.023 元），2017 年则为江苏（1 261.223 元）、上海（1 233.148 元）、浙江（1 005.527 元）、广东（922.047 元）、山东（862.916 元）、天津（855.196 元）、北京（684.402 元）、福建（633.637 元）、重庆（502.797 元）和湖北（438.730 元），可以看出，北京、天津的位次明显下降，江苏、浙江、湖北呈现良好的上升态势。相比于 2007 年，2017 年各个区域的人均研发经费水平都有非常大幅度的提升，区域差异相对缩小，如湖北、湖南等中部地区开始迎头赶上。相比于其他地区，东北地区的人均研发经费水平有相对下降趋势，一方面是由于东北地区的经济发展趋于停滞，创新创业活力不足；另一方面也与其他地区在创新活动上加大了资金投入的力度相关。东北地区的创新投入不足也在一定程度上说明东北地区的创新发展活力不足，需要引起重视。具有同样情形的还有山西，在西部地区中，除重庆的资金投入能力相对进步外，其他均保持平稳发展，但贵州、甘肃、新疆、青海、海南等西部或南部地区的研发经费投入的绝对水平仍很低，尽管具有较高的增速，但仍需要持续加大相关投入。

4.1.2　规上研发（R&D）投入强度的地域差异

规上研发（R&D）投入强度是指规上工业企业的研发（R&D）内部经费支出占一般公共预算支出的比重。众所周知，在研发（R&D）内部经费支出中政府资金占据很大比重，因此可以用研发（R&D）内部经费支出占财政支出的比重来衡量政府对于区域创新的资金支持力度。虽然该指标牵涉到国内生产总值（GDP），但由于该指标属于比重指标，因此不涉及价格变化。整体上全国的规上研发（R&D）投入强度从2007年到2017年的复合增长率达到了6.04%，其增速慢于人均研发经费的增速，但仍保持着较高的复合增长率。从各省级层面数据来看，海南（17.69%）、云南（12.08%）、湖南（11.41%）和安徽（10.79%）实现了超过年均10%的增长率，福建以9.58%的复合增长率位居第五位，中西部地区表现较好，实现了区域创新资金投入的新高度。东北地区的规上研发（R&D）投入强度的复合增长率落后于全国，除吉林（3.49%）、辽宁（1.71%）外，黑龙江甚至达到了-0.32%的增长，表明东北地区的规上工业企业的科技投入下滑严重，这也与东北地区工业发展的整体趋势相关。此外，青海（0.54%）、天津（0.56%）、宁夏（2.80%）等地的规上研发（R&D）投入强度复合增长率也远低于全国平均水平。

规上研发（R&D）投入强度与人均研发经费有着类似的情形，即出现了典型的"东高西低"的区域特征，但在2007—2017年的发展过程中，变异系数值出现了从2007年的0.533到2012年的0.536再到2017年的0.529的波动式下滑态势，表明地域差异正在逐步缩小。从整体来看，东部沿海地区的规上工业企业数量更多，对于区域创新的投入也更加重视，因此具有相比于中西部地区更大的规上研发（R&D）投入强度。从区域的排名情况来看，2007年排名前十位的省份为上海（1.335%）、江苏（1.250%）、天津（1.230%）、广东（1.082%）、辽宁（0.991%）、山东（0.944%）、浙江（0.865%）、重庆（0.851%）、江西（0.661%）、北京（0.655%），2017年排名前十位的省份则变成了山东（2.153%）、江苏（2.136%）、广东（2.079%）、浙江（1.990%）、上海（1.763%）、安徽（1.614%）、重庆（1.441%）、福建（1.395%）、湖南

（1.362%）和湖北（1.322%），可以明显看出，安徽、福建、湖南、湖北跻身前十，而辽宁、天津、江西、北京跌出前十，中部地区正在加速，东北地区则表现欠佳。从区域差异来看，东北地区尤其是黑龙江的下滑最为严重，广西在2012年曾实现了跃迁但在2017年回落。整体上东西部的差异在缩小，但东北地区的下滑态势需要加以重点关注。

4.1.3 高校人口比的地域差异

高校人口比是衡量区域内每百万人（以常住人口统计）所拥有的普通高等学校数量，其中普通高等学校的定义是教育部或省级教育行政部门主管的实行高等教育的学校。截至2017年底，全国范围内共有普通高等学校2 631所。各地域的普通高等学校数量相差很大，如最多的江苏省有167所普通高等学校，而最少的西藏自治区仅有7所普通高等学校，因此采用人均数量进行横向比较具有较强的可行性。从全国层面来看，在2007年到2017年的11年间，我国高校人口比的复合增长率为2.39%，已经步入了平缓的发展轨道。江苏（−1.32%）、黑龙江（−1.97%）和吉林（−1.19%）三地的复合增长率甚至为负数，其原因并不是普通高等学校数量的减少，而主要在于常住人口的增加。高校人口比的复合增长率排名前十位的地区为重庆（7.11%）、湖北（4.81%）、海南（4.59%）、辽宁（3.77%）、浙江（3.69%）、陕西（3.66%）、北京（3.66%）、新疆（3.57%）、河南（3.54%）、广西（3.45%）。这些地区高校人口比增加的核心原因是当地普通高等学校数量的提升，这也说明了这些地区对于高等教育的重视程度。从复合增长率来看，除辽宁外（3.77%）东北地区的高校人口比的下滑态势非常明显，东南沿海地区的高校人口比发展趋缓，中西部地区则更加注重培育高等教育学校，以提升当地的人口素质。

我国高校人口比的区域差异也在进一步缩小。从变异系数来看，2007年、2012年和2017年的变异系数值分别为0.489、0.338和0.292，呈现持续下滑态势，高校人口比在全国范围内更加均衡化。通过地理信息系统（GIS）对数据的进一步分析发现，在东部地区中辽宁、江苏、浙江、福建的高校人口比一直保持着领先态势，陕西、甘肃的高校人口比不仅在西部地区领先，而且与东部地区持平。在直辖市中除重庆外，北京、上海和天津的高校人口比都领先于全国其他地域。四川、河北、山东、河南、广东作为人口大省，普通高等学校的数量还有待进一步提升，以增加当地的高校人口比。从排名情况来看，2007年高校人口比排名全国前十位的省份为北京（4.838个/百万人）、天津（4.126个/百万人）、上海（3.229个/百万人）、宁夏（2.131个/百万人）、陕西（2.028个/百万人）、福建（2.011个/百万人）、青海（1.993个/百万人）、辽宁（1.838个/百万人）、黑龙江（1.778个/

百万人）、浙江（1.759 个 / 百万人），2017 年该项数据的前十位为北京（4.238 个 / 百万人）、天津（3.661 个 / 百万人）、宁夏（2.786 个 / 百万人）、上海（2.647 个 / 百万人）、辽宁（2.632 个 / 百万人）、陕西（2.425 个 / 百万人）、吉林（2.282 个 / 百万人）、福建（2.276 个 / 百万人）、湖北（2.186 个 / 百万人）和江西（2.164 个 / 百万人），可见高校人口比在 11 年间的变动情况较小，北京、上海、宁夏、天津等领先全国其他地区，东北地区的复合增长率虽然不乐观，但仍保持着较高的高校人口比。由于我国普通高等学校的数量自 2014 年后已经基本保持微弱增长态势，因此对于河北、山东、河南、广东、四川等人口大省较为不利，这也为这些地区进一步提升高素质人才和生源质量产生了一定的制约作用。

4.1.4　万人高校在校生数的地域差异

对于某一地区而言，由于普通高校的规模不一，在校生人数与高校数量有可能存在较大差别，因此在高校人口比之外，还采用了万人高校在校生数来进行更为全方位的比较，以尽量消除高校规模的影响。万人高校在校生数是每万人拥有普通高校在校生的数量（以常住人口进行统计），2017 年全国普通高等教育本专科共招生 761.49 万人，在校生人数达到 2 753.6 万人，普通高等学校全日制在校生平均规模达 10 430 人。从复合增长率来看，全国万人高校在校生数在 2007 年到 2017 年的平均复合增长率为 3.38%，与高校人口比类似，保持温和增长态势。北京市（−2.56%）、上海市（−2.01%）、天津市（−0.07%）均出现了不同程度的负增长，这主要是由于直辖市受到教育用地等因素的制约，导致在校生人数增长受限，因此出现了负增长的现象，反之中西部地区的万人高校在校生数则有不同程度的显著增长。复合增长率排名前十位的省份为贵州（10.56%）、云南（7.87%）、广西（6.89%）、河南（6.22%）、宁夏（5.66%）、重庆（5.16%）、青海（5.08%）、四川（4.80%）、甘肃（4.61%）、海南（4.57%），由此可以看出除重庆、四川外均为经济发展较不发达的地区，尤其是贵州实现了超过 10% 的复合增长率，来自教育部门的转移支付也为贵州的在校生增长注入了动力。普遍来看，中西部地区愈加重视高等教育，逐步扩大高校招生规模，增加高校在校生人数。东部地区和部分中部地区，如江苏、浙江、湖北等的高校已经发展到相当规模，因此其万人高校在校生数的增长较为平缓。

从地域分布情况来看，万人高校在校生数的区域差异较小，其变异系数值从 2007 年的 0.432 下降到 2012 年的 0.286，随后继续下降至 2017 年的 0.212，普通高校的人均在校生率进一步平均化。万人高校在校生数也没有出现"东高西低"的现象，反而在陕西形成了西部高地，到 2017 年则与北京和天津处于同一梯队，这主要来自西安市高校在校生的贡献，西安也成了我国西部地区高等教育的培育重地。从排名情况来看，2007年排名前十位的省份分别为北京（354.076人）、天津（332.857人）、上海（260.965人）、陕西（207.181人）、湖北（204.367人）、江苏（193.091人）、辽宁（180.958人）、江西（178.957人）、吉林（172.230人）和黑龙江（166.031人），可以看出除重庆外，其余直辖市均名列前茅，陕西紧随其后，其他省份的高校规模较大，具有较好的发展水平。到2017年排名情况变为天津（330.552人）、陕西（278.846人）、北京（273.090人）、重庆（242.881人）、湖北（237.363人）、吉林（236.979人）、江西（226.804人）、辽宁（224.535人）、江苏（220.186人）、河南（213.899人），可以看出上海、黑龙江已跌出前十位，而重庆、河南跻身其中，整体来看变动率不大，表明万人高校在校生数的区域差异变动平稳，东部地区向中西部地区梯度减少，新疆、青海、贵州尽管拥有较多的普通高校数量，但其办学规模有待提升，以进一步提高万人高校在校生数，增加当地的后备科技发展力量。

4.1.5 规上研发（R&D）人员全时当量的地域差异

研发（R&D）人员包括直接从事研发（R&D）活动，以及为研发（R&D）活动提供服务的各项人员（包括管理人员、行政人员和办事人员）。由于统计工作的限制，该数据仅纳入了规上工业企业的研发（R&D）人员，但不可避免地忽略了规模以下工业企业以及非工业企业（如互联网企业、科研院所等）的研发（R&D）人员活动情况，但整体上仍然可以有效地反映各地区域创新的直接人力投入程度。2007—2017年，全国规上研发（R&D）人员全时当量的平均复合增长率为2.27%，保持了较为缓慢且稳定的增长态势，但同时地域差异却十分明显。复合增长率排名前十位的省份为海南（23.98%）、浙江（9.87%）、安徽（7.52%）、江苏（6.29%）、河北（5.99%）、云南（5.97%）、福建（5.56%）、山东（5.41%）、湖南（4.68%）、广东（3.93%），可见东部地区实现了非常显著的增长，尤其是海南、浙江、安徽的增速遥遥领先于全国其他地区。与此同时规上研发（R&D）人员全时当量也出现了大量的复合增长率为负数的情况，如贵州（-1.15%）、重庆（-1.20%）、四川（-1.70%）、辽宁（-2.47%）、宁夏（-2.49%）、山西（-3.15%）、青海（-4.29%）、新疆（-4.29%）、陕西（-4.65%）、黑龙江（-5.40%），一方面是由于规上工业企业数量的增加，另一方面是由于科技活动尤其是直接从事研发（R&D）活动的人员数量没有随之增加反而相对减少，这也导致该指标在2007—2017年的区域差异增大，其变异系数值也从2007年的0.410增加到2012年的0.564，再小幅度回落至2017年的0.557。

规上研发（R&D）人员全时当量从2007年到2017年大致呈现"东进西退"的发展态势。2007年陕西（5.950人·年）、重庆（5.934人·年）的规上研发（R&D）人员全时当量超过了绝大多数东部地区，大部分西部地区也有较好的表现。从排名来看，2007年规上研发（R&D）人员全时当量的前十位分别为广东（6.282人·年）、陕西（5.950人·年）、重庆（5.934人·年）、江苏（5.218人·年）、山西（5.101人·年）、辽宁（4.914人·年）、黑龙江（4.772人·年）、天津（4.634人·年）、浙江（4.554人·年）、湖北（4.344人·年）。东北地区除吉林外均有较好的表现，东部沿海地区除广东表现抢眼外均平稳发展，中部地区形成了以江西、安徽为核心的局部凹陷情形。到2012年时东部地区的发展势头显著快于西部地区，直至2017年形成了显著的"东—中—西"梯度发展格局，但江西的局部凹陷现象更为突出，东北地区的退步也较为明显。2017年规上研发（R&D）人员全时当量的前十位已经变成浙江（11.672人·年）、江苏（9.606人·年）、广东（9.233人·年）、安徽（6.944人·年）、山东（5.963人·年）、福建（5.939人·年）、甘肃（5.838人·年）、天津（5.651人·年）、重庆（5.260人·年）、上海（5.260人·年）。东部地区率先发展的态势更加明显，除甘肃外中西部其他地区的规上研发（R&D）人员全时当量仍有待提升。北京作为直辖市尽管经济发展位居全国前列，但规上工业企业占国内生产总值（GDP）的比重不大，因此所统计的规上研发（R&D）人员全时当量较低，这表明该统计口径不利于北京这类重点发展服务业的地区进行横向比较。

4.1.6 人均高新技术企业研发（R&D）经费支出的地域差异

人均高新技术企业研发（R&D）经费支出与人均研发经费类似，均是统计规上企业的研发（R&D）经费支出，但其重点关注的是纳入火炬统计年鉴的高新技术企业，因此其统计范围要明显小于人均研发经费。我国的高新技术企业曾经被划分为省级高新技术企业和国家级高新技术企业，由于省级高新技术企业的统计口径存在较大的地域差异，因此本书所涉及的高新技术企业均为国家级高新技术企业，以能够最大限度地统一统计口径。此外，尽管我国的高新技术企业认定范围在2016年之后有所变动（2016年1月份新修订了《高新技术企业认定管理办法》和《高新技术企业认定管理工作指引》），但原先认定的高新技术企业资格依然有效，因此2017年对于高新技术企业的统计口径仍与2016年的统计口径大致一致，基本不影响后续的统计分析。

2007—2017年，人均高新技术企业研发（R&D）经费支出的平均复合增长率达到了16.42%，保持着非常快的增长态势，表明我国的高新技术企业相比于普通的规上企业更加注重研发（R&D）的资金投入，同时不同地域的复合增长率相差较大，排名第一的广东（31.82%）与排名最后的吉林（1.61%）相差超过30%，总体上看东南沿海地区的省份更加注重高新技术企业的资金投入。排名前十位的省份分别为广东（31.82%）、陕西（31.56%）、湖北（31.11%）、辽宁（27.85%）、江西（27.46%）、甘肃（24.09%）、湖南（24.05%）、云南（23.76%）、福建（23.03%）和广西（21.51%），均实现了高于20%的增速。东北地区除辽宁保持高增长率外，黑龙江（6.01%）与吉林（1.61%）排名靠后，此外排名后十位的省份中天津（11.16%）与北京（2.57%）的增长率靠后，这主要是由于其人均高新技术企业研发（R&D）经费支出已经处于较高的水平，根据边际效应递减的规律可知，它们相比于其他省份已经难以持续保持高速增长。

我国人均高新技术企业研发（R&D）经费支出的地域差异在不断缩小，其变异系数值已经从2007年的2.246下降至2012年的1.606再到2017年的1.254，这主要是由于中西部地区的快速增长造成的。从排名情况来看，2007年各省份的人均高新技术企业研发（R&D）经费支出排名前十位的分别为北京（1 496.481元）、上海（695.756元）、江苏（341.362元）、天津（296.882元）、浙江（150.372元）、重庆（89.496元）、山东（86.587元）、安徽（80.663元）、吉林（69.538元）、广东（68.795元）。2017年的省份竞争格局则为北京（1 929.162元）、上海（1 497.995元）、广东（1 089.624元）、天津（855.432元）、浙江（760.880元）、江苏（705.978元）、湖北（389.439元）、陕西（379.284元）、重庆（341.579元）、福建（291.554元），可见吉林、安徽、山东已跌出前十，而福建、陕西、湖北进入前十，说明中部地区和西部地区均在发力追赶。由于四川省是人口大省，因此按照常住人口计算的人均高新技术企业研发（R&D）经费支出偏低，这也是导致在四川出现局部塌陷的原因之一。

4.1.7　万人高新技术企业科技活动人员的地域差异

高新技术企业具有智力密集的特点，因此其科技活动人员的占比也相对较高。根据我国高新技术企业的认定标准，高新技术企业需要从事研发和相关技术创新活动的科技人员占企业当年职工总数的比重不低于10%。2007—2017年，我国高新技术企业科技活动人员的年均复合增长率达到了12.23%，实现了较高的增长速度，复合增长率排名全国前十位的省份分别为青海（27.35%）、陕西（22.22%）、湖南（20.11%）、湖北（19.58%）、辽宁（19.33%）、广东（19.13%）、四川（16.00%）、广西（15.87%）、河北（15.58%）、江西（15.42%），整体来看中部地区和西部地区的复合增长率要高于东部地区，东北地区除辽宁外均表现不佳。排名后五位的省份为江苏（6.11%）、黑龙江（5.78%）、山东（5.27%）、北京（4.28%）和河南（1.85%），均为人口大省（直辖市），大量的常住人口降低了万人高新技术企业科技活动人员的数值，但也与高新技术企业发展趋缓具有一定的联系，如北京高新技术企业数量从2007年的19 172家下滑到2017年的16 267家，因此尽管科技活动人员占比在不断提升，相应的万人高新技术企业科技活动人员增速却趋于缓慢。

尽管北京万人高新技术企业科技活动人员复合增长率缓慢，但其在绝对数量上从 2007 年到 2017 年仍领先于全国其他地区，与上海共处第一梯队。整体上在万人高新技术企业科技活动人员这一指标上，与人均研发经费、规上研发（R&D）投入强度等指标类似，也出现了显著的"东高西低"现象，但西部地区呈现了较好的增长态势，因此西部崛起的现象也比较明显，尤其是陕西、四川、青海的增长幅度较大，在该指标上提升了不止一个层级。这也与变异系数的变动情况类似，2007—2017 年万人高新技术企业科技活动人员的变异系数值从 2007 年的 1.948 下降到 2012 年的 1.468，最后直至 2017 年的 1.355，区域差异不断缩小，东部地区已经进入了发展相对平缓的时期，中西部地区科技活动人员的增多也与西部人才引进政策具有一定的关联性。从排名结果来看，2007 年万人高新技术企业科技活动人员排名前十位的省份为北京（216.200 人）、上海（99.508 人）、江苏（47.099 人）、天津（43.153 人）、浙江（32.836 人）、广东（21.188 人）、山东（20.200 人）、福建（15.886 人）、河南（13.671 人）、重庆（13.559 人），而 2017 年的前十位分别为北京（328.626 人）、上海（208.458 人）、广东（121.975 人）、天津（96.870 人）、浙江（85.656 人）、江苏（85.227 人）、湖北（45.678 人）、陕西（41.852 人）、福建（39.096 人）和重庆（37.205 人），湖北和陕西替代了河南和山东跻身前十位，围绕着武汉与西安的中西部地区高新技术企业进一步发展。安徽在万人高新技术企业科技活动人员领域仍然出现了局部塌陷的情况，综合来看安徽的高新技术企业培育出现了一些问题。

4.1.8　万人高新技术企业大专以上人数的地域差异

万人高新技术企业大专以上人数即指每万人当中高新技术企业内部学历在普通专科以上的从业人员数量，其统计口径与高新技术企业科技活动人员存在较大差异，即仅需要统计在企业内部的从业人员学历，并不需要他们直接参与高新技术企业的科技活动当中。如高新技术企业的行政人员拥有普通专科以上学历但不参与科技活动，也将被纳入该指标的统计范围内。万人高新技术企业大专以上人数和万人高新技术企业科技活动人员这两项指标从不同的统计口径对高新技术企业人员进行了综合统计，具有较强的互补性。

2007—2017 年，全国范围内万人高新技术企业大专以上人数的平均复合增长率达到了 14.26%，高于万人高新技术企业科技活动人员，这与我国学历教育的快速发展具有一定关联性。从复合增长率的全国排名来看，位居前十位的省份分别为青海（27.01%）、辽宁（26.55%）、甘肃（21.79%）、广东（21.34%）、湖北（21.07%）、陕西（20.80%）、四川（20.68%）、广西（18.05%）、湖南（16.35%）、河北（16.34%），整体来看中西部地区的复合增长率要远高于东部沿海地区，东北地区除辽宁外均略显落后，该情形与万人高新技术企业科技活动人员类似。排名后五位的省份分别为海南（8.57%）、北京（7.65%）、宁夏（7.48%）、山东（7.16%）、河南（6.87%）。北京的复合增长率较低也受制于高新技术企业数量的减少，此外河南与山东不仅在万人高新技术企业大专以上人数具有较低的复合增长率，而且在万人高新技术企业科技活动人员这一指标上也是如此，这说明河南与山东在高新技术企业的人员投入上存在较大问题。

在万人高新技术企业大专以上人数这一领域，在全国层面也出现了"东高西低"的发展态势，但东西部的梯度差异在2007—2017年逐渐缩小，这也与变异系数的大幅度降低有关。2007—2017年，该指标的变异系数值从2007年的1.900下滑到2012年的1.642，直至2017年的1.391。区域差异的大幅缩小也表明了中西部地区在快速发展，其高新技术企业用人的学历层次也在快速提升。从排名情况来看，2007年排名全国前十位的省份分别为北京（367.563人）、上海（166.286人）、江苏（76.894人）、天津（70.953人）、浙江（49.066人）、山东（38.449人）、广东（31.982人）、重庆（24.651人）、福建（24.202人）、安徽（21.165人），可以看出北京与上海同属第一梯队，其领先态势远超全国其他地区，河北与辽宁在东部地区的落后情形较为明显。到2017年，万人高新技术企业大专以上人数的全国前十位排名情况变为北京（768.350人）、上海（419.170人）、广东（221.363人）、天津（213.905人）、江苏（176.287人）、浙江（162.485人）、湖北（100.177人）、重庆（91.145人）、陕西（88.498人）、山东（76.795人），可见四大直辖市均保持前十的位置，但上海已经落后于北京位于第二梯队，福建、安徽的位置由陕西和湖北取代，这说明西安高新技术企业的快速发展带动了陕西万人高新技术企业大专以上人数的增加。河北、河南与山西形成了局部洼地，一方面是由于常住人口数量的增长提升了分母，另一方面也与其高新技术企业的培育进度下滑有关。

4.2 区域创新产出指标的地域差异

与区域创新投入指标类似，我国区域创新产出指标的地域差异仍保持在较高的水平，并且整体来看其区域差异更大。从2007—2017年连续11年的区域创新产出的八项指标来看，当前我国的区域创新产出指标整体上从绝对值来看具有很大的地域差异，其变异系数值均超过1，达到高水平，尤其是人均技术合同成交额（Y_2）、十万人高新技术企业数量（Y_3）、百万人专利合作条约（PCT）专利申请量（Y_4）的变异系数值均超过了2，分别为2.416、2.214和2.935，说明其地域差异已经达到了非常高的水平，尤其是百万人专利合作条约（PCT）专利申请量（Y_4）更是接近了3的高位（表4-4）。从偏度数据来看，区域创新产出的数据分

表 4-4　2007—2017 年区域创新产出指标数据特征

区域创新产出指标	代码	平均值	标准差	偏度	峰度	变异系数
十万人发明专利数/件	Y_1	12.041	23.291	5.041	32.404	1.931
人均技术合同成交额/元	Y_2	790.797	1 913.184	5.336	32.147	2.416
十万人高新技术企业数量/家	Y_3	5.330	11.820	6.167	47.534	2.214
百万人专利合作条约（PCT）专利申请量/个	Y_4	12.326	36.230	4.994	28.159	2.935
人均高新技术企业工业总产值/元	Y_5	6 485.834	8 068.459	4.048	30.245	1.242
人均高新技术企业总收入/元	Y_6	7 869.636	10 994.992	2.775	8.284	1.395
人均高新技术企业净利润/元	Y_7	554.099	886.728	2.996	9.416	1.598
人均高新技术企业创汇总额/美元	Y_8	164.265	261.716	2.403	5.832	1.591

布形态与正态分布相比均为正偏（右偏），即在右侧长尾区域有较多的极端值，数据均值右侧的离散程度很强，尤其是十万人发明专利数（Y_1）、人均技术合同成交额（Y_2）、十万人高新技术企业数量（Y_3）的偏度数据分别为 5.041、5.336、6.167，表明其数据分布的不均衡程度更高，且该三项指标的变异系数值也分别达到了 1.931、2.416、2.214 的高值，在一定程度上表明我国的专利产出、技术交易和高新技术企业培育方面存在着显著的地区不均衡。从峰度数据来看，区域创新产出指标的总体数据分布与正态分布相比呈较为极端的尖顶峰，尤其是十万人发明专利数（Y_1）、人均技术合同成交额（Y_2）、十万人高新技术企业数量（Y_3）、百万人专利合作条约（PCT）专利申请量（Y_4）、人均高新技术企业工业总产值（Y_5）均接近或超过 30，其峰度数据过于极端。从整体上看，区域创新产出指标不仅呈现"尖峰分布"和"右偏分布"形态，而且地域差异相比区域创新的投入指标更加极端且离散。

尽管整体上我国的区域创新产出指标存在着较大的地域差异，但从相对量来看，地域差异仍在缩小当中，其具体表现在 2007—2017 年，上述八项指标的平均变异系数值从 2007 年的 2.04 下降到 2012 年的 1.79，进而持续下降至 2017 年的 1.52，变异系数的下降表明数据的离散程度呈现逐渐下降趋势，也说明区域创新产出指标的地域差异在稳步缩小当中。其中部分指标有上升或波动，如百万人专利合作条约（PCT）专利申请量（Y_4）的变异系数在 2007—2017 年均维持着小幅度上升趋势，而人均高新技术企业工业总产值（Y_5）的变异系数在 2012 年经历了升高之后在 2017 年又下降到低于 2007 年的水平，但整体上不能改变区域创新产出指标的区域差异缩小的整体趋势。从偏度数据来看，区域创新产出指标均为右偏，从 2007 年到 2017 年各指标的偏度系数整体上既有上升也有下降，与知识产出相关的指标［十万人发明专利数（Y_1）、百万人专利合作条约（PCT）专利申请量（Y_4）］和与知识扩散相关的指标［人均技术合同成交额（Y_2）］的右偏幅度总体上有扩大的趋势，其余指标的偏度系数震荡上升或下降。从峰度数据来看，十万人发明专利数（Y_1）、人均技术合同成交额（Y_2）、十万人高新技术企业数量（Y_3）的峰度系数达到了相当高的水平，较高的峰度系数表明数据的方差过大，同时也是由大于或小于平均值的低频度的极端差值所引起的，在一定程度上也说明了虽然地域差异在稳步缩小，但地域差异的绝对水平仍然非常高，尤其是极值与均值之间的差异在扩大。与高新技术企业相关的指标［人均高新技术企业工业总产值（Y_5）、人均高新技术企业总收入（Y_6）、人均高新技术企业净利润（Y_7）、人均高新技术企业创汇总额（Y_8）］的峰度系数和偏度系数都偏小且大致都呈现下降态势，在一定程度上说明高新技术企业相关指标的偏离程度更加趋于平缓，高新技术企业的地域差异正在逐步减小（表4-5）。

表4-5 区域创新产出指标数据特征演化趋势

变量代码	2007年			2012年			2017年		
	偏度	峰度	变异系数	偏度	峰度	变异系数	偏度	峰度	变异系数
Y_1	3.527	13.115	1.942	3.688	15.322	1.625	3.925	17.583	1.583
Y_2	4.305	19.481	2.642	4.840	24.893	2.237	4.822	24.785	2.074
Y_3	5.310	28.694	3.098	3.364	12.533	1.631	3.369	13.225	1.509
Y_4	2.944	7.851	2.218	3.446	12.099	2.309	3.180	9.527	2.326
Y_5	2.324	5.289	1.315	4.490	22.043	1.986	1.376	1.047	0.823
Y_6	3.146	10.436	1.663	2.803	7.781	1.386	2.563	6.961	1.176
Y_7	3.039	9.502	1.671	3.095	9.819	1.591	2.451	5.692	1.320
Y_8	2.129	3.288	1.831	2.610	7.204	1.541	1.807	2.225	1.354

注：Y_1为十万人发明专利数；Y_2为人均技术合同成交额；Y_3为十万人高新技术企业数量；Y_4为百万人专利合作条约（PCT）专利申请量；Y_5为人均高新技术企业工业总产值；Y_6为人均高新技术企业总收入；Y_7为人均高新技术企业净利润；Y_8为人均高新技术企业创汇总额。

4.2.1 十万人发明专利数的地域差异

发明专利数统计的是发明专利授权量。对于衡量知识产出而言，有效发明专利授权量（需要经国家知识产权局审批已经授权的专利，需要正常维护、及时缴付年费，需要尚未超出法定保护年限，需要没有被诉无效）相比发明专利授权量更加具有说服力，但由于有效发明专利授权量的统计数据不易获得，因此本书采用发明专利授权量来对省级层面的知识产出进行衡量。

2007—2017年，我国十万人发明专利数的年均复合增长率达到了26.26%，相比区域创新的投入指标而言保持着非常高速的增长态势。从排名情况来看，复合增长率排名前十位的省份分别为安徽（44.02%）、福建（37.27%）、广西（37.20%）、宁夏（33.78%）、江苏（33.34%）、重庆（31.85%）、河南（29.98%）、四川（29.72%）、山东（28.69%）和江西（28.23%），可以看出东部、中部、西部地区均有突出的省份，但是从整体来看东北地区的增速要低于全国平均水平。除重庆外，北京、上海、天津的年均复合增长率也显著处于低水平。复合增长率排名后五位的省份包括海南（20.90%）、辽宁（20.05%）、云南（19.16%）、上海（17.17%）、天津（13.65%）。

我国的十万人发明专利数也具有比较明显的"东高西低"现象，但中西部地区正在不断提升其发展水平，陕西、重庆、四川成为拉动西部地区发明专利数的核心力量。从十万人发明专利数变异系数的变动趋势来看，从2007年的1.942降低到2012年的1.625，最后直至2017年的1.583，变异系数的快速下滑说明区域差异正在大幅度缩小。从极值水平来看，2007年极大值与极小值的比达到了74.92（北京/广西），而这一数据在2017年则显著下降到22.78（北京/内蒙古），进一步说明了区域差异在逐步拉平。在2007年、2012年和2017年，北京的十万人发明专利数均排名全国首位，且处于唯一的第一梯队位置，天津、上海紧随其后。2007年在十万人发明专利数领域全国排名前十位的省份分别为北京（29.541件）、上海（17.540件）、天津（10.439件）、浙江（4.374件）、广东（3.931件）、江苏（2.911件）、辽宁（2.839件）、陕西（2.014件）、黑龙江（1.747件）、吉林（1.663件）。从发展水平来看，东北地区全部位于前十，东部省份有6个省份位于其中，西部地区仅有陕西跻身前十，中部地区（河南、湖北、湖南、安徽）出现了连片塌陷。2017年，排名全国前十位的省份变为北京（212.303件）、上海（85.529件）、江苏（51.710件）、浙江（50.808件）、广东（40.953件）、天津（37.534件）、陕西（22.879件）、福建（22.291件）、重庆（19.961件）、安徽（19.888件），可以看出安徽实现了较大幅度的增长进而跻身前十，而东北地区则全部跌出前十，这说明东北地区在培育自主创新方面出现了较大问题。西部地区的增长态势较为喜人，重庆、四川成为支撑西南地区发展的动力源。

4.2.2 人均技术合同成交额的地域差异

技术合同成交额包括技术开发、技术转让、技术咨询、技术服务四类技术合同，其统计来源为2007—2017年《全国技术市场统计年度报告》。技术合同成交额的统计范围涵盖技术输出和技术输入两个方面。从2007年到2017年间，我国人均技术合同成交额的平均复合增长率达到了17.60%的高位，虽然低于十万人发明专利数的复合增长率，但也超过了区域创新投入的大部分指标。从排名情况来看，人均技术合同成交额的复合增长率排名全国前十位的省份分别为海南（32.44%）、陕西（32.19%）、贵州（29.88%）、湖北（27.84%）、四川（25.34%）、吉林（24.31%）、广西（22.65%）、青海（22.20%）、宁夏（21.70%）和安徽（20.91%），由此可见中西部地区的增长速度要显著快于东南沿海地区，以西安为核心的陕西、以贵阳为核心的贵州和以武汉为核心的湖北等中西部地区均实现了大幅度的持续增长。复合增长率排名后五位的省份分别为内蒙古（10.42%）、河北（9.90%）、新疆（9.07%）、河南（5.90%）、上海（2.94%）。上述数据表明四大直辖市的复合增长率表现一般，上海更是位居末尾，这其中有很大程度的原因是西安、武汉等技术合同交易市场的兴起，而上海、河南等地的技术交易市场发展相对缓慢。

人均技术合同成交额的地区差异非常明显，也呈现显著的"东高西低"态势，但区域差异在逐步缩小，其变异系数值从2007年的2.642到2012年的2.237，随后继续下滑到2017年的2.074，虽然下滑态势明显，但仍然保持着较高水平，说明地域差异相比其他指标仍很显著，而且从极值来看，2007年的极大值与极小值之比达到了330.90（北京/广西），到2017年时则降低到了177.54（北京/河南），也同步说明了区域差异在不断减小。北京在2007—2017年的人均技术合同成交额都远超全国其他地区，位于第一梯队，究其原因主要是因为技术合同交易的全国市场位于北京。上海因拥有长三角技术交易市场而居于第二梯队。从排名情况来看，2007年人均技术合同成交额的前十位分别为北京（5 717.180元）、上海（2 602.841元）、天津（948.237元）、辽宁（285.944元）、广东（198.028元）、重庆（181.647元）、青海（180.607元）、江苏（175.974元）、浙江（171.037元）、甘肃（148.475元），而到了2017年前十位的省份变为北京（16 212.938元）、上海（3 477.417元）、天津（3 449.518元）、陕西（2 077.410元）、湖北（1 600.614元）、青海（1 341.117元）、海南（1 228.692元）、广东（1 180.834元）、江苏（1 164.704元）、辽宁（855.407元），由此可见陕西已晋升为前十位且在2017年排名全国第四位，这与西安高新区大力建设"科技大市场"具有密切关系。从整体上看，2017年的人均技术合同成交额的梯度已经不如2007年明显，而西部崛起的速度非常明显，也在一定程度上通过技术交易拉动了区域创新水平的提升。

4.2.3 十万人高新技术企业数量的地域差异

高新技术企业定义已经如前所述，而拥有高新技术企业数量的多少在一定程度上代表了区域创新水平的高低。根据《2017中国火炬统计年鉴》的数据可知，2017年全国各地高新技术企业数排名前十位的省份为广东（32 718家）、北京（16 267家）、江苏（13 661家）、浙江（9 047家）、上海（7 494家）、山东（6 217家）、湖北（5 261家）、安徽（4 255家）、天津（4 009家）、四川（3 480家）。由此可知，北京、珠三角与长三角已成为我国高新技术企业的集聚地，与此同时也成为我国经济结构较具竞争性的地域。此外，苏州、东莞作为长三角和珠三角具有代表性的普通地级市，各自拥有的高新技术企业数量都超过了4 000家，仅次于北上广深，与直辖市天津持平。无锡、中山的高新技术企业数量均超过1 600家，逼近区域中心城市南京、西安；常州、佛山、珠海的高新技术企业数量均超过1 200家，与副省级城市宁波、厦门比肩。以上更进一步说明了长三角与珠三角在培育高新技术企业上所取得的成绩。

2007—2017年，十万人高新技术企业数量的复合增长率达到了9.604%，尽管其增速低于十万人发明专利数和人均技术合同成交额，但也保持了较快的发展速度。从排名情况来看，甘肃（20.97%）、江西（19.64%）、青海（18.59%）、广东（18.39%）、贵州（17.76%）、云南（16.98%）、安徽（15.88%）、河北（14.90%）、重庆（13.03%）、广西（12.55%）的复合增长率位居全国前十位，除广东、河北外均为中西部地区，中西部地区人均高新技术企业数量的快速增长也推动了区域创新水平快速向东部沿海地区追赶，与此同时也缩小了我国东西部的区域差异。十万人高新技术企业数量排名后五位的省份分别为河南（3.80%）、陕西（1.11%）、黑龙江（-1.42%）、北京（-4.39%）、吉林（-4.51%），可以看出，东北地区除辽宁外在高新技术企业培育方面存在较为严重的问题，北京、河南、陕西在该指标上表现不佳主要是由于常住人口的快速提升，但也在一定程度上说明了其在培育高新技术企业上步入了瓶颈。

从区域差异来看，尽管十万人高新技术企业数量的变异系数值从2007年的3.098下降到2012年的1.631直至2017年的1.509，区域差距正在显著缩小，但其地域差异仍然十分显著。2007年十万人高新技术企业数量的最大值（北京，117.404家）与最小值（甘肃，0.344家）之比高达341.29，而2017年这一数据迅速下降到56.16，也印证了区域差异正在迅速减小，"东高西低"的区域发展格局在逐步向西部蔓延。2007—2017年，在十万人高新技术企业数量领域北京仍独居第一梯队。从排名情况来看，2007年十万人高新技术企业数量排名前十位的省份分别为北京（117.404家）、上海（14.408家）、天津（8.655家）、江苏（6.801家）、广东（5.418家）、浙江（5.142家）、陕西（5.120家）、山东（3.338家）、福建（3.326家）、辽宁（3.322家），到2017年则变为北京（74.929家）、上海（30.993家）、广东（29.294家）、天津（25.748家）、江苏（17.015家）、浙江（15.993家）、湖北（8.914家）、福建（7.683家）、安徽（6.803家）、重庆（6.491家）。从整体上看，东南沿海地区仍然保持着发展优势，西安、合肥、厦门正在带动中西部省份快速发展。

4.2.4 百万人专利合作条约（PCT）专利申请量的地域差异

专利合作条约（PCT）专利是指通过专利合作条约（PCT），只需提交一份国际专利申请，就可以向多个国家申请专利，因此专利合作条约（PCT）专利申请量也代表着区域创新产出的国际竞争力。从2017年的国际统计数据来看，2017年中国提交的专利合作条约（PCT）专利申请量达48 882件，仅次于美国位于全球第二位，并且在专利合作条约（PCT）国际专利申请量前15位的原属地（国家/经济体）中，中国和印度是仅有的两个中等收入国家。根据国家知识产权局（State Intellectual Property Office，SIPO）公布的2017年度专利统计数据可知，当年共受理专利合作条约（PCT）专利申请50 674件，排名前十位的省份分别为广东（26 830件）、北京（5 069件）、江苏（4 590件）、上海（2 104件）、山东（1 730件）、浙江（1 368件）、湖北（1 290件）、福建（640件）、四川（489件）、辽宁（334件），广东省的专利合作条约（PCT）专利申请量显著超过全国其他地区，其中绝大多数由深圳市贡献，深圳市的专利合作条约（PCT）专利申请量已经连续14年位居全国大中城市第一位，这说明深圳的国际科技竞争力已经达到了相当的高度。

2007—2017年，我国的百万人专利合作条约（PCT）专利申请量已经从2007年的3 719件发展到2017年的25 500件，其平均的复合增长率达到了19.76%的高增速，我国在专利国际化方面的重视程度为专利合作条约（PCT）专利申请量的快速提升提供了不竭动力。从排名情况来看，百万人专利合作条约（PCT）专利申请量的复合增长率位居全国前十位的省份分别为湖北（39.39%）、江苏（36.72%）、山东（34.12%）、安徽（32.46%）、四川（29.53%）、云南（28.69%）、河南（26.70%）、青海（24.11%）、广东（23.98%）、内蒙古（23.95%），可以看出，中西部地区的发展速度要普遍快于东南沿海地区，尽管广东的专利合作条约（PCT）专利申请量的绝对水平很高，但由于边际效应递减难以保持较高增速，好在最终仍达到了23.98%的持续高速增长。百万人专利合作条约（PCT）专利申请量的复合增长率排名全国后五位的省份为辽宁（12.30%）、天津（11.60%）、黑龙江（9.07%）、新疆（6.18%）、山西（-3.31%），可见东北地区的增速要显著低于全国平均水平，山西甚至出现了负增长，这也与山西高新技术企业发展不力有一定关系。

从地域差异可以比较直观地看出"东高西低"的梯度关系，同时在2007—2017年以广东、浙江、江苏等为代表的东部沿海地区快速提升百万人专利合作条约（PCT）专利申请量的水平，导致在东西部之间的地域梯度也在逐步扩大。从变异系数来看，百万人专利合作条约（PCT）专利申请量的变异系数值从2007年的2.218上升到2012年的2.309，并在2017年达到了2.326的高水平。尽管变异系数的涨幅较为温和，但地域差异不断扩大的趋势仍在持续。从地区排名的情况来看，2007年百万人专利合作条约（PCT）专利申请量排名全国前十位的省份分别为北京（34.293个）、广东（28.003个）、上海（20.721个）、天津（4.395个）、浙江（3.478个）、福建（3.323个）、山西（2.535个）、江苏（2.505个）、辽宁（2.396个）、重庆（1.065个），而到了2017年则变成了广东（240.218个）、北京（233.487个）、上海（87.014个）、江苏（57.168个）、浙江（24.182个）、湖北（21.857个）、山东（17.290个）、福建（16.364个）、天津（13.166个）、辽宁（7.645个）。广东不断巩固其领先地位并与北京同处第一梯队,上海从第一梯队下滑到第二梯队。中西部地区的百万人专利合作条约(PCT)专利申请量的相对位次反而有所下滑,东北地区除辽宁外也出现了显著的下滑现象。PCT 专利申请量已经在一定程度上成为北上广深等一线城市巩固其科技优势地位的动力,也对杭州、大连、宁波等副省级城市的专利国际化竞争力提出了挑战。

4.2.5 人均高新技术企业工业总产值的地域差异

高新技术企业工业总产值统计的是国家级高新技术企业的年度工业总产值数据。相比工业总产值,工业增加值更能代表当年高新技术企业的工业产出水平,但由于从 2009 年起国家统计局改革了工业增加值(只纳入规上企业)的计算方法,中国火炬统计年鉴也相应地在 2009 年之后删除了"工业增加值"的统计科目,因此需要从工业总产值和企业总收入两个方面来综合衡量高新技术企业的产出情况。

2007—2017 年,人均高新技术企业工业总产值的平均复合增长率为 10.48%,要低于十万人发明专利数、人均技术合同成交额等指标的增速,但也维持了较高的复合增速。从人均高新技术企业工业总产值复合增长率的排名情况来看,广西(23.40%)、青海(22.61%)、江西(20.38%)、甘肃(18.34%)、辽宁(17.58%)、河北(17.39%)、陕西(17.12%)、湖北(16.72%)、湖南(16.47%)、贵州(14.81%)的复合增长率位居全国前十位,整体来看中西部地区的增速要高于东部沿海地区,东北地区仅有辽宁位居前十位,吉林、黑龙江均位居中下游位置,这与中西部地区大力建设国家级高新技术企业的地方政策具有较大关系。如广西 2017 年国家级高新技术企业总数达到 1 204 家,较 2016 年净增长 374 家,增长率达到了 45.06%。高新技术企业的快速增长也促使人均高新技术企业工业总产值实现了快速提升。天津(2.74%)、黑龙江(2.51%)、上海(1.10%)、北京(-0.60%)、海南(-2.09%)的复合增长率排在全国后五位,其中北京、天津、上海、海南因为产业政策与经济形势等原因,人均高新技术企业工业总产值的复合增长率均较低,黑龙江则主要是因为经济发展模式受限,面临较为严重的产业结构转型升级的问题。

从地域差异来看,"东高西低"的现象也出现在人均高新技术企业工业总产值这一领域,同时东西部的梯度差异在逐步缩小,中西部地区的增长态势要超过全国其他地区,江西、湖北、重庆都实现了梯度的跃迁。人均高新技术企业工业总产值的变异系数值从 2007 年的 1.315 提升到 2012 年的 1.986 后,又在 2017 年降到 0.823,即区域差异并非持续下降而是经历了一个先上升后下降的趋势。从排名情况来看,2007 年人均高新技术企业工业总产值位居全国前十位的省份分别为上海(25 685.345 元)、北京(19 365.793 元)、江苏(14 898.604 元)、天津(11 026.753 元)、浙江(9 441.578 元)、山东(6 982.207 元)、广东(6 792.097 元)、安徽（4 042.558元）、重庆（3 712.294元）、福建（3 345.229元），除安徽、重庆外均为东部地区。2017年，人均高新技术企业工业总产值排名全国前十位的省份分别为上海（28 663.742元）、广东（23 632.985元）、江苏（23 073.641元）、浙江（19 639.399元）、北京（18 230.216元）、天津（14 447.985元）、重庆（13 944.054元）、江西（9 603.775元）、湖北（9 572.167元）、山东（9 367.451元），除湖北、江西、重庆外均为东部发达地区省份。从整体上看，东部沿海地区的高新技术企业工业总产值要高于全国，湖南、江西在中部地区发展迅速，重庆在西部地区发展较快，四川、青海也在快速提升自身的人均高新技术企业工业总产值。

4.2.6 人均高新技术企业总收入的地域差异

高新技术企业总收入包括与高新技术企业生产经营直接有关的各项收入，包括高新技术产品（服务）收入、工程结算收入和其他业务收入。2007—2017年，人均高新技术企业总收入的平均复合增长率达到了12.29%，其复合增速略慢于部分区域创新的产出指标，但也保持着较好的增长态势。从复合增长率的全国排名来看，排名前十位的省份分别为广西（24.22%）、江西（21.40%）、湖北（21.24%）、辽宁（20.27%）、甘肃（19.51%）、河北（19.22%）、陕西（19.15%）、湖南（18.09%）、贵州（17.04%）、四川（16.02%），由此可以看出中西部地区的增长速度要显著快于东南沿海地区，东北地区仅有辽宁保持着较高增速，吉林、黑龙江的复合增速均显著低于全国平均值。

从地域差异视角来看，与其他指标类似，人均高新技术企业总收入也出现了比较清晰的"东高西低"的分布特征，但地域差距正在逐步缩小。人均高新技术企业总收入的变异系数值从2007年的1.663下降到2012年的1.386，直至2017年的1.176，同样可以说明区域差异正在稳步下降中。与其他指标的情形不同，人均高新技术企业总收入地域差异的缩小更多是依靠中部地区的提升而非西部。江西、湖南、湖北实现了高速增长并提升其人均高新技术企业总收入的地域梯度。从极值数据来看，2007年人均高新技术企业总收入的最大值（北京，43 720.339元）与最小值（甘肃，398.783元）之比达到了109.63，而2017年最大值（北京，69 733.795元）与最小值（甘肃，2 370.922元）之比则显著降低为29.41，这一方面是由于西部地区人均高新技术企业总收入的快速提升，另一方面也与东部地区高新技术企业的收入增速趋缓有关。从排名情况来看，2007年人均高新技术企业总收入排名全国前十位的省份为北京（43 720.339元）、上海（29 739.315元）、江苏（14 900.426元）、天津（12 674.008元）、浙江（9 126.305元）、山东（7 067.043元）、广东（6 700.710元）、重庆（4 154.448元）、安徽（4 045.660元）、福建（3 213.185元），2017年排名全国前十位的省份变为北京（69 733.795元）、上海（53 378.002

元）、广东（29 268.165 元）、天津（25 548.428 元）、江苏（24 898.798 元）、浙江（24 027.903 元）、重庆（15 435.873 元）、湖北（14 010.344 元）、江西（10 417.548 元）、湖南（10 376.789 元）。从整体上看，北京、上海始终处于第一梯队，东南沿海地区除福建外均保持着较高水平，湖北、江西、湖南有效地带动了中部地区的发展。东北地区中仅有辽宁保持持续增长态势，黑龙江、吉林所处梯度均有所下降。

4.2.7　人均高新技术企业净利润的地域差异

高新技术企业净利润衡量的是高新技术企业的实际收入情况，也代表着企业的可持续发展能力，净利润越高的企业一般也都具有较好的持续发展空间。2007—2017 年，全国人均高新技术企业净利润的复合增长率为 12.05%，与其他涉及高新技术企业的指标相比保持在同一水平。从排名情况来看，人均高新技术企业净利润在 2007—2017 年的复合增长率排名全国前十位的省份分别为青海（26.99%）、湖北（21.89%）、广东（19.84%）、湖南（19.13%）、广西（18.74%）、江西（18.16%）、甘肃（17.65%）、浙江（17.57%）、辽宁（17.17%）、四川（15.16%），除广东、浙江、辽宁外均为中西部地区，从整体上看以武汉、长沙为核心的中部地区实现了整体连片的快速发展。人均高新技术企业净利润复合增长率排名全国后五位的省份分别为江苏（4.74%）、天津（4.06%）、河南（2.63%）、黑龙江（−0.70%）、海南（−4.78%）。其中，江苏、天津在人均高新技术企业净利润领域发展较慢主要是由于其高新技术企业自身已经发展到了一定高度，难以保持高速增长态势；河南的低速增长主要是源于常住人口的大量增加；黑龙江、海南则由于高新技术企业培育的问题而导致了显著的负增长。

从地域差异角度来看，人均高新技术企业净利润呈现"东高西低"的区域发展格局，同时中部地区的省份实现了整体的梯度跃升，进一步降低了地域差异，与人均高新技术企业总收入的情况相似，其地域差异的缩小更多是依靠中部地区的提升而非西部。从变异系数来看，人均高新技术企业净利润的变异系数值从 2007 年的 1.671 下降到 2012 年的 1.591，并持续下降至 2017 年的 1.320，进一步说明了地域差异确实在以比较显著的速度下降，这对于中部和西部地区而言提升了其发展高新技术企业的动力。从排名情况来看，2007 年人均高新技术企业净利润排名全国前十位的省份分别为北京（2 914.577 元）、上海（2 083.726 元）、江苏（1 150.819 元）、天津（894.515 元）、浙江（579.480 元）、山东（449.223 元）、广东（364.303 元）、海南（302.037 元）、重庆（267.623 元）、安徽（221.251 元），除重庆、海南与安徽外均为东部发达地区。到了 2017 年，人均高新技术企业净利润排名全国前十位的省份为北京（5 218.538 元）、上海（4 571.816 元）、浙江（2 923.925 元）、广东（2 225.687元）、江苏（1 829.121元）、天津（1 331.958元）、重庆（981.377元）、湖北（846.673元）、福建（764.163元）、山东（723.205元），该排名情况与2007年类似，表明其区域竞争格局已经相对稳定，但中部地区仍在加快追赶步伐。此外亦可明显看出东北地区均处于最低梯队，表明其企业的可持续发展能力和竞争力均有待提高，再结合其他指标分析可知，东北地区高新技术企业的发展确实遇到了较大问题。

4.2.8 人均高新技术企业创汇总额的地域差异

高新技术企业创汇总额统计了通过贸易等各种途径取得外汇的总量，按照国际贸易管理均以美元为计价单位，但2017年后中国火炬统计年鉴更改了以美元计价的传统，转而按照人民币进行计价。由于汇率波动的频繁性，因此2016年、2017年的人均高新技术企业创汇总额按照人民币/美元的全年按月加权平均汇率换算为美元，以保持2007年到2017年统计单位的统一性。一直以来高新技术企业都是我国的重点出口创汇企业，但2007—2017年我国人均高新技术企业创汇总额的复合增长率为7.20%，其复合增速低于人均高新技术企业工业总产值、人均高新技术企业总收入等其他与高新技术企业相关的指标，初步判断当前我国的高新技术企业已经逐步摆脱了依赖出口发展的路径，内需与政府采购逐渐成为推动高新技术企业发展的动力来源。从人均高新技术企业创汇总额复合增长率的全国排名情况来看，排名前十位的省份分别为辽宁（22.52%）、湖南（17.77%）、甘肃（17.13%）、黑龙江（16.97%）、陕西（16.52%）、广西（16.17%）、江西（15.86%）、重庆（13.49%）、湖北（12.52%）、贵州（11.12%），整体来看东北地区和中部地区的人均高新技术企业创汇总额保持了良好的增长态势，东南沿海地区均未列入其中。排名后五位的省份分别为上海（-2.13%）、江苏（-2.93%）、天津（-6.08%）、云南（-7.28%）、北京（-7.36%），并且东南沿海地区的整体增速均较为缓慢，上海、江苏、北京、天津出现了负增长态势，其原因可能与高新技术企业的人均数量下滑有关，也与其不再主动依靠出口创汇发展企业的整体策略有一定关联性。

人均高新技术企业创汇总额的地域差异也在逐步缩小当中，并且也出现了"东高西低，中部崛起"的区域分布格局。人均高新技术企业创汇总额的变异系数值也从2007年的1.831下降至2012年的1.541，随后继续下降至2017年的1.354，同人均高新技术企业净利润等指标类似，其区域差异的逐步缩小主要与中部地区的整体抬升有关，尤其是湖北、湖南的增长水平较高，实现了梯度的跃迁。从排名情况来看，2007年在人均高新技术企业创汇总额领域排名全国前十位的省份分别为上海（1 089.609美元）、北京（934.317美元）、江苏（923.629美元）、天津（704.451美元）、广东（362.618美元）、浙江（296.362美元）、山东（145.804 美元）、福建（108.549 美元）、安徽（57.076 美元）、宁夏（42.740 美元），2017 年排名全国前十位的省份分别为上海（878.857 美元）、广东（838.358 美元）、江苏（685.740 美元）、浙江（593.094 美元）、北京（435.094 美元）、天津（376.292 美元）、福建（250.253 美元）、山东（209.595 美元）、重庆（141.454 美元）、湖北（120.610 美元），整体来看东南沿海地区保持着较为稳固的领先态势，重庆、湖北取代了安徽和宁夏进入全国前十位。中部地区的快速发展也在一定程度上表明了出口创汇仍是中部地区发展高新技术企业的重要途径。

4.3 区域经济发展指标的地域差异

与区域创新投入指标、区域创新产出指标相比，我国区域经济发展指标的地域差异相对较小，各个分指标的地域差异也相对均衡。从 2007—2017 年连续 11 年的区域经济发展的七项指标统计情况来看，除人均实际使用外资金额（Z_2）、人均货物进出口总额（Z_3）的变异系数值分别达到了 1.269 和 1.644（表 4-6），其余指标的变异系数值均小于 1，表明人均实际使用外资金额（Z_2）、人均货物进出口总额（Z_3）的地域差异相对其他经济指标更为显著，两极分化现象更为明显。从偏度数据来看，区域经济发展指标的数据分布形态与正态分布相比均为正偏（右偏），即在右侧长尾区域有较多的极端值，数据均值右侧的离散程度相对降低。人均实际使用外资金额（Z_2）、人均货物进出口总额（Z_3）、单位国内生产总值（GDP）废水排放量（Z_6）、单位国内生产总值（GDP）电力消费量（Z_7）的偏度系数较高，分别为 3.473、2.412、2.575 和 2.437，在一定程度上表明我国在利用外资和环境治理方面存在较大的离散。从峰度数据来看，人均实际使用外资金额（Z_2）、单位国内生产总值（GDP）废水排放量（Z_6）、单位国内生产总值（GDP）电力消费量（Z_7）的峰度系数分别达到了 18.496、10.748 和 7.815 的高位，其他区域经济发展指标的总体数据分布较为平缓。整体来看，区域经济发展指标呈现"平峰分布"和"右偏分布"形态。

从整体来看，我国区域经济发展指标的地域差异相对区域创新投入指标和区域创新产出指标更小，且地域差异正在波动中缩小，其具体表现在 2007—2017 年，上述 7 项指标的平均变异系数值从 2007 年的 0.860

表 4-6 2007—2017 年区域经济发展指标数据特征

区域经济发展指标	代码	平均值	标准差	偏度	峰度	变异系数
人均全社会固定资产投资存量 / 元	Z_1	95 316.752	60 360.581	0.959	0.343	0.632
人均实际使用外资金额 / 美元	Z_2	117.001	148.723	3.473	18.496	1.269
人均货物进出口总额 / 美元	Z_3	1 669.711	2 749.457	2.412	5.232	1.644
城镇居民家庭平均每人全年消费性支出 / 元	Z_4	9 964.844	3 201.017	1.416	2.838	0.321
人均地区生产总值 / 元	Z_5	25 948.541	13 540.772	1.187	0.983	0.521

续表 4-6

区域经济发展指标	代码	平均值	标准差	偏度	峰度	变异系数
单位国内生产总值（GDP）废水排放量/[t·(万元)$^{-1}$]	Z_6	8.629	4.816	2.575	10.748	0.557
单位国内生产总值（GDP）电力消费量/[kW·h·(万元)$^{-1}$]	Z_7	706.354	464.128	2.437	7.815	0.656

下降到 2012 年的 0.682，而后小幅上升至 2017 年的 0.715，但仍低于 2007 年的水平。变异系数的波动下降表明区域经济发展的离散程度总体上也在下降，地域差异在震荡中降低。其中部分指标有波动上升的态势，如人均实际使用外资金额（Z_2）的变异系数值从 2007 年的 1.194 小幅度下降至 2012 年的 1.109，随后上升至 2017 年的 1.670（表 4-7）。此外，单位国内生产总值（GDP）电力消费量（Z_7）的变异系数值从 2007 年的 0.607 下滑至 2012 年的 0.604，随后上升至 2017 年的 0.659，但整体上不能改变区域经济发展指标区域差异缩小的整体趋势。从偏度数据来看，除单位国内生产总值（GDP）废水排放量（Z_6）的偏度系数在 2017 年为 -0.654，呈现左偏形态，其余区域经济发展指标均为右偏，从 2007 年到 2017 年各指标的偏度系数整体上既有上升也有下降。从峰度数据来看，人均实际使用外资金额（Z_2）的峰度系数在 2007—2017 年大幅度增长，且在 2017 年达到了相当高的水平（17.313），与十万人发明专利数（Y_1）、人均技术合同成交额（Y_2）类似，较高的峰度系数表明数据的方差过大，同时也是由低频度的大于或小于平均值的极端差值所引起的，在一定程度上也说明了虽然地域差异在稳步降低，但地域差异的绝对水平仍然非常高，尤其是极值与均值之间的差异在扩大。人均全社会固定资产投资存量（Z_1）、人均地区生产总值（Z_5）、单位国内生产总值（GDP）废水排放量（Z_6）、单位国内生产总值（GDP）电力消费量（Z_7）的峰度系数总体呈现下降态势。

表 4-7 区域经济发展指标数据特征演化趋势

变量代码	2007 年			2012 年			2017 年		
	偏度	峰度	变异系数	偏度	峰度	变异系数	偏度	峰度	变异系数
Z_1	2.549	6.207	1.095	1.816	3.200	0.556	0.901	0.769	0.286
Z_2	1.743	2.424	1.194	2.262	5.974	1.109	3.945	17.313	1.670
Z_3	2.595	6.624	1.836	2.483	5.893	1.613	2.433	6.001	1.517
Z_4	1.766	2.375	0.261	1.360	1.222	0.225	1.943	3.585	0.247
Z_5	1.811	3.093	0.622	1.178	0.634	0.440	1.337	0.832	0.443
Z_6	2.063	6.342	0.407	0.055	0.510	0.227	-0.654	0.294	0.183
Z_7	2.657	7.679	0.607	2.410	5.893	0.604	1.895	2.836	0.659

注：Z_1 为人均全社会固定资产投资存量；Z_2 为人均实际使用外资金额；Z_3 为人均货物进出口总额；Z_4 为城镇居民家庭平均每人全年消费性支出；Z_5 为人均地区生产总值；Z_6 为单位国内生产总值（GDP）废水排放量；Z_7 为单位国内生产总值（GDP）电力消费量。

4.3.1 人均全社会固定资产投资存量的地域差异

全社会固定资产投资是以货币形式表现的固定资产活动工作量，其本身属于流量指标，由于固定资产投资产生的固定资本形成总额会递延至下一个或下几个年度，因此应当将流量指标转化为存量指标，进而得出全社会固定资产投资存量，并按照常住人口得到人均全社会固定资产投资存量。流量指标和存量指标两者相互依存，将流量指标转化为存量指标通常可以采用永续盘存制进行转化。

永续盘存制（perpetual inventory system）是会计核算的一种盘存方法，其计算公式为

$$K_{it} = (1-\delta_i) K_{i,t-1} + E_{it} \quad （式4-1）$$

其中，K_{it} 为 i 省在第 t 期的固定资本存量；$K_{i,t-1}$ 表示 i 省在第 $t-1$ 期的固定资本存量；E_{it} 表示 i 省在第 t 期的不变价固定资产投资额；δ_i 表示 i 省的固定资产折旧率（或重置率）。

由于各个省份的经济发展情况不同，因此各省份的固定资产具有不同的经济折旧率（或重置率）。本书在参考了张军等（2004）、万东华（2009）、宗振利等（2014）的研究基础上，将全国范围内的经济折旧率（或重置率）设定为9.5%并用于所有省份，以保持统一的人均全社会固定资产投资存量统计口径。关于初始固定投资资本量，由于各个统计年鉴并没有公布，因此基于格里利谢斯等（Griliches et al., 1991）、李颖（2019）的研究可知，假定实际的固定资本存量的平均增长率与实际的固定资本投资的平均值增长率相等，便可以计算出初始的固定资本存量，其计算公式为

$$K_{i0} = \frac{E_{i1}}{g_i + \delta_i} \quad （式4-2）$$

其中，K_{i0} 是 i 省的初始固定资本存量；E_{i1} 是 i 省在第1期（以2007年为基准年份）的不变价固定资本投资；δ_i 是 i 省的固定资产折旧率（或重置率）；g_i 是 i 省不变价固定资本投资的年平均增长率，该值即各省2007—2017年的年均复合增长率。

经过上述永续盘存制的计算，得出2007—2017年全国各个省份的人均全社会固定资产投资存量，并以此进行统计分析。

2007—2017年，我国人均全社会固定资产投资存量的平均复合增长率达到了15.16%，其复合增速高于我国的名义国内生产总值（GDP）复合增速，保持着非常高的增长态势。从排名情况来看，人均全社会固定资产投资存量复合增长率排名全国前十位的省份包括贵州（26.45%）、海南（22.69%）、青海（21.81%）、湖北（21.35%）、湖南（20.80%）、陕西（20.44%）、广西（20.33%）、江西（19.32%）、甘肃（18.91%）、宁夏（18.63%），绝大部分为中部地区和西部地区省份，东南沿海地区仅有海南被纳入其中，其中前7位的省份保持了高于20%的高速增长。中西部

地区固定资产的资本存量增速要远高于东部地区，一方面是由于西部大开发的持续推进以及中西部地区基础设施建设的大幅度增加，另一方面是由于东部地区已经逐步扭转了靠固定投资拉动经济的发展路径，因此也在一定程度说明我国中西部地区的经济发展仍然要依靠投资拉动。排名后五位的省份分别为广东（10.33%）、山西（9.27%）、北京（1.30%）、辽宁（-0.83%）、上海（-1.64%），其中辽宁、上海出现了负增长态势，这也与这些省份的经济发展逐步与固定资产投资脱钩有关。

人均全社会固定资产投资存量的地域差异也在逐步缩小当中，可以比较清晰地看出区域梯度在逐步拉平，西部地区的内蒙古和东北地区的辽宁和东部地区的天津位于第一梯队，其人均全社会固定资产投资存量要远高于全国其他地区，这也与其自身的经济发展模式有较大关系。人均全社会固定资产投资存量的变异系数值从2007年的1.095降到2012年的0.556，直至2017年的0.286，变异系数的大幅度减少也在同步说明地域差异的降低。从排名情况来看，2007年人均全社会固定资产投资存量排名全国前十位的省份为辽宁（257 335.450元）、上海（211 458.976元）、北京（165 131.545元）、天津（84 551.659元）、内蒙古（78 208.968元）、浙江（67 453.423元）、江苏（58 278.474元）、吉林（51 734.033元）、山西（49 765.940元）、山东（48 498.126元），除辽宁、内蒙古和山西外均为东部发达地区。辽宁是东北地区人均全社会固定资产投资存量最高的省份，这也与其经济发展处于东北地区第一的位置相当。东南沿海地区虽然在人均全社会固定资产投资存量的复合增速上要低于中西部地区，但整体来看其人均全社会固定资产投资存量仍处于较高水平。2017年人均全社会固定资产投资存量排名全国前十位的省份为天津（278 473.482元）、辽宁（236 746.263元）、内蒙古（228 284.358元）、江苏（198 391.277元）、北京（187 963.054元）、福建（182 816.047元）、浙江（180 809.340元）、上海（179 211.666元）、山东（173 066.826元）、青海（172 545.778元），除内蒙古和青海外也均为东部发达地区，这些地区的人均全社会固定资产投资存量仍处于高位，特别是东南沿海地区。

4.3.2　人均实际使用外资金额的地域差异

实际使用外资金额是中国各级政府、部门、企业和其他经济组织通过对外借款、吸收外商直接投资以及用其他方式筹措境外现汇、设备、技术等资源的过程中，根据投资协议（合同）实际执行的投资金额。2017年，我国实际使用外资1 363亿美元，年均增长率达到12.8%，是全球第二大外资流入国。当前外商投资企业在扩大进出口、增加财政收入等方面发挥了重要作用，我国利用外资结构日趋改善，产业结构持续优化。按照不变价计算，我国人均实际使用外资金额在2007—2017年的平均复合增长率为6.29%，其复合增速低于其他经济指标，外资拉动经济发展的作用已经逐步降低。2007—2017 年，我国人均实际使用外资金额复合增长率排名前十位的省份分别为贵州（42.14%）、重庆（20.05%）、黑龙江（19.66%）、宁夏（16.02%）、上海（15.37%）、河南（14.79%）、安徽（13.13%）、四川（12.79%）、陕西（12.69%）、湖南（11.18%），除上海、黑龙江外均为中西部地区省份，人均实际使用外资金额在中西部地区的快速发展表明其拉动经济发展的作用较高。广西（−5.64%）、辽宁（−8.57%）、吉林（−8.77%）、青海（−13.28%）、甘肃（−15.77%）的人均实际使用外资金额的复合增长率位于全国后五位，甚至出现了负增长态势。

从地域差异视角出发，可以比较明显地发现人均实际使用外资金额也具有"东高西低"的区域分布格局，而东西部之间的梯度除上海之外整体上趋于拉平。从变异系数来看，我国人均实际使用外资金额的变异系数经历了先下降后上升的波动增长态势，从 2007 年的 1.194 下降至 2012 年的 1.109，随后升高至 2017 年的 1.670。如果将上海排除在外则变异系数是在逐步缩小，表明上海的实际使用外资水平要远高于其他地区，以至于在地域梯度整体缩小的情形下变异系数仍在上升的现象。从排名情况来看，2007 年人均实际使用外资金额排名全国前十位的省份分别为天津（361.054 美元）、上海（325.126 美元）、北京（236.620 美元）、江苏（219.000 美元）、辽宁（165.194 美元）、浙江（158.145 美元）、广东（138.906 美元）、福建（87.781 美元）、山东（82.444 美元）、江西（67.603 美元），天津、上海位于第一梯队，北京、江苏、辽宁、浙江、广东位于第二梯队，东南沿海地区的领先态势较为明显，辽宁成为东北地区使用外资较好的地区。2017 年上海（1 358.758 美元）、北京（618.796 美元）、天津（376.201 美元）、重庆（182.849 美元）、浙江（174.743 美元）、江苏（172.865 美元）、安徽（140.332 美元）、海南（137.507 美元）、江西（136.910 美元）、福建（121.096 美元）的人均实际使用外资金额位于全国前十位，上海处于绝对领先地位，其人均实际使用外资金额远高于其他地区。重庆在西南地区一直保持领先态势，成为拉动西南以及整个西部地区利用外资的核心地区，也在一定程度上拉动了云南、贵州的实际使用外资水平。

4.3.3　人均货物进出口总额的地域差异

货物进出口总额被用来观察某一国家在对外贸易方面的总规模。根据《中华人民共和国 2017 年国民经济和社会发展统计公报》可知，在 2007 年到 2017 年间，人均货物进出口总额的全国平均复合增长率为 5.25%，其复合增速相对于其他经济指标较低，保持着平稳增长态势。人均货物进出口总额复合增长率排名前十位的省份分别为重庆（19.49%）、广西（16.01%）、河南（15.71%）、陕西（15.24%）、四川（12.87%）、江西（12.37%）、贵州（10.58%）、湖南（9.57%）、安徽（9.15%）、湖北（8.10%），均为中西部地区省份，表明中西部地区的对外贸易实现了一定程度的突破，整体来看东南沿海地区的人均货物进出口总额的复合增速要显著低于中西部地区。人均货物进出口总额复合增长率排名后五位的省份分别为北京（-0.89%）、天津（-1.97%）、黑龙江（-2.20%）、青海（-3.22%）、甘肃（-4.50%）。西部地区的青海、甘肃在货物进出口方面表现不佳在一定程度上也说明了西部地区的货物进出口更多地通过陕西作为贸易通道，黑龙江则更多地依靠辽宁作为贸易通道，北京、天津的负增长则更多地归因于其进出口贸易水平已经达到很高程度，难以维持其增长态势。

人均货物进出口总额也有着比较明显的"东高西低"的区域发展格局，西部地区实现梯度跃迁的省份较多，在人均货物进出口总额领域的整体增长较为显著。人均货物进出口总额的变异系数在2007—2017年呈波动下降，从2007年的1.836下降到2012年的1.613，在2017年又下降至1.517，地域差异的整体变动情况不大，地域差异总体上逐步缩小。从排名情况来看，2007年人均货物进出口总额排名全国前十位的省份为上海（11 612.179美元）、北京（9 015.045美元）、广东（5 119.506美元）、天津（4 887.908美元）、江苏（3 495.985美元）、浙江（2 665.909美元）、福建（1 585.778美元）、辽宁（1 055.506美元）、山东（997.338美元）、新疆（499.385美元），整体来看东部沿海地区占据主导地位，辽宁、新疆由于分处东北地区向日韩和中国向中西亚国家的通道位置而位列全国前十。2017年人均货物进出口总额排名全国前十位的省份为上海（10 874.634）、北京（8 241.259）、广东（4 976.898）、江苏（4 062.991）、天津（4 004.643）、浙江（3 688.788）、福建（2 414.575）、山东（1 459.919）、辽宁（1 258.806）、重庆（1 195.943），除重庆、辽宁外均为东部发达地区省份，重庆的崛起说明西南地区的国际贸易正在快速发展。

4.3.4 城镇居民家庭平均每人全年消费性支出的地域差异

城镇居民家庭消费性支出指被调查的城镇居民家庭用于日常生活的全部支出，包括购买商品性支出和文化、生活、服务等非商品性支出。2007—2017年，我国城镇居民家庭平均每人全年消费性支出的平均复合增长率为6.04%，表明我国城镇居民的人均消费水平呈现平稳增长态势，其增幅要低于人均全社会固定资产投资存量、人均实际使用外资金额等经济指标，在一定程度上说明当前我国消费拉动经济增长的作用还有待提升。从复合增长率的排名情况来看，2007—2017年城镇居民家庭平均每人全年消费性支出复合增长率排名全国前十位的省份为新疆（7.68%）、青海（7.54%）、辽宁（6.90%）、北京（6.66%）、甘肃（6.62%）、贵州（6.62%）、江苏（6.48%）、宁夏（6.47%）、湖南（6.43%）、黑龙江（6.37%），西部地区省份占据多数，东北地区和中部地区的整体复合增长率也较高，东部沿海地区仅有江苏位居其中。城镇居民家庭平均每人全年消费性支出复合增长率的地域差异较小，排名第一的新疆（7.68%）和排在末尾的广东（4.31%）相差不大，整体来看中西部地区的城镇居民家庭平均每人全年消费性支出实现了较快的增长，东北地区除吉林（5.42%）的复合增速较低外，整体上也维持着较高的增速。

我国城镇居民家庭平均每人全年消费性支出具有"东高西低"的分布格局，也可以发现城镇居民家庭平均每人全年消费性支出呈现区域差异逐步缩小的趋势。从变异系数来看，城镇居民家庭平均每人全年消费性支出的变异系数值从2007年的0.261下降到2012年的0.225，在2017年又小幅上升至0.247，但仍低于2007年的水平，整体来看区域差异在缩小但下滑不明显。2007年，城镇居民家庭平均每人全年消费性支出排名前十位的省份包括上海（13 161.998元）、北京（11 693.699元）、广东（10 935.828元）、浙江（10 748.429元）、天津（9 175.347元）、福建（8 432.593元）、江苏（8 173.265元）、重庆（7 544.096元）、山东（7 373.463元）、辽宁（7 192.777元），除重庆与辽宁外均为东部发达地区省份。东南沿海地区整体上尽管在复合增速上慢于中西部地区，但其绝对水平仍显著高于中西部地区。2017年城镇居民家庭平均每人全年消费性支出排名前十位的省份为上海（23 359.636元）、北京（22 278.465元）、浙江（17 627.940元）、天津（16 722.032元）、广东（16 674.710元）、江苏（15 309.939元）、福建（14 345.941元）、辽宁（14 014.025元）、内蒙古（13 052.347元）、湖南（12 789.950元），除湖南、内蒙古、辽宁外均为东部发达地区。综合来看，城镇居民家庭平均每人全年消费性支出与地区的经济发展情况高度相关，东南沿海地区领先于中西部地区和东北地区的态势在短时期内难以改变。

4.3.5 人均地区生产总值的地域差异

人均地区生产总值是了解和把握一个国家或地区宏观经济运行状况的有效工具，是最重要的宏观经济指标之一。2017年全年，我国人均名义国内生产总值为59 660元，比上年增长6.3%。其中11省市人均GDP超全国平均水平。按不变价进行计算（以2000年为基期，按照GDP折算平价），2007—2017年我国人均地区生产总值的平均复合增长率为7.91%，保持了较高的增长速度，其中贵州（14.79%）、重庆（12.10%）、陕西（10.99%）、湖北（10.40%）、安徽（10.06%）、宁夏（9.63%）、四川（9.63%）、江西（9.54%）、湖南（9.49%）、海南（9.19%）位列全国前十位，除海南外均为中部地区和西部地区省份。整体来看，中西部地区在人均地区生产总值上正在加快追赶东南沿海地区，西南地区的复合增长率要高于西北地区，主要得益于贵州和重庆的拉动作用。河北（5.15%）、黑龙江（5.09%）、北京（4.84%）、辽宁（4.18%）、上海（3.28%）的人均地区生产总值的复合增长率位于全国后五位，东北地区整体上表现不佳，北京、上海在经过长期的人均地区生产总值高速增长后逐渐放缓其增长速度。

人均地区生产总值也具有"东高西低"的区域分布特征，北京、上海、天津稳居第一梯队，辽宁在2017年退出第二梯队，由东向西的梯度差异已经较为明显。从2007年到2017年，我国人均地区生产总值的变异系数值从2007年的0.622下降到2012年的0.440，然后又上升至2017年的0.443，相比于2007年有微弱下降，整体上区域差异保持在相同水平，东南沿海地区省份的领先地位经过十年的发展已经较为稳固。从排名情况看，2007年人均地区生产总值排名全国前十位的省份分别为上海（50 623.188元）、北京（44 396.644元）、天津（35 180.778元）、浙江（28 536.232元）、江苏（25 879.481元）、广东（25 286.804元）、山东（21 210.526元）、福建（19 762.014元）、辽宁（19 625.477元）、内蒙古（19 369.184元），除辽宁、内蒙古外均为东部发达地区，东南沿海地区在人均地区生产总值领域处于优势地位。2017年人均地区生产总值排名全国前十位的省份为北京（71 228.051元）、上海（69 924.903元）、天津（65 678.631元）、江苏（59 166.207元）、浙江（50 832.137元）、福建（45 652.678元）、广东（44 689.122元）、山东（40 202.650元）、内蒙古（35 209.277元）、重庆（35 031.474元），重庆取代辽宁跻身全国前十，东部沿海地区保持着领先格局。陕西、重庆、湖北提升了其站位，东北地区所处位次明显降低。总体上看，中西部地区的重庆、陕西、湖北有可能成为带动邻近省份发展的重要力量。

4.3.6 单位国内生产总值（GDP）废水排放量的地域差异

废水排放量包括生活废水排水量和工业废水排水量，由此按不变价计算得出的单位国内生产总值（GDP）废水排放量均属于负向指标，即该指标越小表明其效果越好，而其复合增长率（均为负数）也随之越小越好。2007—2017年，我国单位国内生产总值（GDP）废水排放量的平均复合增长率为-11.28%，保持着高速下降态势，表明我国在重视环境保护方面取得了较为突出的成就。从排名情况来看，我国单位国内生产总值（GDP）废水排放量在2007—2017年复合下降率排名全国前十位的省份分别为广西（-17.79%）、宁夏（-16.77%）、湖北（-14.42%）、福建（-14.11%）、湖南（-13.29%）、江苏（-12.96%）、海南（-12.77%）、重庆（-12.59%）、安徽（-12.50%）、上海（-12.07%），普遍来看中西部地区的单位国内生产总值（GDP）废水排放量的下降率相比东南沿海地区更高，表明中西部地区省份对环境治理尤其是水污染治理的投入显著提升，这与其污废水治理设备数的快速增加相关，同时中西部地区生产总值的快速提升也有效地降低了单位国内生产总值（GDP）废水排放量。

与其他指标相反，单位国内生产总值（GDP）废水排放量属于负向指标，呈现"西高东低"的区域分布格局，且地域差异整体上在逐步降低。单位国内生产总值（GDP）废水排放量的变异系数值从2007年的0.407大幅度降低到2012年的0.227，在2017年又下滑至0.183，呈现明显的稳步下降态势，也同步表明了单位国内生产总值（GPD）废水排放量的地域差异在逐步缩小。从排名情况来看，2007年单位国内生产总值（GDP）废水排放量排名全国前十位的省份分别为内蒙古（7.173 t/万元）、天津（8.267 t/万元）、北京（8.352 t/万元）、山东（9.891 t/万元）、黑龙江（11.701 t/万元）、河北（12.496 t/万元）、甘肃（12.514 t/万元）、陕西（13.162 t/万元）、山西（13.243 t/万元）、云南（13.387 t/万元）。2017年北京（2.625 t/万元）、天津（2.703 t/万元）、内蒙古（3.576 t/万元）、江苏（3.699 t/万元）、山东（3.800 t/万元）、上海（3.821 t/万元）、福建（4.088 t/万元）、河北（4.118 t/万元）、湖北（4.244 t/万元）、陕西（4.437 t/万元）为单位国内生产总值（GDP）废水排放量排名全国前十位的省份。重庆、辽宁的单位国内生产总值（GDP）废水排放量处于较高水平，这与其重工业化的经济发展路径具有较大关联性。整体来看我国东南沿海地区在单位国内生产总值（GDP）废水排放量这一指标上的表现较好，主要是由于东南沿海地区属于我国经济发达地区，较好的经济实力及较高的环保意识使得东部沿海地区的环保治理水平较高，污水处理工作效果较好，因此中西部地区还需要加强废水治理力度，以提升其单位国内生产总值（GDP）废水排放量的表现。

4.3.7 单位国内生产总值（GDP）电力消费量的地域差异

电力消费量与废水排放量类似，均属于负向指标，因此按不变价计算得出的单位国内生产总值（GDP）电力消费量亦属于负向指标，即该指标越小表明其效果越好，而其复合增长率（均为负数）也随之越小越好。2017年全国全社会电力消费量为63 625亿kW·h时，同比增长6.6%，增速连续两年回升。2007—2017年，单位国内生产总值（GDP）电力消费量的复合增长率为-7.21%，其下降速度要低于单位国内生产总值（GDP）废水排放量，在一定程度上表明我国在废水处理上投入的力度相对更大，也表明节能降耗具有更高的难度。从排名情况来看，2007—2017年，我国单位国内生产总值（GDP）电力消费量复合下降率排名全国前十位的省份分别为贵州（-10.79%）、天津（-9.84%）、湖南（-9.76%）、重庆（-9.10%）、四川（-9.05%）、吉林（-9.01%）、湖北（-8.91%）、北京（-8.60%）、山西（-8.43%）、上海（-8.30%），中西部地区占据较多席位，在一定程度上说明中西部地区的节能降耗措施较为得力。海南（−5.84%）、辽宁（−5.77%）、山东（−5.51%）、内蒙古（−3.23%）、新疆（3.86%）的单位国内生产总值（GDP）电力消费量的复合下降率排名全国后五位，值得注意的是新疆不仅没有下降而且有小幅度上升，这与新疆着重发展光伏、化工等高能耗产业具有较强关系。

从地域差异视角来看，单位国内生产总值（GDP）电力消费量也呈现"西高东低，零星布局"的区域发展态势，但地域差异变动不大，单位国内生产总值（GDP）电力消费量的变异系数值从2007年的0.607小幅度下滑至2012年的0.604，到2017年上升至0.659，基本维持在相同水平。从排名情况来看，2007年单位国内生产总值（GDP）电力消费量排名全国前十位的省份分别为北京（516.695 kW·h/万元）、上海（654.703 kW·h/万元）、吉林（667.761 kW·h/万元）、江西（672.122 kW·h/万元）、黑龙江（675.311 kW·h/万元）、海南（688.778 kW·h/万元）、天津（718.681 kW·h/万元）、湖南（719.642 kW·h/万元）、重庆（732.774 kW·h/万元）、山东（768.209 kW·h/万元），由此可见西部地区的单位国内生产总值（GDP）电力消费量整体上处于较高水平。到2017年，北京（210.285 kW·h/万元）、天津（255.116 kW·h/万元）、湖南（257.582 kW·h/万元）、吉林（259.738 kW·h/万元）、上海（275.211 kW·h/万元）、重庆（282.172 kW·h/万元）、湖北（318.030 kW·h/万元）、黑龙江（322.419 kW·h/万元）、四川（329.273 kW·h/万元）、江西（357.143 kW·h/万元）位于单位国内生产总值（GDP）电力消费量的全国前十之列，西部地区仅有重庆和四川两个省份跻身前十。单位国内生产总值（GDP）全国排名后五位的省份分别为甘肃（861.866 kW·h/万元）、内蒙古（992.057 kW·h/万元）、新疆（1 307.053 kW·h/万元）、青海（1 445.273 kW·h/万元）、宁夏（1 568.722 kW·h/万元），表明西部地区仍以高能耗产业为主要的经济发展动力，未来还需要加大节能降耗投入以增加单位电力消费的国内生产总值（GDP）产出。

4.4 本章小结

本章节选取2007年、2012年和2017年三个时间断面，研究我国30个省份（不包括西藏和港澳台地区）的区域创新投入指标、区域创新产出指标和区域经济发展指标的地域差异和空间格局，并采用峰度系数、偏度系数和变异系数对2007—2017年各省份的演变趋势进行了分析，得到如下研究结论：

（1）区域创新投入指标。我国的区域创新投入指标总体上呈现非常明显的"东高西低"的区域特征，东部沿海地区的经济发展水平更好，更加注重对于区域创新的投入，因此也具有更好的表现，但就分指标而言，高校人口比和万人高校在校生数的地域差异较小，"东高西低"的区域分布格局相对平缓，部分指标如人均高新技术企业研发（R&D）经费支出等，甚至出现了"东进西退"的特征，说明东部地区仍然绝对领先于中西部地区，对于中西部地区而言，还需要持续性地加强区域创新的投入力度，以追赶上东部沿海地区。

（2）区域创新产出指标。我国区域创新产出指标总体上也具有比较明显的"东高西低"的现象，但中西部地区正在不断提升其发展水平，陕西、重庆、四川成为拉动西部地区区域创新产出水平提升的核心力量。从整体上看，北京、上海、浙江、江苏、广东在绝大多数指标中均处于第一梯队，东部沿海地区保持着较高的区域创新产出水平，湖北、江西、湖南有效地带动了中部地区的发展。东北地区中仅有辽宁保持了相对较好的增长态势。

（3）区域经济发展指标。与区域创新投入指标、区域创新产出指标相比，我国区域经济发展指标的地域差异相对较小，各个分指标的地域差异也相对均衡，但人均实际使用外资金额（Z_2）、人均货物进出口总额（Z_3）的地域差异相对其他经济指标更为显著，两极分化现象更为明显。区域经济发展指标的数据分布形态与正态分布相比均为正偏（右偏），表明在利用外资和环境治理方面存在较大的离散。整体来看，区域经济发展指标呈现"平峰分布"和"右偏分布"形态。我国区域经济发展指标的地域差异相对区域创新投入指标和区域创新产出指标更小，且地域差异正在波动中缩小。变异系数的波动下降表明区域经济发展的离散程度总体上也在下降，地域差异在震荡中降低。除单位国内生产总值（GDP）废水排放量（Z_6）的偏度系数在2017年为−0.654，呈现左偏形态，其余区域经济发展指标均为右偏，从2007年到2017年各指标的偏度系数整体上既有上升也有下降。人均实际使用外资金额（Z_2）的峰度系数在2007—2017年大幅度增长，在一定程度上也说明了虽然地域差异在稳步降低，但地域差异的绝对水平仍然非常高，尤其是极值与均值之间的差异在扩大。整体来看，区域经济发展指标的地域差异也在逐步缩小当中，可以比较清晰地看出区域经济发展指标的区域梯度在逐步拉平，尽管中西部地区的复合增长率要高于东部沿海地区，但在东部沿海地区良好的发展基础之上，其经济发展水平仍显著地高于中西部地区。虽然单位国内生产总值（GDP）废水排放量（Z_6）、单位国内生产总值（GDP）电力消费量（Z_7）等负向功效性指标，出现"西高东低，零星布局"的区域发展态势，但地域差异变动相对较小，且地域差异整体上在逐步降低。

5 区域创新水平与区域经济发展水平的互动关系

区域创新水平与区域经济发展水平的测度涵盖23项指标，传统的德尔菲法、层次分析法（杨宇，2006）等主观赋值法因牵涉了太多的主观因素而难以做到指标体系的客观性（陈孝新，2004），因此更适宜采用客观赋值法，如熵值法、主成分分析法等，这些方法在评价过程中主要通过数据特征提取权重，可以较好地克服主观赋权法中人为因素的干扰，并能够通过"降维"来简化数据处理的难度。

主成分分析法利用降维思想，将多项指标简化成少数几个综合性指标，可以在保证数据丢失最少的原则下，对高维变量进行降维处理。但主成分分析法具有一定的局限性，需通过抽样适合性检验（KMO 检验）和巴特利特（Bartlett）球形检验来判断是否可以采用主成分分析进行降维，且对面板数据一般只能逐年进行分析，导致各年度提取出来的公共因子有所不同而难以加权，因此采用熵值法作为核心方法对区域创新水平与区域经济发展水平进行测度。由于熵值法是客观的权重计算方法，而且能有效克服指标间的信息叠加，因此本书运用熵值法来测算区域创新水平评价体系和区域经济发展水平评价体系的权重，进而测算出每个地区的区域创新水平与区域经济发展水平（王霞等，2014；王新红等，2017；王富喜等，2013）。

熵（entropy）这一概念最早由德国物理学家克劳修斯提出，后经学者不断将其含义和概念进行扩充，使其具有了信息熵这一延展性概念，进而在经济、社会、工程技术等领域都有着广泛的应用（孙利娟等，2010）。熵值法作为客观赋值方法，通过计算信息熵（即指标的相对变化程度）来决定指标的权重，该方法无需对数据形态进行假设，能够较为客观地反映信息熵的效用，克服人为掺杂的主观性因素，客观且全面地反映出指标信息熵值的效用价值，因此适合作为研究指标评价的核心方法（王会等，2017）。

传统的熵值法仅采用了均值法作为唯一的线性无量纲化方法，该无量纲手段无法有效处理负向指标，因此诸多学者对熵值法的无量纲处理进行了改进，如标准化处理法、极值法等。由于本书涉及正向指标与负向指标，因此采用极值法进行无量纲处理，以有效地契合指标体系的构建，其计算过程（朱喜安等，2015）如下：

第一，在确定指标的基础上，对数据矩阵采用极值法进行标准化处理。

$$y_{mn} = \frac{y_n - y_{\min}}{y_{\max} - y_{\min}} + 1 \quad （y_{mn} \text{为正向指标}） \quad （\text{式} 5\text{-}1）$$

$$y_{mn} = \frac{y_{\max} - y_n}{y_{\max} - y_{\min}} + 1 \quad （y_{mn} \text{为负向指标}） \quad （\text{式} 5\text{-}2）$$

其中，y_{mn} 为 m 城市第 n 项指标的标准化数值；y_n 为第 n 项指标的值；$y_{\min}$ 和 $y_{\max}$ 则分别为第 n 项指标的最小值和最大值。

第二，计算每个指标的熵。

$$E_n = -K \sum_{m=1}^{n} B_{mn} \ln B_{mn} \quad （0 \leqslant E_n \leqslant 1；m = 1, 2, \cdots, 272）\quad （\text{式} 5\text{-}3）$$

$$B_{mn} = \frac{y_{mn}}{\sum_{m=1}^{z} y_{mn}} \quad （\text{式} 5\text{-}4）$$

其中，E_n 为第 n 项指标的熵值；$K = 1/\ln z$，z 为城市数量；B_{mn} 为第 n 项指标下第 m 个样本值占该指标的比重。

第三，计算信息熵冗余度 C_n。

$$C_n = 1 - E_n \quad （\text{式} 5\text{-}5）$$

第四，根据 C_n 计算出 n 指标的权重 w_n。

$$w_n = C_n / \sum_{m=1}^{z} C_n \quad （\text{式} 5\text{-}6）$$

第五，根据数据矩阵与各个评价体系的权重计算各省份的区域创新水平与区域经济发展水平。

式（5-7）、式（5-8）中的 Tech、Eco 分别代表区域创新水平与区域经济发展水平。W_{Tech}、W_{Eco} 则分别表示区域创新水平（包括 8 项创新投入指标与 8 项创新产出指标）与区域经济发展水平（共 7 项指标）第 n 项指标的权重，相应的计算公式为

$$Tech = \sum_{m=1}^{z} y_{mn} W_{Tech} \quad （m = 1, 2, 3, \cdots, 30；n = 1, 2, 3, \cdots, 16）\quad （\text{式} 5\text{-}7）$$

$$Eco = \sum_{m=1}^{z} y_{mn} W_{Eco} \quad （m = 1, 2, 3, \cdots, 272；n = 1, 2, 3, \cdots, 7）\quad （\text{式} 5\text{-}8）$$

不管是区域创新水平还是区域经济发展水平，其计算出的原始得分均具有很大的区域差异，而且由于各年度计算出的指标权重不同，只能采用将 2007—2017 年各年份赋予同等权重，并取得其加权平均值来对各项指标进行赋权，因此在得到区域创新水平和区域经济发展水平后，将计算的原始得分换算成标准得分，以能够在保持相对排位的情况下降低某一项或某几项指标存在极端值的省份的影响作用，从而对区域创新的综合水平和区域经济发展的综合水平实行比较到位的考察。由于本章节在计算 2007—2017 年的区域创新水平和区域经济发展水平采用了标准分换算，因此其偏度、峰度与变异系数均相等。此外由于计算区域创新水平和区域经济发展水平采用的是将年份加权权重乘以标准化矩阵得到其标准得分，而不是将年份加权权重乘以原始矩阵，因此研究范围仅为区域创新水平和区域经济发展水平的相对变动趋势而非绝对趋势。此外本书选取 2007 年、2012 年和 2017 年三个时间断面，采用自然断裂法，用地理信息系统软件 ArcGIS10.3 为平台，采用空间可视化手段对我国区域创新水平和区域经济

发展水平的空间格局以及相应的区域差异进行直观分析。

5.1 区域创新水平的区域格局与演变趋势

5.1.1 区域创新指标权重的确定

本章节将区域创新的投入指标和产出指标作为正向指标来衡量区域创新水平,并通过熵值法得到其各项分指标的指标权重,指标权重如表5-1所示。由于熵值法是根据数据所呈现的信息差异度来衡量指标权重,因此可以明显看出离散度大、极值明显的指标具有更高的权重,如人均技术合同成交额(11.01%)、十万人高新技术企业数量(8.71%)、百万人专利合作条约(PCT)专利申请量(14.43%)、人均高新技术企业创汇总额(8.63%)等指标的权重都超过了8%,而且区域创新产出指标的权重要明显大于区域创新投入指标的权重,在区域创新投入指标中仅有人均高新技术企业研发(R&D)经费支出(7.60%)的权重接近8%,这也说明区域创新投入的地域差异要大于区域创新产出的地域差异,也可以看出高校人口比、万人高校在校生数和规上研发(R&D)投入强度的区域差异较低,因此其指标权重相对较小。

表 5-1　2007—2017 年区域创新水平指标体系及权重

	指标体系	代码	权重/%	功效性
区域创新投入指标	人均研发经费/元	X_1	3.84	正向指标
	规上研发(R&D)投入强度/%	X_2	1.41	正向指标
	高校人口比/[个·(百万人)$^{-1}$]	X_3	0.55	正向指标
	万人高校在校生数/人	X_4	0.43	正向指标
	规上研发(R&D)人员全时当量/(人·年)	X_5	5.79	正向指标
	人均高新技术企业研发(R&D)经费支出/元	X_6	7.60	正向指标
	万人高新技术企业科技活动人员/人	X_7	5.94	正向指标
	万人高新技术企业大专以上人数/人	X_8	5.56	正向指标
区域创新产出指标	十万人发明专利数/件	Y_1	7.67	正向指标
	人均技术合同成交额/元	Y_2	11.01	正向指标
	十万人高新技术企业数量/家	Y_3	8.71	正向指标
	百万人专利合作条约(PCT)专利申请量/个	Y_4	14.43	正向指标
	人均高新技术企业工业总产值/元	Y_5	4.88	正向指标
	人均高新技术企业总收入/元	Y_6	6.14	正向指标
	人均高新技术企业净利润/元	Y_7	7.41	正向指标
	人均高新技术企业创汇总额/美元	Y_8	8.63	正向指标

5.1.2 区域创新水平的时空演变分析

根据区域创新水平的指标体系及权重,并结合区域创新指标的标准化矩阵,经过原始分换算成标准分的过程后得到我国(不包括西藏和港澳台地区)2007—2017年区域创新水平变动情况(表5-2),各个省份的得分情况反映的是其在全国的相对位次而非绝对水平。

根据表5-2可清晰地看出各个省份区域创新水平的标准得分,能够更加明晰在2007—2017年各省份的区域创新水平变动状况。2007—2017年,我国区域创新水平的地域差异较为明显,排名前六位的省份均为北京、上海、广东、江苏、浙江和天津,可见区域创新水平的格局已经基

表5-2 2007—2017年区域创新水平变动情况

地区	2007年	2008年	2009年	2010年	2011年	2012年	2013年	2014年	2015年	2016年	2017年
安徽	4.681	4.740	4.730	4.827	4.870	4.880	4.841	4.877	4.884	4.907	4.865
北京	8.656	8.567	8.064	8.185	8.251	8.256	8.021	8.025	8.050	7.969	7.961
福建	4.805	4.819	4.884	4.962	5.062	5.042	5.144	5.101	5.038	5.052	5.073
甘肃	4.409	4.391	4.375	4.328	4.306	4.308	4.244	4.220	4.261	4.238	4.223
广东	5.834	5.909	5.905	5.920	5.902	5.839	6.333	6.372	6.314	6.593	6.881
广西	4.291	4.291	4.334	4.333	4.341	4.309	4.255	4.217	4.226	4.225	4.252
贵州	4.290	4.272	4.258	4.240	4.198	4.191	4.128	4.131	4.163	4.171	4.192
海南	4.371	4.365	4.313	4.287	4.313	4.335	4.268	4.208	4.235	4.179	4.163
河北	4.506	4.514	4.528	4.520	4.520	4.494	4.468	4.454	4.487	4.476	4.521
河南	4.568	4.555	4.583	4.563	4.568	4.549	4.507	4.502	4.500	4.478	4.490
黑龙江	4.660	4.669	4.633	4.606	4.503	4.447	4.460	4.413	4.386	4.339	4.286
湖北	4.696	4.735	4.762	4.822	4.825	4.843	4.975	5.033	5.079	5.099	5.077
湖南	4.565	4.592	4.660	4.711	4.739	4.710	4.652	4.880	4.768	4.744	4.804
吉林	4.561	4.557	4.528	4.538	4.530	4.502	4.487	4.496	4.511	4.484	4.400
江苏	6.234	6.030	5.884	6.152	6.345	6.386	6.561	6.583	6.515	6.571	6.557
江西	4.618	4.590	4.540	4.538	4.499	4.541	4.543	4.485	4.558	4.634	4.744
辽宁	4.928	4.905	4.867	4.882	4.884	4.823	4.973	4.932	4.752	4.777	4.780
内蒙古	4.473	4.421	4.410	4.484	4.496	4.460	4.380	4.334	4.391	4.382	4.402
宁夏	4.564	4.532	4.470	4.419	4.435	4.459	4.369	4.383	4.401	4.406	4.423
青海	4.348	4.257	4.298	4.257	4.213	4.232	4.181	4.197	4.178	4.174	4.115
山东	5.176	5.274	5.148	5.274	5.297	5.316	5.345	5.360	5.321	5.289	5.314
山西	4.695	4.720	4.736	4.695	4.648	4.583	4.550	4.511	4.437	4.415	4.415
陕西	4.733	4.752	4.750	4.757	4.733	4.719	4.842	4.896	4.827	4.835	4.825
上海	7.662	7.673	8.101	7.953	7.705	7.530	7.508	7.476	7.484	7.317	7.249
四川	4.514	4.494	4.438	4.364	4.307	4.317	4.464	4.434	4.408	4.394	4.397
天津	6.311	6.573	6.775	6.566	6.540	6.578	6.435	6.249	6.420	6.355	5.975
新疆	4.332	4.344	4.371	4.266	4.227	4.240	4.198	4.173	4.201	4.162	4.137
云南	4.266	4.266	4.243	4.216	4.213	4.202	4.145	4.111	4.174	4.162	4.172
浙江	5.448	5.361	5.709	5.594	5.769	6.100	5.956	6.029	6.034	6.126	6.206
重庆	4.804	4.831	4.705	4.740	4.761	4.809	4.768	4.919	4.995	5.049	5.099

注:本次统计不包括我国西藏和港澳台地区数据。

本稳固,且前六位的省份其区域创新水平远超其他地区,领先优势愈加明显。到 2017 年,共有 12 个省份的区域创新水平相对 2007 年实现上升,18 个省份的区域创新水平相对 2007 年下滑。按照绝对增长幅度计算,增幅排名全国前五位的省份分别为广东(1.047)、浙江(0.758)、湖北(0.381)、江苏(0.323)、重庆(0.295),其中重庆地处西南,引领了西南地区区域创新水平的提升。降幅排名全国后五位的省份分别为山西(-0.280)、天津(-0.336)、黑龙江(-0.374)、上海(-0.413)、北京(-0.695),其中北京的相对位次下滑最为明显,造成这一现象的主要原因是广东、浙江、湖北区域创新水平的快速崛起,同时也与北京的区域创新水平已经处于相当的高度而难以继续提升有关,但北京仍然是我国区域创新水平第一位的省份。上海的区域创新水平大幅度下滑一部分与北京下滑的原因相同,另一部分也跟其自身在创新创业培育方面还有待加强有关。山西、天津、黑龙江以及其他省份的区域创新水平下滑也与其自身对提升创新水平的重视程度不够有一定关系。

从区域差异的视角可以明显地发现与各个分指标相似,区域创新的整体水平也呈明显的"东高西低"的区域分布格局。北京、上海始终处于第一梯队,陕西、重庆、四川的所处梯度得到提升,东部沿海地区中福建和山东相对落后,河北、河南、山西成为东西部衔接地带的凹陷区域,东北地区除辽宁外,吉林、黑龙江的梯度站位有较大程度的下滑。整体来看,我国区域创新水平的区域分布格局在 2007—2017 年的变动情况较小,这意味着我国可能已经形成了较为稳固的区域创新格局,广大中西部地区实现"弯道超车"存在较大难度。

5.2 区域经济发展水平的区域格局与演变趋势

5.2.1 区域经济发展指标权重的确定

本章节将区域经济发展水平指标的前五项作为正向指标,将区域经济发展水平指标的后两项作为负向指标,来综合衡量区域经济发展水平,并通过熵值法得到其各项分指标的指标权重,指标权重如表 5-3 所示。由于熵值法是根据数据所呈现的信息差异度来衡量指标权重,因此可以明显看出离散度大、极值明显的指标具有更高的权重,但由于区域经济发展水平的各项指标的差异较小,因此其指标权重相差的幅度不如区域创新水平的指标权重明显。在区域经济发展水平指标体系及权重中,城镇居民家庭平均每人全年消费性支出(21.64%)、人均地区生产总值(17.06%)、人均全社会固定资产投资存量(15.86%)的指标权重较大,单位国内生产总值(GDP)废水排放量(10.33%)、单位国内生产总值(GDP)电力消费量(10.27%)的指标权重较小,一定程度上说明环境相关经济变量的地区差异也相对较低,居民消费的区域差异相对更高一些。

表 5-3 2007—2017 年区域经济发展水平指标体系及权重

指标	代码	权重 /%	功效性
人均全社会固定资产投资存量 / 元	Z_1	15.86	正向指标
人均实际使用外资金额 / 美元	Z_2	12.63	正向指标
人均货物进出口总额 / 美元	Z_3	12.21	正向指标
城镇居民家庭平均每人全年消费性支出 / 元	Z_4	21.64	正向指标
人均地区生产总值 / 元	Z_5	17.06	正向指标
单位国内生产总值（GDP）废水排放量 / [t·(万元)$^{-1}$]	Z_6	10.33	负向指标
单位国内生产总值（GDP）电力消费量 / [kW·h·(万元)$^{-1}$]	Z_7	10.27	负向指标

此外，区域经济发展水平指标体系的指标权重中极大值与极小值之间的差距不超过 11.37%，远低于区域创新水平指标体系及权重的 14%，表明各个指标所呈现的信息差异度较低。

5.2.2 区域经济发展水平的时空演变分析

根据区域经济发展水平指标体系及权重，并结合区域经济发展指标的标准化矩阵，经过原始分换算成标准分的过程后得到我国（不包括西藏和港澳台地区）2007—2017 年区域经济发展水平的变动情况（表5-4），各个省份的得分情况反映的是其在全国的相对位次而非绝对水平。

表 5-4 2007—2017 年区域经济发展水平变动情况

地区	2007 年	2008 年	2009 年	2010 年	2011 年	2012 年	2013 年	2014 年	2015 年	2016 年	2017 年
安徽	4.515	4.517	4.498	4.517	4.428	4.472	4.444	4.362	4.350	4.550	4.584
北京	7.488	7.508	7.396	7.473	7.428	7.446	7.450	7.496	7.500	7.416	7.568
福建	5.166	5.168	5.173	5.218	5.071	5.272	5.294	5.324	5.426	5.524	5.581
甘肃	4.278	4.151	4.128	4.105	4.088	4.073	4.077	4.137	4.077	4.064	4.031
广东	5.988	5.894	5.879	5.815	5.682	5.665	5.641	5.393	5.427	5.400	5.434
广西	4.052	4.061	4.051	4.021	4.150	4.096	4.121	4.079	4.121	4.185	4.130
贵州	4.143	4.106	4.073	4.024	3.970	3.943	3.995	3.997	4.100	4.233	4.233
海南	4.513	4.505	4.495	4.548	4.560	4.588	4.597	4.594	4.589	4.490	4.491
河北	4.641	4.628	4.587	4.537	4.555	4.471	4.440	4.489	4.468	4.511	4.595
河南	4.503	4.498	4.462	4.451	4.429	4.408	4.368	4.377	4.373	4.437	4.470
黑龙江	4.596	4.612	4.649	4.644	4.625	4.558	4.558	4.596	4.498	4.437	4.370
湖北	4.556	4.534	4.549	4.556	4.548	4.596	4.610	4.633	4.692	4.849	4.875
湖南	4.540	4.522	4.530	4.505	4.497	4.472	4.482	4.478	4.573	4.642	4.668
吉林	4.832	4.856	4.944	4.931	4.978	5.009	5.062	5.040	5.003	5.170	4.821
江苏	5.783	5.762	5.730	5.811	5.857	5.918	5.916	5.939	6.005	6.059	6.149
江西	4.513	4.508	4.518	4.483	4.362	4.334	4.294	4.323	4.296	4.339	4.462
辽宁	5.818	5.944	5.982	6.048	6.068	6.107	6.139	6.012	5.688	5.272	5.127
内蒙古	5.060	5.147	5.322	5.370	5.528	5.559	5.587	5.544	5.505	5.454	5.159

续表 5-4

地区	2007年	2008年	2009年	2010年	2011年	2012年	2013年	2014年	2015年	2016年	2017年
宁夏	3.829	3.947	3.912	3.978	3.948	3.962	3.985	4.047	4.211	4.175	4.277
青海	4.078	4.044	3.992	3.922	3.988	4.001	4.030	4.189	4.286	4.198	4.165
山东	5.184	5.173	5.176	5.175	5.209	5.174	5.197	5.233	5.172	5.241	5.271
山西	4.532	4.528	4.452	4.413	4.507	4.374	4.303	4.249	4.201	4.141	4.246
陕西	4.572	4.628	4.657	4.675	4.777	4.821	4.876	4.861	4.785	4.774	4.848
上海	8.199	8.168	8.116	7.836	7.700	7.563	7.459	7.551	7.589	7.686	8.015
四川	4.468	4.469	4.508	4.523	4.511	4.546	4.519	4.442	4.412	4.360	4.425
天津	6.666	6.743	6.853	7.034	7.191	7.220	7.314	7.335	7.395	7.408	6.957
新疆	4.517	4.488	4.389	4.374	4.398	4.355	4.280	4.326	4.254	4.183	4.260
云南	4.356	4.342	4.349	4.272	4.055	4.087	4.113	4.081	4.026	3.925	3.972
浙江	5.979	5.843	5.840	5.863	5.872	5.822	5.796	5.826	5.882	5.910	5.876
重庆	4.634	4.706	4.788	4.878	5.021	5.086	5.054	5.048	5.096	4.969	4.940

注：本次统计不包括我国西藏和港澳台地区数据。

根据表 5-4 可清晰地看出各个省份区域经济发展水平的标准得分，能够更加明晰 2007—2017 年各省份区域经济发展水平的变动状况。2007—2017 年，我国区域经济发展水平的地域差异较为明显，排名前三位的省份为北京、上海和天津，其区域经济发展水平远超其他地区，领先优势愈加明显。到 2017 年，共有 15 个省份的区域经济发展水平相比于 2007 年实现上升，15 个省份的区域经济发展水平相对 2007 年下滑。按照绝对增长幅度计算，增幅排名全国前五位的省份分别为宁夏（0.448）、福建（0.415）、江苏（0.366）、湖北（0.319）、重庆（0.306），宁夏成为西部地区乃至全国增长幅度最大的省份，西部地区共有 6 个省份实现了经济发展水平的增长。福建、江苏在东南沿海地区整体下降的大趋势下实现大幅度增长，表明其相对位次得到了大幅度提升。中部六省中仅有湖北、湖南的经济发展水平提升，其余省份均有所下降，而重庆地处西南地区既引领了区域创新水平的提升，也引领了经济发展水平的提升。降幅排名全国后五位的省份分别为新疆（-0.257）、山西（-0.286）、云南（-0.384）、广东（-0.554）、辽宁（-0.691），辽宁的相对位次下滑最为明显。此外，东北地区的吉林、黑龙江也有明显的下滑，表明东北地区整体的经济发展不力，经济发展受到明显阻碍。新疆、山西、云南的经济发展水平下滑在一定程度上与其产业结构面临挑战具有较大关系，如山西的煤炭开采及加工业、新疆的化工产业、云南的石油加工业等都是典型的重化工业，在基础设施建设逐步放缓的环境之下，保持较高速度的经济增长对于这些省份而言具有很大难度。广东经济发展的相对位次下滑也与其产业结构具有较大关系，但更多的是受到东南沿海其他地区的挤压影响，同时其经济发展水平已经达到相当的高度而难以继续提升。从发展趋势来看，除天津、内蒙古外，吉林、山西、海南等省份均在不同程度上出现了波动中下滑的趋势，在一定程度上说明这些省份在后"四万亿"时期没有塑造好经济发展的动力，因此出现了比较典型的倒 U 字形发展曲线。

从区域差异的视角可以明显地发现与各个分指标相似，区域经济发展的整体水平和区域创新水平大体类似，也呈现出明显的"东高西低"的区域分布格局，但在 2013 年内蒙古和辽宁出现了梯度尖峰后又在 2017 年大幅滑落，该情形与区域创新水平有明显区别。北京、上海与天津始终处于第一梯队，东部沿海地区除福建在 2007 年和 2012 年处于第三梯队，山东与河北始终处于第二、第三梯队外，其余省份均处于第二梯队，且福建在 2017 年实现了大幅度增长并成功跃迁至第二梯队，东部沿海地区的地域差异被逐步拉平。东北地区中辽宁发展降幅显著，已从第二梯队下滑至第三梯队，陕西、重庆、湖北实现了比较明显的增长态势，分别拉动了西北地区、西南地区和中部地区的经济发展。整体来看，我国区域经济发展水平的区域分布格局在 2007—2017 年已经呈现比较稳固的"东高西低"的发展态势，广大中西部地区实现"弯道超车"存在较大难度。结合区域创新水平的区域格局与演变趋势的分析来看，区域经济发展与区域创新具有类似的地域分布情况，因此区域经济发展与区域创新具有较强关联性，需要通过面板回归分析来进一步研究。

5.3 区域创新水平与区域经济发展水平的互动关系

这一部分采用面板单位根检验和面板协整检验作为区域创新水平和区域经济发展水平进行面板数据回归前的数据前期检验手段，并且通过固定效应模型、随机效应模型和混合回归模型的分析，来对区域创新水平与区域经济发展水平的整体作用机制及局部作用机制进行进一步的回归分析，通过回归系数和显著性来对相关的互动作用与机制进行深入分析与研判。

5.3.1 数据前期检验

数据的前期检验包括面板单位根检验和面板协整检验。面板单位根检验旨在检验面板数据的稳定性，以避免"伪回归"的产生（陈强，2014）。面板协整检验旨在考察变量间是否具有长期稳定的均衡关系，以避免差分后的数据不再具有经济意义。

第一代面板单位根检验方法以左单端检验（Levin-Lin-Chu，LLC）（Levin et al.，2002）和假设检验（Hypothesis Test，HT）（Harris et al.，1999）为代表，其假设所有的面板单位包含着共同的单位根，假设条件较为苛刻。第二代面板单位根检验方法以面板单位根检验（Im，Pesaran and Shin，IPS）（Im et al.，2003）和费希尔（Fisher）检验（Maddala et al.，1999）为代表，放宽了同质性假定，更接近客观事实。本书综合运用左单端检验（LLC）统计量、面板单位根检验（IPS）统计量、假设检验（HT）统计量、费希尔（Fisher）统计量四种方法对面板数据开展单位根检验，以尽量保证检验的稳健性和可靠性。通过检验发现，X_n的一阶差分化数据不存在零阶单整序列，即不存在原始数据平稳的序列。而所有涉及的变量均为一阶单整序列，即一阶差分后平稳的序列。由于具备同阶单整关系是进行面板协整检验的前提，因此可以对所有变量进行面板协整检验。

佩德罗尼（Pedroni）于1995年率先提出面板协整检验的构想，此后卡奥（Kao，1999）较早地提出面板协整检验的具体方法，其要求所有面板的协整向量和所有个体的残差自回归系数均相等，假设较为严格。佩德罗尼（Pedroni，1999，2004）将异质性引入面板协整检验中，允许不同个体具有不同的协整向量，适度放宽了检验限制。韦斯特伦德（Westerlund，2005，2007）采用方差比检验这一方法，构建了误差修正模型状态下面板协整关系检验，是对原先的面板协整检验的一种有效修正。无论哪种面板协整检验，原假设都不存在协整关系，卡奥（Kao）与佩德罗尼（Pedroni）检验的替代假设为所有面板单位都存在协整关系，而韦斯特伦德（Westerlund）检验的替代假设为某些面板单位存在协整关系。值得关注的是，在Stata15中提供的佩德罗尼（Pedroni）检验与韦斯特伦德（Westerlund）检验不能计算自变量超过8项的数据，而当以区域经济发展水平为因变量时，区域创新指标中涵盖16项指标作为自变量，因此仅能将区域创新指标拆分后进行面板协整检验（表5-5、表5-6）。经过上述面板协整检验，由于卡奥（Kao）检验的假设过于严苛，因此本书更倾向于佩德罗尼（Pedroni）检验和韦斯特伦德（Westerlund）检验的计算过程。经过面板协整检验，总体上认为区域创新水平与区域经济发展的各项指标均具备协整关系，即该序列中的各变量之间存在着稳定的长期关系。同时区域经济发展与区域创新的各项指标也均具备协整关系，即该序列中的各变量之间存在着稳定的长期关系，从而可以顺利进行面板回归分析。

表5-5 面板协整检验：以区域创新水平为因变量

自变量：区域经济发展指标			
检验统计量		统计量	概率值（p值）
卡奥（Kao）检验	改良的迪基疗法（modified Dickey）	-1.156 0	0.123 8
	迪基—富勒t值（Dickey-Fuller t）	-1.460 7	0.072 1*
	扩展的迪基—富勒t值（augmented Dickey-Fuller t）	-0.457 3	0.323 7
佩德罗尼（Pedroni）检验	改良的菲利普斯—佩龙t值（modified Phillips-Perron t）	10.822 1	0.000***
	菲利普斯—佩龙t值（Phillips-Perron t）	-25.079 9	0.000***
	扩展的迪基—富勒t值（augmented Dickey-Fuller t）	-15.701 3	0.000***

续表 5-5

自变量：区域经济发展指标			
	检验统计量	统计量	概率值（p 值）
韦斯特伦德（Westerlund）检验	方差比检验值（variance ratio）	5.360 8	0.000***

注：*** 表示在 1% 置信水平上显著；* 表示在 10% 置信水平上显著。t 值是 t 检验的统计量值，t 检验主要用于样本含量较小、总体标准差未知的正态分布，并且用 t 分布理论来推论差异发生的概率，从而比较两个平均数的差异是否显著。

表 5-6　面板协整检验：以区域经济发展水平为因变量

自变量：区域创新投入指标、区域创新产出指标					
	检验统计量	统计量（X_1—X_8）	p 值	统计量（Y_1—Y_8）	p 值
卡奥（Kao）检验	改良的迪基疗法（modified Dickey）	1.135 5	0.128 1*	1.454 6	0.072 9*
	迪基—富勒 t 值（Dickey-Fuller t）	1.273 7	0.101 4*	1.864 3	0.031 1**
	扩展的迪基—富勒 t 值（augmented Dickey-Fuller t）	0.955 6	0.169 6*	−0.188 5	0.425 2
佩德罗尼（Pedroni）检验	改良的菲利普斯—佩龙 t 值（modified Phillips-Perron t）	10.726 5	0.000***	10.847 7	0.000***
	菲利普斯—佩龙 t 值（Phillips-Perron t）	−27.874 8	0.000***	−16.802	0.000***
	扩展的迪基—富勒 t 值（augmented Dickey-Fuller t）	−19.845 1	0.000***	−10.850 6	0.000***
韦斯特伦德（Westerlund）检验	方差比检验值（variance ratio）	5.576 7	0.000***	8.378 5	0.000***

注：*** 表示在 1% 置信水平上显著；** 表示在 5% 置信水平上显著；* 表示在 10% 置信水平上显著。

5.3.2　区域创新水平与区域经济发展水平的整体作用机制

本书首先采用熵值化的面板数据（区域创新水平和区域经济发展水平）进行检验，以探讨区域创新与区域经济发展的相互作用机制。面板数据集包含横截面和时间维度，因此它不仅可以反映更多个体行为的信息（横截面），而且可以反映个体随时间的动态行为变化（时间序列）（Chen，2014）。计量回归方程如下：

$$Eco_{it} = \beta + \beta_i Tech_{it} + \varepsilon_{it} \qquad (式5-9)$$

其中，Eco_{it} 为第 i 个省份的区域经济发展水平，$i \in [1, 30]$，即 30 个被纳入研究的省级单位（不包括西藏和港澳台地区）；t 表示时间，$t \in [1, 11]$，分别代表着 2007—2017 年的 11 个年份；$Tech_{it}$ 代表第 i 个省份的区域创新水平，$i \in [1, 30]$，$t \in [1, 11]$。β_i 为各个区域创新水平的回归系数；β 为常数项；ε_{it} 为误差扰动项。仅仅当 β_i 明显不为零时，区域创新水平和区域经济发展水平存在线性关系。

学界一般使用三种方法来估计面板数据模型，即普通最小二乘（Ordinary Least Square，OLS）估计、固定效应（Fixed Effect，FE）估计和随机效应（Random Effect，RE）估计方法（Asteriou et al.，2007），分别采用豪斯曼检验（Hausman test）和 F 检验（F-test）①来加以检验。豪斯曼检验的零假设为随机效应比固定效应更适用于分析方程，当 p 值小于 0.1 时可以认定采用固定效应模型比随机效应模型更适合。F 检验的零假设为普通最小二乘（OLS）比固定效应更适用于分析方程。

豪斯曼检验可以有效地确定对于该面板数据，应当更适合选用随机效应模型还是固定效应模型来进行分析（Hausman，1978）。尽管豪斯曼检验的结果表明，以区域创新水平（Tech）为解释变量、以区域经济发展水平（Eco）为被解释变量的面板数据回归在 1% 的置信水平上显著（p 值为 0.001，其 F 值为 64.09），表明固定效应比随机效应更适合该模型（图 5-1）。本书随后又进一步采用 F 检验来判断究竟采用普通最小二乘（OLS）还是固定效应模型来进行分析，发现 F 检验的 p 值大于 0.05（其 F 值为 3.84），因此不能强烈拒绝原假设，即用普通最小二乘（OLS）来予以解释更为恰当。

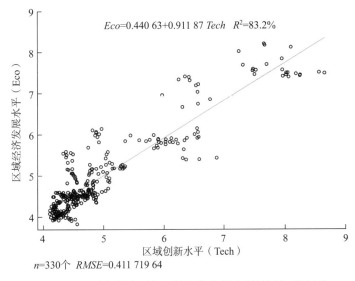

图 5-1　区域创新水平与区域经济发展水平的回归拟合图

注：RMSE 即 Root Mean Square Error，表示均方根误差，也称标准误差；n 表示总的样本数量；R^2 表示判定系数，越接近 1，说明这条直线与原始数据越吻合。

表 5-7 报告了基于式 5-9 的回归分析结果。在普通最小二乘（OLS）的情形下，发现区域创新水平（Tech）和区域经济发展水平（Eco）的回归系数达到了 0.911 87，修正判定系数（adjusted R^2）为 0.831，回归结果显著地支持了区域经济发展水平与区域创新水平存在正相关关系，即区域经济发展水平每提升 1 个单位，区域创新水平则相应地增加 0.911 87 个单位。该结果与国内外学者的研究结果基本一致，即经济发展会促进区域创新的进步，反之亦然（杨武等，2016；苏治等，2015；朴哲范等，2019）。

① F 检验（F-test），是一种在零假设之下，统计值服从 F 分布的检验。F 检验通过比较两组不同方法下数据的偏差，以确定它们的精密度是否存在显著性差异。

表 5-7　区域创新水平和区域经济发展水平的面板数据回归结果

被解释变量（区域经济发展水平）	普通最小二乘（OLS）估计	双向最小二乘虚拟变量（LSDV）估计	德里斯科尔—克雷（Driscoll-Kraay）稳健标准误估计	面板修正标准误（PSCE）估计	可行广义最小二乘法（FGLS）估计1	可行广义最小二乘法（FGLS）估计2
解释变量（区域创新水平）	0.911 87***（11.335）	0.112 64（0.696）	0.112 64***（7.583）	0.112 64**（2.442）	0.074 68*（1.794）	0.125 00**（2.428）
常数项	0.440 63（1.130）	6.950 67（0.561）	6.950 67***（44.040）	6.950 67***（19.371）	0.000 00（0.000）	6.945 31（1.172）
观测数目（Obs）/个	330	330	330	330	330	330
判定系数（R^2）	0.832	0.982	—	0.982	—	—
修正判定系数（adjusted R^2）	0.831	0.980				
F 值	128.488 4					
沃尔德检验（Wald test）	6 491.38***					
伍德里奇检验（Wooldridge test）	45.305***					
佩萨兰检验（Pesaran's test）	-1.338					
弗里德曼检验（Friedman's test）	2.636					
弗雷斯检验（Frees' test）	6.382					

注：括号中数字为聚类稳健标准误估计和固定效应估计的 t 值，以及面板修正误差标准误估计的 z 值。*** 表示在 1% 置信水平上显著；** 表示在 5% 置信水平上显著；* 表示在 10% 置信水平上显著。F 值用于检验普通最小二乘（OLS）是否比固定效应更适宜用于该面板数据。可行广义最小二乘法（FGLS）估计 1 表示同时考虑存在组间异方差、组内自相关和组间同期相关。可行广义最小二乘法（FGLS）估计 2 表示同时考虑存在组间异方差和组内自相关，不存在组间同期相关。沃尔德检验（Wald test）用于检测面板数据是否存在组间异方差。伍德里奇检验（Wooldridge test）用于检测面板数据是否存在组内自相关。佩萨兰检验（Pesaran's test）、弗里德曼检验（Friedman's test）和弗雷斯检验（Frees' test）用于检验短面板数据中是否存在组间同期自相关。下同。

本书通过纳入更多指标的熵值法的面板数据回归，进一步证明了该项结论。通过区域创新水平与区域经济发展水平的回归拟合图，可以进一步发现大量散点出现在区域经济发展水平小于 5.5、区域创新水平小于 6 的范围内，大量省份的区域创新与经济发展水平不高，但可以通过依靠区域创新水平（Tech）和区域经济发展水平（Eco）的双向互动作用来提升自身的区域创新与经济发展水平，以实现经济和科技的双重跃迁。

尽管基于普通最小二乘（OLS）的计量模型结果显著，但是在进行回归分析的估计当中，由于面板数据可能存在个体效应和时间效应，因此对于面板数据中可能存在的个体效应加入个体虚拟变量，同时对于可能存在的时间效应加上时间趋势项予以控制，即采用双向最小二乘虚拟变量（LSDV）估计进行更进一步的估计，以增强准确性和稳健性。该结果在表5-7中予以呈现。同时对于面板数据中可能存在的组间异方差、组内自相关和组间同期相关的问题，需要对计量方法进行校正。

假设被解释变量（区域创新水平与区域经济发展水平）的个体i的扰动项方差为$\sigma_i^2 = Var(\varepsilon_{it})$。如果存在$\sigma_i^2 \neq \sigma_j^2 (i \neq j)$的情况，则说明面板数据存在"组间异方差"（groupwise heteroscedasticity），这主要来源于测量误差和模型中被省略的一些因素对被解释变量（区域创新水平与区域经济发展水平）的影响作用；如果存在$cov(\varepsilon_{it}, \varepsilon_{is}) \neq 0 (t \neq s, \forall i)$的情况，则说明扰动项$\{\varepsilon_{it}\}$可能存在"组内自相关"（autocorrelation within panel）。这主要是由于区域创新水平和区域经济发展水平以及相应的解释变量都具有惯性作用，从而引起随机误差项的自相关，同时也不排除一些随机因素的干扰或影响而引起随机误差项的自相关。如果存在$cov(\varepsilon_{it}, \varepsilon_{jt}) \neq 0 (i \neq j, \forall t)$的情况，则说明扰动项$\{\varepsilon_{it}\}$可能存在"组间同期相关"（contemporaneous correlation）或"截面相关"（cross-sectional correlation）。这一情况可能是由于区域创新水平与区域经济发展水平的溢出效应，即相邻城市的区域创新水平与区域经济发展水平对本地的区域创新水平与区域经济发展水平产生积极影响，故需要相应的空间面板模型来更加有效地解决组间同期自相关问题。

对于存在的组间异方差、组内自相关和组间同期相关问题，学界一般采用可行性广义最小二乘法（FGLS）进行校正，以得到更为适宜的计量结果。本书将沃尔德检验（Wald test）用于检测面板数据是否存在组间异方差（Greene, 2000），将伍德里奇检验（Wooldridge test）用于检测面板数据是否存在组内自相关（Wooldridge, 2002），并将佩萨兰检验（Pesaran's test）（Pesaran, 2004）、弗里德曼检验（Friedman's test）（Friedman, 1937）和弗雷斯检验（Frees' test）（Frees, 1995）用于检验短面板数据中是否存在组间同期自相关。（1）运用德里斯科尔—克雷（Driscoll-Kraay）稳健标准误估计来克服存在异方差与组内自相关的情形（Driscoll et al., 1998）；（2）通过面板修正标准误（PSCE）估计来同时克服存在异方差和组间同期相关的情形（Beck et al., 1995）；（3）通过可行广义最小二乘法（FGLS）估计[1]（同时考虑存在组间异方差、组内自相关和组间同期相关）方法来同时克服存在组间异方差、组内自相关和组间同期相关的情形（Parks, 1967）；（4）通过可行广义最小二乘法（FGLS）估计[2]（同时考虑存在组间异方差和组内自相关，不存在组间同期相关）方法来考虑存在组间异方差和组内自相关，不存在组间同期相关的情形（Kmenta, 1986）。所有的结果均在表5-7中予以呈现。

通过上述检验发现该回归模型中存在组间异方差和组内自相关的现象，因此在原先的普通最小二乘（OLS）估计之外，进一步运用双向最小二乘虚拟变量（LSDV）估计、德里斯科尔—克雷（Driscoll-Kraay）稳健标准误估计、面板修正标准误（PSCE）估计和可行广义最小二乘法

（FGLS）估计来进行校正，以增强准确性和稳健性。多种回归结果进一步证实了区域经济发展水平受到了来自区域创新水平的显著正向影响作用，但同时克服组间异方差与组内自相关的德里斯科尔—克雷（Driscoll-Kraay）稳健标准误估计和可行广义最小二乘法（FGLS）估计的回归系数要低于普通最小二乘（OLS）的回归系数，其原因在于后者比较有效地控制了时间效应，因此其回归系数降低到 0.131—0.141，即区域创新水平每提升 1 个单位，区域经济发展水平则相应地增加 0.131—0.141 个单位。

为进一步检验回归的稳健性，采用隔年（奇数年份、偶数年份）抽取的方式进行稳健性检验，其报告结果呈现在表 5-8 和表 5-9 中。通过基于特定年份的稳健性检验，发现回归系数的正负号均与全年份的回归结果相同，虽然回归系数的大小与全年份的结果略有差异，但并不影响回归的稳健性，即说明区域经济发展水平与区域创新水平的正相关关系是稳定存在的一种现象，各地区都可以通过促进区域经济发展水平与区域创新水平的互动发展来实现自身区域经济和区域创新的双重提升。

表 5-8 区域创新水平和区域经济发展水平的稳健性检验（奇数年份）

被解释变量（区域经济发展水平）	普通最小二乘（OLS）估计	双向最小二乘虚拟变量（LSDV）估计	德里斯科尔—克雷（Driscoll-Kraay）稳健标准误估计	面板修正标准误（PSCE）估计	可行广义最小二乘法（FGLS）估计 [1]	可行广义最小二乘法（FGLS）估计 [2]
解释变量（区域创新水平）	0.913 91***（11.385）	0.130 89（0.770）	0.130 89***（4.982）	0.130 89**（2.433）	0.058 60（0.650）	0.141 06**（1.969）
常数项	0.430 47（1.110）	6.849 11（0.558）	6.849 11***（24.304）	6.849 11***（16.146）	0.000 00（0.000）	6.828 19（0.993）
观测数目（Obs）/个	180	180	180	180	180	180
判定系数（R^2）	0.835	0.980	—	0.980	—	—
修正判定系数（adjusted R^2）	0.834	0.976	—	—	—	—
F 值	129.620 4	—	—	—	—	—
沃尔德检验（Wald test）	5 672.22***	—	—	—	—	—
伍德里奇检验（Wooldridge test）	—	—	—	—	—	—
佩萨兰检验（Pesaran's test）	−0.993	—	—	—	—	—
弗里德曼检验（Friedman's test）	2.610	—	—	—	—	—
弗雷斯检验（Frees' test）	4.285	—	—	—	—	—

表 5-9 区域创新水平和区域经济发展水平的稳健性检验（偶数年份）

被解释变量（区域经济发展水平）	普通最小二乘（OLS）估计	双向最小二乘虚拟变量（LSDV）估计	德里斯科尔—克雷（Driscoll-Kraay）稳健标准误估计	面板修正标准误（PSCE）估计	可行广义最小二乘法（FGLS）估计[1]	可行广义最小二乘法（FGLS）估计[2]
解释变量（区域创新水平）	0.909 44*** （11.214）	0.073 61 （0.398）	0.073 61* （2.416）	0.073 61 （0.954）	−0.080 22 （−0.886）	0.070 61 （0.864）
常数项	0.452 820 0 （1.148）	7.201 935 5 （0.478）	2.052 542 4*** （12.239）	7.201 935 5*** （12.126）	7.201 935 5 （1.006）	66.322 188 4* （1.670）
观测数目（Obs）/个	150	150	150	150	150	150
判定系数（R^2）	0.827	0.985	—	0.985	0.985	—
修正判定系数（adjusted R^2）	0.826	0.981	—	—	—	—
F 值	125.750 3	—	—	—	—	—
沃尔德检验（Wald test）	11 666.37***	—	—	—	—	—
伍德里奇检验（Wooldridge test）	—	—	—	—	—	—
佩萨兰检验（Pesaran's test）	−1.081	—	—	—	—	—
弗里德曼检验（Friedman's test）	1.013	—	—	—	—	—
弗雷斯检验（Frees' test）	3.889	—	—	—	—	—

5.3.3 区域创新水平与区域经济发展水平的局部作用机制

1）区域创新指标对区域经济发展水平的影响作用

为了更深入地分析影响区域创新水平和区域经济发展水平集聚的核心要素，本书也将各个区域创新水平所包含的子变量，如人均研发经费、规上研发（R&D）投入强度、百万人专利合作条约（PCT）专利申请量等 16 项区域创新指标作为自变量，分析这些要素对区域经济发展水平（Eco）的影响。α_i 为各个自变量对因变量的回归系数，α 为常数项，ε 为误差扰动项。具体回归方程如下：

$$Eco_{it} = \alpha + \alpha_1 X_{1it} + \alpha_2 X_{2it} + \alpha_3 X_{3it} + \alpha_4 X_{4it} + \alpha_5 X_{5it} + \alpha_6 X_{6it} + \alpha_7 X_{7it} + \alpha_8 X_{8it} + \alpha_9 Y_{1it} + \alpha_{10} Y_{2it} + \alpha_{11} Y_{3it} + \alpha_{12} Y_{4it} + \alpha_{13} Y_{5it} + \alpha_{14} Y_{6it} + \alpha_{15} Y_{7it} + \alpha_{16} Y_{8it} + \varepsilon_{it}$$ （式 5-10）

豪斯曼检验（Hausman test）可以有效确定随机效应是否比固定效应更合适，其结果表明，以区域创新水平（Tech）的各项细分指标为解释变量、以区域经济发展水平（Eco）为被解释变量的面板数据回归在 1% 的置信水平上显著（p 值为 0.000，其 F 值为 85.027），表明相比于随机效应模型，固定效应模型更适合用于解释。随后本书进一步采用 F 检验用于判断混合回归模型和固定效应模型的适用性，发现 F 检验的 p 值为 0.000（其 F 值为 111.58），因此可以强烈拒绝原假设，即固定效应回归要优于普通最小二乘（OLS），更适宜用来解释式 5-10。在固定效应模型中还可以考虑时间效应，即双向固定效应（Two-way FE）（赵心刚等，2012；刘学良等，2011）。以 2007 年为基期，分别按年份生成 10 个虚拟变量（2008—2017 年），对包括虚拟变量的固定效应回归进行检验，发现其 F 检验的 p 值为 0.000，强烈支持双向固定效应模型。

表 5-10 报告了基于式 5-10 的面板数据回归结果，该回归采用了双向固定效应模型予以解释。可以发现模型的整体拟合度较高，判定系数（R^2）达到了 0.492，表明该模型能够较好地解释各自变量对区域经济发展水平的影响作用，其中对区域经济发展水平（Eco）产生显著影响的变量分别为人均研发经费（X_1）、万人高校在校生数（X_4）、规上研发（R&D）人员全时当量（X_5）、人均高新技术企业研发（R&D）经费支出（X_6）、万人高新技术企业科技活动人员（X_7）、人均技术合同成交额（Y_2）、十万人高新技术企业数量（Y_3）、百万人专利合作条约（PCT）专利申请量（Y_4）、人均高新技术企业工业总产值（Y_5）。

表 5-10　区域经济发展水平与区域创新水平变量的回归结果

被解释变量（区域经济发展水平）	双向固定效应（FE）估计	双向最小二乘虚拟变量（LSDV）估计	德里斯科尔—克雷（Driscoll-Kraay）稳健标准误估计	面板修正标准误（PSCE）估计	可行广义最小二乘法（FGLS）估计 1	可行广义最小二乘法（FGLS）估计 2
X_1	0.001 412***（6.574）	0.001 386***（6.318）	0.001 386***（32.866）	0.001 386***（8.564）	0.001 414***（10.385）	0.001 283***（9.938）
X_2	−22.340 243（−1.486）	−20.945 443（−1.414）	−20.945 443***（−3.579）	−20.945 443**（−2.324）	−30.674 108***（−3.539）	−19.366 752**（−2.431）
X_3	0.132 034（1.313）	0.108 721（1.192）	0.108 721*（1.908）	0.108 721**（1.967）	0.113 045**（2.444）	0.068 191（1.520）
X_4	0.001 920*（1.735）	0.002 052*（1.810）	0.002 052***（5.658）	0.002 052***（3.561）	0.001 241*（1.814）	0.002 239***（3.226）
X_5	−0.025 560*（−1.707）	−0.026 737*（−1.812）	−0.026 737***（−3.918）	−0.026 737***（−2.627）	−0.027 585***（−3.545）	−0.027 781***（−3.213）
X_6	−0.000 204*（−1.713）	−0.000 194（−1.513）	−0.000 194**（−2.687）	−0.000 194（−1.470）	−0.000 128*（−1.784）	−0.000 152（−1.584）
X_7	−0.002 922**（−2.275）	−0.002 679**（−2.081）	−0.002 679***（−4.590）	−0.002 679（−1.763）	−0.002 511**（−2.387）	−0.002 267*（−1.888）
X_8	−0.001 246（−0.791）	−0.001 246（−0.862）	−0.001 246（−1.646）	−0.001 246（−1.400）	−0.000 058（−0.097）	0.000 027（0.037）
Y_1	−0.002 103（−0.798）	−0.001 967（−0.758）	−0.001 967（−1.342）	−0.001 967（−1.577）	0.001 148（1.085）	−0.000 544（−0.395）
Y_2	0.000 183***（4.307）	0.000 180***（4.124）	0.000 180***（8.869）	0.000 180***（6.784）	0.000 065***（4.036）	0.000 096***（4.892）
Y_3	0.004 542*（2.010）	0.004 306**（2.634）	0.004 306***（4.095）	0.004 306**（2.528）	0.002 260**（1.997）	0.001 448（1.012）

续表 5-10

被解释变量（区域经济发展水平）	双向固定效应（FE）估计	双向最小二乘虚拟变量（LSDV）估计	德里斯科尔—克雷（Driscoll-Kraay）稳健标准误估计	面板修正标准误（PSCE）估计	可行广义最小二乘法（FGLS）估计[1]	可行广义最小二乘法（FGLS）估计[2]
Y_4	−0.002 943*** (−5.279)	−0.002 989*** (−5.588)	−0.002 989*** (−4.737)	−0.002 989*** (−5.839)	−0.002 248*** (−5.709)	−0.002 533*** (−5.159)
Y_5	−0.000 001* (−1.973)	−0.000 001* (−2.008)	−0.000 001** (−2.643)	−0.000 001 (−0.985)	0.000 000 (0.071)	−0.000 001 (−1.062)
Y_6	0.000 010 (1.016)	0.000 010 (0.995)	0.000 010** (2.699)	0.000 010* (1.727)	0.000 007** (1.996)	0.000 011** (2.040)
Y_7	0.000 044 (0.557)	0.000 038 (0.509)	0.000 038 (1.531)	0.000 038 (0.751)	−0.000 039 (−1.176)	−0.000 034 (−0.769)
Y_8	−0.000 100 (−0.686)	−0.000 090 (−0.646)	−0.000 090 (−0.921)	−0.000 090 (−0.807)	0.000 088 (1.273)	0.000 004 (0.048)
常数项	4.514 627*** (33.790)	78.260 130*** (4.407)	78.260 130*** (13.811)	78.260 130*** (8.787)	70.773 799*** (6.675)	80.506 662*** (7.372)
观测数目（Obs）/个	330	330	330	330	330	330
判定系数（R^2）	0.492	0.991	—	0.991	—	—
修正判定系数（adjusted R^2）	0.449	0.989	—	—	—	—
F 值	194.756 5	—	—	—	—	—
沃尔德检验（Wald test）	7 661.80***	—	—	—	—	—
伍德里奇检验（Wooldridge test）	30.994***	—	—	—	—	—
佩萨兰检验（Pesaran's test）	−0.890	—	—	—	—	—
弗里德曼检验（Friedman's test）	6.485	—	—	—	—	—
弗雷斯检验（Frees' test）	2.545	—	—	—	—	—

注：X_1 为人均研发经费；X_2 为规上研发（R&D）投入强度；X_3 为高校人口比；X_4 为万人高校在校生数；X_5 为规上研发（R&D）人员全时当量；X_6 为人均高新技术企业研发（R&D）经费支出；X_7 为万人高新技术企业科技活动人员；X_8 为万人高新技术企业大专以上人数。Y_1 为十万人发明专利数；Y_2 为人均技术合同成交额；Y_3 为十万人高新技术企业数量；Y_4 为百万人专利合作条约（PCT）专利申请量；Y_5 为人均高新技术企业工业总产值；Y_6 为人均高新技术企业总收入；Y_7 为人均高新技术企业净利润；Y_8 为人均高新技术企业创汇总额。

与第 5.3.2 节类似，尽管基于双向固定效应的计量模型结果显著，但同样需要采用双向最小二乘虚拟变量（LSDV）法进行更进一步的估计，并对可能存在的组间异方差、组内自相关和组间同期相关的问题进行校正，以得到更为准确并稳健的结果。通过上述检验发现该回归模型中存在组间异方差和组内自相关的现象，并通过运用双向最小二乘虚拟变量（LSDV）估计、德里斯科尔—克雷（Driscoll-Kraay）稳健标准误估计、面板修正标准误（PSCE）估计和可行广义最小二乘法（FGLS）估计的回归结果，进一步证实了区域创新的各项投入产出指标对区域经济发展水平的影响作用。相比于双向固定效应估计的结果，同时克服组间异方差与组内自相关的德里斯科尔—克雷（Driscoll-Kraay）稳健标准误估计和可行广义最小二乘法（FGLS）估计的各项回归系数均十分相近，并且显著性和正负号均得到了良好保持，表明回归结果较为稳健，极少数变量的显著性与双向固定效应模型有出入。

根据德里斯科尔—克雷（Driscoll-Kraay）稳健标准误估计和可行广义最小二乘法（FGLS）估计的研究结果显示，人均研发经费（X_1）、万人高校在校生数（X_4）、人均技术合同成交额（Y_2）、十万人高新技术企业数量（Y_3）均对区域经济发展水平有统计上显著的正向影响作用。其中人均研发经费是较为直接的影响变量，其直接影响了区域创新的投入力度并提高了相应的创新产出，进而拉动了经济增长。万人高校在校生数反映的是高智力人才储备的程度，更多地体现了长期的、潜在的推动作用。人均技术合同成交额反映的是创新成果的转移与扩散能力，创新成果的转移与转化也能较为直接地促进区域的整体经济发展。十万人高新技术企业数量更为直接地衡量了某一省份高新技术产业化的水平与能力，高新技术企业直接创造了经济产出与社会财富，进而提升了区域的经济发展水平。

此外，规上研发（R&D）投入强度（X_2）、规上研发（R&D）人员全时当量（X_5）、人均高新技术企业研发（R&D）经费支出（X_6）、万人高新技术企业科技活动人员（X_7）、百万人专利合作条约（PCT）专利申请量（Y_4）、人均高新技术企业工业总产值（Y_5）对区域经济发展产生了统计上显著的负向影响作用，而这与通常情形相反。产生这一现象的部分原因可能在于研发（R&D）活动距离产生经济效益的周期过长，高新技术企业的经费支出和人力支出占整体经济的体量仍然较小，因此无法有效拉动经济水平的提升。专利合作条约（PCT）专利申请量作为占据最大权重的区域创新分指标仍然不够有效且直接地转化为经济生产力，其转化周期也相对其他专利的周期更长，因此也造成了一定的负面影响作用。另外也可能在于熵值化的区域经济发展水平仅能反映区域经济的相对位次而非某一省份的绝对水准，但也在一定程度上说明了影响区域经济发展水平的因素较多，影响机制也更为复杂，单纯依靠熵值法来测度区域经济发展水平具有一定的局限性。

为了进一步检验回归的稳健性，采用隔年（奇数年份、偶数年份）

抽取的方式进行稳健性检验，其报告结果如表 5-11 和表 5-12 所示。通过基于特定年份的稳健性检验，发现回归系数的正负号均与全年份的回归结果相同，虽然回归系数的大小与全年份的结果略有差异，但并不影响回归的稳健性，即人均研发经费（X_1）、万人高校在校生数（X_4）、人均技术合同成交额（Y_2）、十万人高新技术企业数量（Y_3）均对区域经济发展水平有统计上显著的正向影响作用，而规上研发（R&D）投入强度（X_2）、规上研发（R&D）人员全时当量（X_5）、人均高新技术企业研发（R&D）经费支出（X_6）、万人高新技术企业科技活动人员（X_7）、百万人专利合作条约（PCT）专利申请量（Y_4）、人均高新技术企业工业总产值（Y_5）则对区域经济发展产生了统计上显著的负向影响作用。

表 5-11 区域经济发展水平与区域创新变量的稳健性检验（奇数年份）

被解释变量（区域经济发展水平）	双向固定效应（FE）估计	双向最小二乘虚拟变量（LSDV）估计	德里斯科尔—克雷（Driscoll-Kraay）稳健标准误估计	面板修正标准误（PSCE）估计	可行广义最小二乘法（FGLS）估计1	可行广义最小二乘法（FGLS）估计2
X_1	0.001 375*** (6.225)	0.001 452*** (5.793)	0.001 452*** (25.317)	0.001 452*** (6.992)	0.003 196* (1.748)	0.001 462*** (8.749)
X_2	−26.688 784* (−1.922)	−16.113 496 (−1.037)	−16.113 496** (−2.837)	−16.113 496 (−1.273)	−82.467 011 (−1.599)	−17.959 246* (−1.726)
X_3	0.049 285 (0.547)	0.097 838 (1.062)	0.097 838* (2.546)	0.097 838 (1.218)	0.474 498 (0.953)	0.103 530 (1.540)
X_4	−0.001 068 (−1.135)	0.002 730* (2.043)	0.002 730*** (9.148)	0.002 730*** (4.484)	0.014 685** (1.968)	0.002 775*** (3.003)
X_5	−0.023 475 (−1.505)	−0.033 496** (−2.064)	−0.033 496*** (−4.346)	−0.033 496** (−2.520)	0.042 495 (0.712)	−0.033 479*** (−2.736)
X_6	−0.000 497*** (−3.048)	−0.000 369** (−2.406)	−0.000 369*** (−6.419)	−0.000 369** (−2.210)	−0.000 873 (−1.569)	−0.000 335* (−1.757)
X_7	0.001 283 (0.540)	−0.001 320 (−0.702)	−0.001 320 (−1.142)	−0.001 320 (−0.836)	−0.009 164 (−1.470)	−0.001 443 (−0.693)
X_8	−0.003 522 (−1.388)	−0.000 010 (−0.005)	−0.000 010 (−0.010)	−0.000 010 (−0.007)	0.009 143 (0.972)	0.000 435 (0.336)
Y_1	−0.006 068** (−2.118)	−0.005 354* (−1.902)	−0.005 354*** (−10.610)	−0.005 354*** (−4.151)	0.001 366 (0.112)	−0.005 040** (−2.280)
Y_2	0.000 210*** (3.909)	0.000 180*** (3.706)	0.000 180*** (8.697)	0.000 180*** (4.792)	0.000 024 (0.212)	0.000 161*** (5.097)
Y_3	0.005 211* (2.020)	0.002 572 (1.247)	0.002 572* (2.458)	0.002 572 (1.008)	0.011 406 (0.995)	0.001 866 (0.833)
Y_4	−0.001 271 (−1.062)	−0.002 799*** (−3.442)	−0.002 799** (−3.425)	−0.002 799*** (−3.525)	0.000 506 (0.118)	−0.002 783*** (−3.492)
Y_5	−0.000 006 (−1.164)	−0.000 006 (−1.089)	−0.000 006 (−1.644)	−0.000 006 (−1.381)	0.000 054 (0.796)	−0.000 006 (−1.244)
Y_6	0.000 011 (0.695)	0.000 010 (0.684)	0.000 010 (1.402)	0.000 010 (1.356)	−0.000 057 (−1.337)	0.000 010 (1.013)
Y_7	0.000 078 (0.765)	0.000 049 (0.590)	0.000 049 (1.400)	0.000 049 (0.676)	0.000 252 (0.890)	0.000 027 (0.380)
Y_8	−0.000 003 (−0.018)	−0.000 127 (−0.731)	−0.000 127 (−0.995)	−0.000 127 (−0.814)	−0.001 009 (−1.442)	−0.000 081 (−0.600)

续表 5-11

被解释变量（区域经济发展水平）	双向固定效应（FE）估计	双向最小二乘虚拟变量（LSDV）估计	德里斯科尔—克雷（Driscoll-Kraay）稳健标准误估计	面板修正标准误（PSCE）估计	可行广义最小二乘法（FGLS）估计 [1]	可行广义最小二乘法（FGLS）估计 [2]
常数项	5.141 062***（38.460）	92.690 438***（4.711）	92.690 438***（18.061）	92.690 438***（8.428）	292.566 458***（2.706）	93.963 802***（6.626）
观测数目（Obs）/个	180	180	180	180	180	180
判定系数（R^2）	0.395	0.990	—	0.990	—	—
修正判定系数（adjusted R^2）	0.336	0.987	—	—	—	—
F 值	18.044 9					
沃尔德检验（Wald test）	6 752.40	—	—	—	—	—
伍德里奇检验（Wooldridge test）						
佩萨兰检验（Pesaran's test）	−1.476	—	—	—	—	—
弗里德曼检验（Friedman's test）	1.943	—	—	—	—	—
弗雷斯检验（Frees' test）	1.572	—	—	—	—	—

注：X_1 为人均研发经费；X_2 为规上研发（R&D）投入强度；X_3 为高校人口比；X_4 为万人高校在校生数；X_5 为规上研发（R&D）人员全时当量；X_6 为人均高新技术企业研发（R&D）经费支出；X_7 为万人高新技术企业科技活动人员；X_8 为万人高新技术企业大专以上人数。Y_1 为十万人发明专利数；Y_2 为人均技术合同成交额；Y_3 为十万人高新技术企业数量；Y_4 为百万人专利合作条约（PCT）专利申请量；Y_5 为人均高新技术企业工业总产值；Y_6 为人均高新技术企业总收入；Y_7 为人均高新技术企业净利润；Y_8 为人均高新技术企业创汇总额。

表 5-12　区域经济发展水平与区域创新变量的稳健性检验（偶数年份）

被解释变量（区域经济发展水平）	双向固定效应（FE）估计	双向最小二乘虚拟变量（LSDV）估计	德里斯科尔—克雷（Driscoll-Kraay）稳健标准误估计	面板修正标准误（PSCE）估计	可行广义最小二乘法（FGLS）估计 [1]	可行广义最小二乘法（FGLS）估计 [2]
X_1	0.001 468***（5.712）	0.001 474***（5.030）	0.001 474***（21.112）	0.001 474***（5.604）	0.000 372（0.059）	0.001 485***（7.455）
X_2	−41.141 395**（−2.402）	−34.058 040（−1.693）	−34.058 040***（−7.189）	−34.058 040***（−3.869）	0.000 000（0.000）	−34.325 167***（−2.733）
X_3	0.223 953（1.508）	0.220 657（1.206）	0.220 657***（5.915）	0.220 657***（2.791）	−1.561 575（−0.389）	0.213 540**（2.345）
X_4	−0.001 309（−0.971）	0.000 432（0.258）	0.000 432（0.505）	0.000 432（0.459）	0.030 973（0.627）	0.000 524（0.524）
X_5	−0.014 753（−0.784）	−0.018 723（−0.884）	−0.018 723（−1.895）	−0.018 723（−0.955）	−0.296 295（−1.258）	−0.019 352（−1.434）
X_6	−0.000 003（−0.016）	−0.000 041（−0.177）	−0.000 041（−0.456）	−0.000 041（−0.244）	0.005 127（1.058）	−0.000 046（−0.257）

续表5-12

被解释变量（区域经济发展水平）	双向固定效应（FE）估计	双向最小二乘虚拟变量（LSDV）估计	德里斯科尔—克雷（Driscoll-Kraay）稳健标准误估计	面板修正标准误（PSCE）估计	可行广义最小二乘法（FGLS）估计1	可行广义最小二乘法（FGLS）估计2
X_7	−0.003 302 (−1.334)	−0.002 969 (−1.050)	−0.002 969* (−2.695)	−0.002 969* (−1.714)	−0.023 511 (−0.201)	−0.002 979 (−1.235)
X_8	−0.005 355** (−2.369)	−0.004 228* (−1.801)	−0.004 228*** (−5.524)	−0.004 228*** (−5.244)	0.007 827 (0.150)	−0.004 125*** (−2.983)
Y_1	−0.001 188 (−0.381)	−0.000 435 (−0.119)	−0.000 435 (−0.315)	−0.000 435 (−0.272)	−0.237 599 (−0.929)	−0.000 289 (−0.129)
Y_2	0.000 222*** (3.499)	0.000 213*** (3.009)	0.000 213*** (10.578)	0.000 213*** (8.362)	0.000 209 (0.242)	0.000 208*** (5.896)
Y_3	0.010 721*** (2.936)	0.008 359** (2.200)	0.008 359*** (5.196)	0.008 359*** (5.023)	−0.054 607 (−0.286)	0.008 251*** (3.268)
Y_4	−0.001 492 (−1.565)	−0.002 309** (−2.523)	−0.002 309** (−3.317)	−0.002 309*** (−3.102)	0.089 713 (0.588)	−0.002 286*** (−2.728)
Y_5	−0.000 000 (−0.123)	−0.000 000 (−0.265)	−0.000 000 (−0.855)	−0.000 000 (−0.196)	−0.000 304 (−0.885)	−0.000 000 (−0.213)
Y_6	0.000 015 (0.997)	0.000 015 (0.875)	0.000 015* (2.686)	0.000 015 (1.590)	0.000 229 (0.427)	0.000 015 (1.499)
Y_7	0.000 069 (0.655)	0.000 062 (0.489)	0.000 062 (1.318)	0.000 062 (0.965)	−0.000 275 (−0.091)	0.000 059 (0.736)
Y_8	−0.000 149 (−0.640)	−0.000 171 (−0.649)	−0.000 171*** (−5.437)	−0.000 171 (−1.370)	0.000 080 (0.059)	−0.000 166 (−1.138)
常数项	4.901 825*** (27.433)	47.018 407* (1.953)	47.018 407** (4.392)	47.018 407*** (3.738)	0.000 000 (0.000)	48.405 957*** (3.171)
观测数目（Obs）/个	150	150	150	150	150	150
判定系数(R^2)	0.513	0.993	—	0.993	—	—
修正判定系数(adjusted R^2)	0.454	0.990	—	—	—	—
F值	80.611 6	—	—	—	—	—
沃尔德检验（Wald test）	1 454.86***	—	—	—	—	—
伍德里奇检验（Wooldridge test）	—	—	—	—	—	—
佩萨兰检验（Pesaran's test）	−1.208					
弗里德曼检验（Friedman's test）	0.480	—	—	—	—	—
弗雷斯检验（Frees' test）	1.632					

注：X_1为人均研发经费；X_2为规上研发（R&D）投入强度；X_3为高校人口比；X_4为万人高校在校生数；X_5为规上研发（R&D）人员全时当量；X_6为人均高新技术企业研发（R&D）经费支出；X_7为万人高新技术企业科技活动人员；X_8为万人高新技术企业大专以上人数。Y_1为十万人发明专利数；Y_2为人均技术合同成交额；Y_3为十万人高新技术企业数量；Y_4为百万人专利合作条约（PCT）专利申请量；Y_5为人均高新技术企业工业总产值；Y_6为人均高新技术企业总收入；Y_7为人均高新技术企业净利润；Y_8为人均高新技术企业创汇总额。

2）区域经济发展指标对区域创新水平的影响作用

与上述对应的是，本书也将各个区域经济发展水平中包含的子变量，如人均全社会固定资产投资存量（Z_1）、人均实际使用外资金额（Z_2）、人均货物进出口总额（Z_3）等7项区域经济发展指标作为自变量，分析这些要素对区域创新水平（Tech）的影响。各个变量的具体含义请参见第4章表4-6，β_i为各个自变量对因变量的回归系数，β为常数项，ε_{it}为误差扰动项。具体回归方程如下：

$$Tech_{it} = \beta + \beta_1 Z_{1it} + \beta_2 Z_{2it} + \beta_3 Z_{3it} + \beta_4 Z_{4it} + \beta_5 Z_{5it} + \beta_6 Z_{6it} + \beta_7 Z_{7it} + \varepsilon_{it} \quad \text{（式5-11）}$$

豪斯曼检验（Hausman test）可以有效地确定随机效应是否比固定效应更合适。豪斯曼检验（Hausman test）的结果表明，以区域创新水平（Tech）为被解释变量、以区域经济发展水平（Eco）的各项细分指标为解释变量的面板数据回归在1%的置信水平上显著（p值为0.000，其F值为75.07），表明固定效应比随机效应更适合该模型。本书又进一步采用F检验来检验究竟使用普通最小二乘（OLS）还是固定效应模型来分析方程，发现F检验的p值为0.000（其F值为39.91），即相比于普通最小二乘（OLS）模型，固定效应模型更适宜用来解释式5-11。对固定效应模型加入时间效应，发现其F检验的p值大于0.1，不支持双向固定效应模型，因此采用传统的基于稳健标准误的固定效应模型进行拟合。

与前述类似，虽然基于固定效应的计量模型结果显著，但同样需要采用双向最小二乘虚拟变量（LSDV）法进行更进一步的估计，并对可能存在的组间异方差、组内自相关和组间同期相关的问题进行校正。通过上述检验发现该回归模型中存在组间异方差和组内自相关的现象，并通过运用双向最小二乘虚拟变量（LSDV）估计、德里斯科尔—克雷（Driscoll-Kraay）稳健标准误估计、面板修正标准误（PSCE）估计和可行广义最小二乘法（FGLS）估计的回归结果，进一步证实了区域经济发展的各项指标对区域创新水平的影响作用。相比于固定效应的估计结果，同时克服组间异方差与组内自相关的德里斯科尔—克雷（Driscoll-Kraay）稳健标准误估计和可行广义最小二乘法（FGLS）估计的各项回归系数也均十分相近，并且显著性和正负号均得到了良好保持，表明回归结果较为稳健，极少数变量的显著性与双向固定效应模型有出入。

表5-13呈现了基于式5-11的面板数据回归结果，研究结果显示，固定效应模型的整体拟合度不是十分令人满意，R^2仅为0.217，但德里斯科尔—克雷（Driscoll-Kraay）稳健标准误估计和可行广义最小二乘法（FGLS）估计的结果较为理想。研究发现，对区域创新水平（Tech）产生显著影响的经济发展指标分别为人均全社会固定资产投资存量（Z_1）、人均实际使用外资金额（Z_2）、人均货物进出口总额（Z_3）、城镇居民家庭平均每人全年消费性支出（Z_4）、人均地区生产总值（Z_5）和单位国内生产总值（GDP）电力消费量（Z_7）。

表 5-13　区域创新水平与区域经济发展变量的回归结果

被解释变量（区域创新水平）	固定效应（FE）估计	双向最小二乘虚拟变量（LSDV）估计	德里斯科尔—克雷（Driscoll-Kraay）稳健标准误估计	面板修正标准误（PSCE）估计	可行广义最小二乘法（FGLS）估计[1]	可行广义最小二乘法（FGLS）估计[2]
Z_1	−0.000 000 2 (−0.219)	0.000 000 1 (0.060)	0.000 000 1 (0.236)	0.000 000 1 (0.154)	0.000 001 8*** (3.317)	0.000 001 0* (1.688)
Z_2	−0.000 459 9** (−2.467)	−0.000 459 4** (−2.374)	−0.000 459 4** (−3.025)	−0.000 459 4*** (−2.847)	−0.000 018 9 (−0.245)	−0.000 107 4 (−1.186)
Z_3	0.000 050 6 (1.370)	0.000 056 7 (1.368)	0.000 056 7** (2.660)	0.000 056 7* (1.851)	0.000 008 6 (0.362)	0.000 032 8* (1.919)
Z_4	−0.000 046 3*** (−3.752)	−0.000 035 2 (−1.572)	−0.000 035 2*** (−5.343)	−0.000 035 2*** (−2.882)	−0.000 005 3 (−0.381)	−0.000 013 9 (−1.129)
Z_5	0.000 023 8*** (3.101)	0.000 023 5*** (2.895)	0.000 023 5*** (12.080)	0.000 023 5*** (5.265)	0.000 005 8 (1.294)	0.000 012 5*** (3.375)
Z_6	0.001 337 7 (0.289)	−0.000 272 7 (−0.058)	−0.000 272 7 (−0.192)	−0.000 272 7 (−0.186)	0.002 334 1 (0.575)	−0.004 102 8 (−1.147)
Z_7	0.000 139 3** (2.412)	0.000 124 1* (1.921)	0.000 124 1*** (12.321)	0.000 124 1*** (5.704)	−0.000 098 7 (−0.690)	0.000 109 5** (1.985)
常数项	4.725 298 1*** (19.530)	31.958 510 2 (0.700)	31.958 510 2* (2.016)	31.958 510 2 (1.531)	57.744 975 3** (2.280)	51.467 073 0** (2.220)
观测数目（Obs）/个	330	330	330	330	330	330
判定系数（R^2）	0.217	0.986	—	0.986	—	—
修正判定系数（adjusted R^2）	0.200	0.984	—	—	—	—
F 值	24.931 3	—	—	—	—	—
沃尔德检验（Wald test）	12 809.89	—	—	—	—	—
伍德里奇检验（Wooldridge test）	88.938	—	—	—	—	—
佩萨兰检验（Pesaran's test）	2.121**	—	—	—	—	—
弗里德曼检验（Friedman's test）	22.394	—	—	—	—	—
弗雷斯检验（Frees' test）	3.455	—	—	—	—	—

注：Z_1 为人均全社会固定资产投资存量；Z_2 为人均实际使用外资金额；Z_3 为人均货物进出口总额；Z_4 为城镇居民家庭平均每人全年消费性支出；Z_5 为人均地区生产总值；Z_6 为单位国内生产总值（GDP）废水排放量；Z_7 为单位国内生产总值（GDP）电力消费量。

在上述指标中，人均地区生产总值（Z_5）十分稳定地在各种假设下均对区域创新水平产生了统计上显著的正向影响作用。人均地区生产总值作为衡量经济发展水平最重要的综合指标，能够有效地为区域创新提供资金、物资、基础设施等综合保障，进而提升区域科技发展的综合水平，这也与其他学者的研究结论相符，而人均全社会固定资产投资存量（Z_1）和人均货物进出口总额（Z_3）则在比较苛刻的假设之下才对区域创新有微弱的促进作用，但仍然可以解读出投资和外贸是拉动创新发展的一种比较有效的途径和手段。人均实际使用外资金额（Z_2）、城镇居民家庭平均每人全年消费性支出（Z_4）、单位国内生产总值（GDP）电力消费量（Z_7，负向功效性指标）则对区域创新发展有负向影响作用，部分原因可能在于当前利用外资和居民消费并不能直接转化成区域创新的投入，其影响区域创新的链条过于模糊而漫长，而且对于我国大部分地区而言，目前仍然无法摆脱高能耗高污染的发展路径，因此需要依靠单位国内生产总值（GDP）的电力消费量来提升经济发展水平，进而拉动区域创新水平的提升。此外也有部分原因与之前类似，即可能在于熵值化的区域创新述评仅能反映区域创新的相对位次而非某一省份的绝对水准，也在一定程度上说明了影响区域创新发展水平的因素较多，影响机制也更为复杂，单纯依靠熵值法测度区域创新水平具有一定的局限性。

为了进一步检验回归的稳健性，采用隔年（奇数年份、偶数年份）抽取的方式进行稳健性检验，其报告结果如表5-14和表5-15所示。通过基于特定年份的稳健性检验发现，回归系数的正负号均与全年份的回归结果保持了大致相同，虽然回归系数的大小与全年份的结果略有差异，但并不影响回归的稳健性。对区域创新水平（Tech）而言，人均全社会固定资产投资存量（Z_1）、人均实际使用外资金额（Z_2）、人均货物进出口总额（Z_3）、城镇居民家庭平均每人全年消费性支出（Z_4）、人均地区生产总值（Z_5）和单位国内生产总值（GDP）电力消费量（Z_7）都是比较稳健地对其产生显著影响的经济发展指标。

表5-14 区域创新水平与区域经济发展变量的稳健性检验（奇数年份）

被解释变量（区域创新水平）	固定效应（FE）估计	双向最小二乘虚拟变量（LSDV）估计	德里斯科尔—克雷（Driscoll-Kraay）稳健标准误估计	面板修正标准误（PSCE）估计	可行广义最小二乘法（FGLS）估计[1]	可行广义最小二乘法（FGLS）估计[2]
Z_1	−0.000 000 2 （−0.219）	0.000 000 0 （0.026）	0.000 000 0 （0.094）	0.000 000 0 （0.052）	0.000 002 3 （1.079）	0.000 000 4 （0.543）
Z_2	−0.000 459 9** （−2.467）	−0.000 373 6 （−1.481）	−0.000 373 6** （−3.940）	−0.000 373 6** （−2.099）	0.000 521 6* （1.950）	−0.000 269 9** （−2.038）
Z_3	0.000 050 6 （1.370）	0.000 032 1 （0.634）	0.000 032 1 （1.277）	0.000 032 1 （0.789）	0.000 020 8 （0.660）	0.000 025 2 （0.892）
Z_4	−0.000 046 3*** （−3.752）	−0.000 039 0 （−1.551）	−0.000 039 0*** （−4.063）	−0.000 039 0** （−2.315）	−0.000 032 8 （−0.632）	−0.000 030 0* （−1.692）
Z_5	0.000 023 8*** （3.101）	0.000 023 6** （2.590）	0.000 023 6*** （9.117）	0.000 023 6*** （3.784）	0.000 010 7 （0.642）	0.000 019 6*** （4.032）

续表 5-14

被解释变量（区域创新水平）	固定效应（FE）估计	双向最小二乘虚拟变量（LSDV）估计	德里斯科尔—克雷（Driscoll-Kraay）稳健标准误估计	面板修正标准误（PSCE）估计	可行广义最小二乘法（FGLS）估计[1]	可行广义最小二乘法（FGLS）估计[2]
Z_6	0.001 337 7（0.289）	−0.001 950 6（−0.392）	−0.001 950 6（−1.998）	−0.001 950 6（−1.114）	−0.075 263 4（−1.559）	−0.003 266 4（−0.774）
Z_7	0.000 139 3**（2.412）	0.000 151 5**（2.155）	0.000 151 5***（15.472）	0.000 151 5***（6.065）	0.001 928 8**（2.196）	0.000 147 0**（2.143）
常数项	4.725 298 1***（19.530）	27.165 604 3（0.546）	27.165 604 3（1.577）	27.165 604 3（1.057）	−1.324 053 4（−0.012）	35.407 954 0（1.197）
观测数目（Obs）/个	180	180	180	180	180	180
判定系数（R^2）	0.212	0.984	—	0.984	0.984	—
修正判定系数（adjusted R^2）	0.180	0.980	—	—	—	—
F 值	11.887 8	—	—	—	—	—
沃尔德检验（Wald test）	16 327.94	—	—	—	—	—
伍德里奇检验（Wooldridge test）	—	—	—	—	—	—
佩萨兰检验（Pesaran's test）	1.345	—	—	—	—	—
弗里德曼检验（Friedman's test）	10.914	—	—	—	—	—
弗雷斯（Frees' test）	1.611	—	—	—	—	—

注：Z_1 为人均全社会固定资产投资存量；Z_2 为人均实际使用外资金额；Z_3 为人均货物进出口总额；Z_4 为城镇居民家庭平均每人全年消费性支出；Z_5 为人均地区生产总值；Z_6 为单位国内生产总值（GDP）废水排放量；Z_7 为单位国内生产总值（GDP）电力消费量。

表 5-15 区域创新水平与区域经济发展变量的稳健性检验（偶数年份）

被解释变量（区域创新水平）	固定效应（FE）估计	双向最小二乘虚拟变量（LSDV）估计	德里斯科尔—克雷（Driscoll-Kraay）稳健标准误估计	面板修正标准误（PSCE）估计	可行广义最小二乘法（FGLS）估计[1]	可行广义最小二乘法（FGLS）估计[2]
Z_1	−0.000 000 1（−0.151）	0.000 000 1（0.097）	0.000 000 1（0.579）	0.000 000 1（0.165）	−0.000 003 3（−0.624）	0.000 000 1（0.193）

续表 5-15

被解释变量（区域创新水平）	固定效应（FE）估计	双向最小二乘虚拟变量（LSDV）估计	德里斯科尔—克雷（Driscoll-Kraay）稳健标准误估计	面板修正标准误（PSCE）估计	可行广义最小二乘法（FGLS）估计 1	可行广义最小二乘法（FGLS）估计 2
Z_2	−0.001 478 2***（−3.675）	−0.001 467 7***（−3.156）	−0.001 467 7***（−9.392）	−0.001 467 7***（−4.310）	−0.003 374 7*（−1.729）	−0.001 465 3***（−5.472）
Z_3	0.000 080 1*（1.995）	0.000 083 9*（1.768）	0.000 083 9**（3.651）	0.000 083 9*（1.946）	0.000 172 0（1.149）	0.000 083 7***（3.130）
Z_4	−0.000 056 5***（−4.661）	−0.000 047 4*（−1.901）	−0.000 047 4***（−4.755）	−0.000 047 4***（−3.259）	−0.000 054 9（−0.676）	−0.000 047 3***（−2.861）
Z_5	0.000 031 0***（3.994）	0.000 030 8***（3.451）	0.000 030 8***（17.869）	0.000 030 8***（4.503）	0.000 012 8（0.517）	0.000 030 8***（6.109）
Z_6	0.006 221 6（1.494）	0.004 646 3（0.849）	0.004 646 3*（2.642）	0.004 646 3（1.629）	0.314 020 7（1.346）	0.004 630 2（0.996）
Z_7	0.000 093 4（1.381）	0.000 076 1（0.944）	0.000 076 1**（3.545）	0.000 076 1***（3.863）	−0.009 213 6（−1.311）	0.000 076 1（0.888）
常数项	4.688 006 7***（19.082）	28.803 326 8（0.614）	28.803 326 8*（2.582）	28.803 326 8（0.990）	2.299 494 3（0.009）	28.881 882 9（0.963）
观测数目（Obs）/个	150	150	150	150	150	150
判定系数（R^2）	0.320	0.989	—	0.989	—	—
修正判定系数（adjusted R^2）	0.287	0.986	—	—	—	—
F值	33.774 4	—	—	—	—	—
沃尔德检验（Wald test）	4 578.48	—	—	—	—	—
伍德里奇检验（Wooldridge test）	—	—	—	—	—	—
佩萨兰检验（Pesaran's test）	1.855*	—	—	—	—	—
弗里德曼检验（Friedman's test）	9.280	—	—	—	—	—
弗雷斯检验（Frees' test）	1.294	—	—	—	—	—

注：Z_1 为人均全社会固定资产投资存量；Z_2 为人均实际使用外资金额；Z_3 为人均货物进出口总额；Z_4 为城镇居民家庭平均每人全年消费性支出；Z_5 为人均地区生产总值；Z_6 为单位国内生产总值（GDP）废水排放量；Z_7 为单位国内生产总值（GDP）电力消费量。

5.4 本章小结

本章节运用熵值法来测算区域创新水平评价体系和区域经济发展水平评价体系的权重，进而测算出每个地区的区域创新水平与区域经济发展水平。随后采用面板单位根检验和面板协整检验作为区域创新水平和区域经济发展水平进行面板数据回归前的数据前期检验手段，并且通过固定效应模型、随机效应模型和普通最小二乘（OLS）模型的分析，来对区域创新水平与区域经济发展水平的整体作用机制及局部作用机制进行研究，其研究结论如下所示：

（1）区域创新水平的区域格局与演变趋势。根据2007—2017年的数据研究结果可知，北京、上海、广东、江苏、浙江和天津六省市的创新水平在全国领先，其中北京位居首位。整体来看，区域创新水平的分布呈"东高西低"状态。在此期间，区域创新水平的空间分布格局变动较小，说明我国区域创新的格局已经较为稳定，中西部地区的追赶难度较大。

（2）区域经济发展水平的区域格局与演变趋势。我国区域经济发展水平存在差异明显。2007—2017年，北京、上海和天津是我国区域发展水平领先地区，中部地区除湖北、湖南外，其余省份经济发展水平有所下降，东北地区经济明显下滑。区域经济发展的空间格局与区域创新水平的分布类似，呈"东高西低"状态，西部地区的追赶难度同样较大。

（3）区域创新水平与区域经济发展水平的互动关系。本书采用熵值化的面板数据进行面板单位根和协整检验后发现其具有协整关系，区域经济发展水平和区域创新水平呈正相关，经济发展水平和创新水平低的地区可通过提高两者的双向互动来实现经济和科技的双重跃迁。

6 区域创新效率与区域创新转化经济效率的互动关系

6.1 区域创新效率与区域创新转化经济效率相关文献回顾

对于区域创新效率与区域创新转化经济效率,国外学者较早地开展了相关研究,并且主要以企业组织的微观视角对创新效率进行深度分析。萨基斯等(Sarkees et al., 2009)通过研究美国公开交易公司中高级营销经理的跨行业调查所提供的证据发现,成功采用歧视策略的公司要优于过分强调效率或创新的公司,此外还强调了市场营销对经济绩效的正向影响作用。乔里等(Choi et al., 2013)通过关注合作、网络和开放性的创新活动,研究并测量了韩国制造业和服务业的创新效率,同时采用了一种三阶段方法来估算净创新效率,该效率将环境因素中的优缺点排除在外,进而可以分析其与贸易开放度的关系,结果表明开放程度会积极影响制造业的创新效率。黄保(Huang-Bao)于2014年采用数据包络分析——马姆奎斯特(DEA-Malmquist)指数对中国高新技术产业的创新效率进行了测度,在此基础上构建了空间计量经济面板模型,并探讨了中国高科技产业创新效率的影响因素。研究结果表明,中国高新技术产业创新效率总体呈上升趋势,但技术效率和规模效率处于落后状态。地理位置对高科技产业创新效率的影响很大,且企业规模和劳动力因素、对外开放程度、工业化进程、政府的支持和科技水平均对其创新效率具有显著的正向影响。华磊等(Hua et al., 2015)通过在创新网络的背景下建立创新过程的仿真模型,研究网络结构对创新效率的影响。结果表明,顶点之间的短路径长度有助于保证探索性创新的高效率,密集的簇有助于保证探索性创新的高效率,并为创新者和创新政策制定者提供了一些建议。金宏等(Hong et al., 2016)采用随机前沿模型和独特的面板数据集(涵盖2001—2011年中国17个高新技术产业的规上企业)来探讨政府拨款如何影响这些产业的创新绩效。结果表明,中国高科技产业的创新效率在过去11年中迅速提高,但是政府补助对高科技产业的创新效率具有负面影响,相反对私人研发资金的影响是巨大且积极的。

我国学者随后也对创新效率等议题开展了研究,由于数据获取的难易度不同,我国学者主要以区域和城市的视角对创新效率开展研究。方创琳等(2014)将我国的创新型城市划分为全球创新型城市、国家创新型城市、区域创新型城市、地区创新型城市和创新发展型城市,并发现了城市综合创新水平与城市经济发达水平呈密切的正相关关系。郭凯（2014）基于灰色系统理论和模糊数学理论，综合使用专家评价法和层次分析法（AHP）及模糊综合评价方法，建立了创新型城市评价模型，并以洛阳市为典型案例进行了研究，认为洛阳市的城市创新建设效果较为显著。

总体来看，我国学者目前对于区域创新效率领域的研究已经较为深入，但对于区域创新到经济发展的转化效率的相关研究较少。其中数据包络分析（DEA）方法是比较广泛采用的研究方法。此外可以发现因子分析、层次分析、聚类分析等方法对于研究城市创新的水平和程度有着较好的效果，数据包络分析对于创新效率的评价较为有效。这些研究成果为我国的决策机构制定相应的促进区域创新的政策，从而更好地提升区域创新和经济发展效率提供了有益参考。

6.2 基于松弛变量计算效率值（SBM）的超效率模型及马姆奎斯特（Malmquist）指数模型方法简析

数据包络分析方法是在1978年由美国著名运筹学家查恩斯等（Charnes et al., 1978）以相对效率为概念提出的一种评价多投入和多产出的决策单元效率的分析方法，该方法是基于规模效应不变的分析方法，即CCR方法。班克等（Banker et al., 1984）联合提出了基于可变规模收益假设的BCC模型，BCC与CCR均属于径向数据包络分析（DEA）模型，其无效率的测量是与参照标杆相比而言的，即与被评价决策单元（Decision Making Units，DMU）的投入指标应等比例减少或产出指标应等比例增加的幅度有关。由于径向数据包络分析（DEA）模型对无效率的测度没有将松弛变量包含在内，因此其计算得出的效率值可能高估了决策单元（DMU）的效率，为克服该缺陷，托恩（Tone, 2002）提出了基于松弛变量计算效率值（SBM）的超效率模型（SE-SBM），并在效率评价方面得到了广泛应用，表现出良好的可信性。可以进行数据包络分析的软件有很多，目前得到广泛应用的有 DEAP 2.1、MyDEA、MaxDEA 等，大部分均为收费软件。DEAP 2.1 软件可以免费使用，但其只能计算基于BCC和CCR的径向模型，无法计算基于松弛变量计算效率值（SBM）的超效率模型，因此采用 MyDEA 软件作为计算平台。

在数据包络分析方法中，不管是CCR还是BCC模型在评价决策单元（DMU）的效率值时，均无法区分同处于最优前沿生产面上的决策单元的相对效率，安德森等（Andersen et al., 1993）为解决该问题提出了超效率数据包络分析（DEA）模型，超效率数据包络分析（DEA）模型的思想是将被评价的决策单元（DMU）从参考集中剔除，因此计算出的效率值可以大于1，便于对已经被判为有效的决策单元（DMU）进行再度的排序和区分。在超效率数据包络分析（DEA）模型的基础上，托恩（Tone）又提出了基于松弛变量计算效率值（SBM）的超效率模型（SE-SBM），该模型不仅考虑了松弛变量的问题，而且其计算得出的效率值可以大于1，因此可以对有效决策单元的大小进行更细致的衡量。由于基于松弛变量计算效率值（SBM）的超效率模型的上述优点，本书也选取该方法作为核心研究方法。但与径向超效率模型相同，在规模效应可变（VRS）的假设下投入导向和产出导向的基于松弛变量计算效率值（SBM）的超效率模型会出现无可行解的问题，但混合导向（无导向）的基于松弛变量计算效率值（SBM）的超效率模型不存在无可行解的问题，这主要是由于被评价的决策单元（DMU）达到由其他决策单元（DMU）构成的前沿，可以同时增加投入和减少产出，因此本书选用了非导向的基于松弛变量计算效率值（SBM）的超效率模型，可以较为有效地规避上述问题（钱振华等，2013）。

本书所采用的非导向的基于松弛变量计算效率值（SBM）的超效率模型的公式如下［规模效应不变（CRS）情形］：

$$\delta^* = \min\delta_{SE} = \frac{\frac{1}{m}\sum_{i=1}^{m}\bar{x}_i/x_ik}{\frac{1}{s}\sum_{r=1}^{s}\bar{y}_r/y_rk}$$

$$\text{s.t.} \begin{cases} \bar{x} \geq \sum_{j=1, j\neq k}^{n} \lambda_j x_{ij} \\ \bar{y} \leq \sum_{j=1, j\neq k}^{n} \lambda_j x_{ij} \\ \bar{x}_i \geq x_{ik} \\ \bar{y}_r \geq y_{rk} \\ \lambda, s^-, s^+, \bar{y} \geq 0 \\ i=1,2,\cdots,m; r=1,2,\cdots,q; j=1,2,\cdots,n(j \neq k) \end{cases} \quad \text{（式6-1）}$$

其中，δ^* 为要计算的效率值，若在规模效应可变（VRS）情形下则需增加约束条件 $\sum_{j=1}^{n}\lambda_j = 1$。因此效率值将不仅局限于区间［0，1］内，也有可能超过1。m 表示有 m 种投入要素。s 表示有 s 种产出要素。λ 表示包络乘数。xk 和 yk 分别表示决策单元（DMU）的投入向量和产出向量。xi 和 yr 分别表示第 i 种投入要素和第 k 种产出要素。s^- 表示松弛投入。s^+ 表示松弛产出。

当被评价的决策单元（DMU）数据为包含多个时间的面板数据时，可以进一步对生产率的变动情况以及对技术效率和进步的变化情况进行研究，即马姆奎斯特（Malmquist）全要素生产率指数分析。生产率指数的概念最早源于马姆奎斯特（Malmquist，1953）的研究，可以通过索洛余值法、拓展的索洛余值法、随机前沿分析（SFA）等进行计算，在数据包络分析中可以更加简便且直接地进行相关研究。马姆奎斯特（Malmquist）全要素生产率可以分解为技术效率变化（Efficiency Change，EC）和生产技术变化（Technological Change，TC）两个部分，以反映生产前沿的变动情况。在本书中，采用了法勒（Färe）等学者提出的相邻参比法（adjacent Malmquist）进行马姆奎斯特（Malmquist）的计算与分解，即求得的最终马姆奎斯特（Malmquist）指数是由两个不同时期前沿的马姆奎斯特（Malmquist）指数的几何平均值计算而成。马姆奎斯特（Malmquist）指数、效率变化、技术变化三者之间的数量关系为 $MI = EC \times TC$，相应的分解公式如下：

$$MI_{ac} = EC \times TC = \sqrt{\frac{E^t(x^{t+1}, y^{t+1})}{E^t(x^t, y^t)} \times \frac{E^{t+1}(x^{t+1}, y^{t+1})}{E^{t+1}(x^t, y^t)}} = \frac{E^t(x^{t+1}, y^{t+1})}{E^t(x^t, y^t)} \times \sqrt{\frac{E^t(x^t, y^t)}{E^{t+1}(x^t, y^t)} \times \frac{E^t(x^{t+1}, y^{t+1})}{E^{t+1}(x^{t+1}, y^{t+1})}}$$

（式6-2）

其中，x^t 表示区域在 t 时期的投入；x^{t+1} 表示区域在 t 和 $t+1$ 时期的投入；y^t 表示区域在 t 时期的产出；y^{t+1} 表示区域在 $t+1$ 时期的产出；$E^t(x^t, y^t)$ 和 $E^t(x^{t+1}, y^{t+1})$ 分别表示以 t 时期的技术为参照的 t 时期和 $t+1$ 时期生产点的距离函数；$E^{t+1}(x^t, y^t)$ 和 $E^{t+1}(x^{t+1}, y^{t+1})$ 分别表示以 $t+1$ 时期的技术为参照的 t 时期和 $t+1$ 时期生产点的距离函数。

关于创新活动的规模经济效应，学界对此有诸多看法。不论是索洛发现的全要素生产率，还是罗默提出的以内生技术进步为特征的知识积累模型，都较为清晰地阐释了技术进步对经济发展的促进作用，并且发现了技术创新对经济增长存在规模效应递增的现象，但对于创新本身的投入与产出并没有明确研究出其具有规模效应不变还是规模效应可变的特征。国内一些学者如胡贝贝等（2017）经过实证研究发现创新活动本身具有规模效应递增的情况，支持了罗默所提出的知识生产函数。另一部分学者如包群（2007）利用琼斯（Jones，1995）研发的相应模型进行深入研究，对自主创新与模仿技术两类创新模式进行了比较分析，并研究了二者对经济增长的长期作用，进而提出了基于无规模效应的模型假定。由于在数据包络分析中，规模效应不变（CRS）和规模效应可变（VRS）的假设对于计算结果有着较大的差异，而且在规模效应不变（CRS）的情形下更容易出现极端值，因此本书将在规模效应不变（CRS）和规模效应可变（VRS）情形下计算得到的效率值赋予同等权重，取其加权平均值得出区域创新综合效率。

6.3 区域创新效率与区域创新转化经济效率的比较分析

根据区域创新的"创新投入→创新产出→创新经济产出"的三阶段模型，本部分将分别在规模效应不变（CRS）和规模效应可变（VRS）的情形下，计算"区域创新投入→区域创新产出（即区域创新效率）"

的综合效率,以及"区域创新产出→创新区域经济产出(即区域创新转化经济效率)"的综合效率,并对区域创新效率和区域创新转化经济效率的演变趋势和区域分布进行整体研究。

6.3.1 区域创新效率的比较分析

基于上述对基于松弛变量计算效率值(SBM)的超效率模型优点的简要叙述,在这一部分本书选用基于非导向的基于松弛变量计算效率值(SBM)的超效率模型进行分析(表6-1),以期对各个省份的"区域创新投入→区域创新产出"开展综合评估,以进行比较全面的分析。在进行基于松弛变量计算效率值的超效率模型(SE-SBM)分析时,还分别对在规模效应不变(CRS)和规模效应可变(VRS)两种情形下计算出的效率值予以度量,以考察规模效应对创新效率的影响,并且对规模效应不变(CRS)和规模效应可变(VRS)计算出来的效率值赋予同等权重,将其加权平均后计算得出各个省份在各年度的综合效率值。此外,基于松弛变量计算效率值(SBM)模型包括投入导向(input-oriented)、产出导向(output-oriented)和非导向(non-oriented,同时考察投入导向和产出导向)三类,对于本书而言,区域创新投入和区域创新产出不应仅仅局限于投入或产出的某一端,应当既希望在投入一定的情况下产出最高,也希望在产出一定的情况下投入最低,因此非导向(non-oriented)的基于松弛变量计算效率值的超效率模型(SE-SBM)最适合被用于解释区域创新的投入产出效率,同时采用非导向(non-oriented)的基于松弛变量计算效率值的超效率模型(SE-SBM)也可以最大限度地避免该模型在投入导向或产出导向下无解的情形。

表6-1 2007—2017年采用非导向的基于松弛变量计算效率值的超效率模型
(SE-SBM)区域创新综合效率

地区	2007年	2008年	2009年	2010年	2011年	2012年	2013年	2014年	2015年	2016年	2017年
安徽	0.654	1.014	1.005	1.047	1.025	1.011	1.019	1.005	1.025	1.032	1.010
北京	1.996	2.048	1.848	1.915	1.846	1.836	1.906	1.997	2.017	2.096	2.005
福建	0.546	1.033	1.061	1.031	1.017	1.118	1.034	1.068	1.038	1.011	1.009
甘肃	1.269	1.241	1.058	1.069	1.047	0.688	1.151	1.156	1.126	1.137	1.093
广东	1.447	1.296	1.364	1.330	1.294	1.308	1.193	1.198	1.187	1.256	1.329
广西	0.656	0.677	0.674	1.013	1.028	1.003	1.056	1.059	1.158	1.173	1.188
贵州	0.675	1.048	0.820	0.694	0.655	0.703	0.715	0.701	0.728	0.648	0.702
海南	3.181	2.322	1.482	2.164	1.259	1.267	1.205	1.140	1.097	1.230	1.434
河北	0.273	0.236	0.220	0.299	0.263	0.234	0.346	0.308	0.232	0.216	0.275
河南	0.595	0.577	0.572	0.611	0.595	0.594	0.590	0.572	0.565	0.586	0.651
黑龙江	0.234	0.478	0.558	0.292	1.038	1.117	0.303	0.397	0.395	0.369	1.032
湖北	0.786	1.050	0.584	1.008	1.074	1.011	0.380	1.006	1.013	0.782	1.009

续表 6-1

地区	2007年	2008年	2009年	2010年	2011年	2012年	2013年	2014年	2015年	2016年	2017年
湖南	0.421	0.492	0.407	0.484	1.044	0.532	1.008	1.103	0.714	0.671	0.320
吉林	1.011	1.040	0.348	1.077	1.078	1.039	1.160	1.021	1.039	1.113	1.100
江苏	1.135	1.118	1.031	1.178	1.109	1.087	1.103	1.076	1.115	1.091	1.077
江西	0.169	0.273	0.223	0.236	1.019	1.065	0.505	0.441	0.557	1.002	1.013
辽宁	1.243	1.289	1.314	1.311	1.177	1.128	0.538	1.028	1.003	0.376	0.545
内蒙古	0.152	1.032	1.100	1.141	1.038	1.021	1.031	0.637	1.016	0.331	1.066
宁夏	0.211	0.265	0.181	0.287	1.029	0.698	0.829	0.638	1.038	1.055	1.115
青海	1.147	1.257	1.143	1.146	1.237	1.448	1.147	1.150	1.352	1.242	1.214
山东	1.052	1.088	0.644	0.749	1.023	1.022	1.018	1.026	1.035	0.871	1.014
山西	0.303	1.021	0.598	0.163	1.010	0.294	1.010	0.403	0.241	0.252	0.315
陕西	1.093	1.068	1.068	1.045	1.151	1.106	1.068	1.028	1.023	0.768	1.016
上海	1.251	1.207	1.241	1.239	1.279	1.155	1.214	1.181	1.220	1.166	1.174
四川	0.691	1.041	1.123	1.055	1.120	1.090	1.052	1.051	0.816	0.756	0.755
天津	1.071	1.080	1.150	1.031	1.024	0.902	1.032	1.028	1.033	1.022	1.026
新疆	0.549	1.144	1.116	0.698	1.046	1.122	1.066	1.062	1.037	1.124	1.099
云南	1.266	1.157	1.091	1.085	1.137	1.126	1.147	1.106	1.089	1.064	1.048
浙江	1.011	1.017	1.120	1.026	1.017	1.147	1.059	1.051	1.063	1.080	1.084
重庆	0.288	0.310	0.310	1.350	0.540	0.421	1.016	1.163	1.110	1.104	1.043

注：本次统计不包括我国西藏和港澳台地区数据。

由于在规模效应不变（CRS）及规模效应可变（VRS）的情况下，部分省份的区域创新效率具有较大差异，因此将二者赋予同等权重后计算综合效率值。根据表6-1，可以对2007—2017年我国（不包括西藏和港澳台地区）"区域创新投入→区域创新产出"加权平均后的综合效率值进行整体回顾。结合区域创新效率趋势可知，除少数年份（2007年、2010年）外，北京一直处于我国"区域创新投入→区域创新产出（即区域创新效率）"的前列，并且其区域创新效率保持着相对平稳均衡的发展态势。海南省的区域创新效率在2007—2017年大幅度下滑，从2007年最高点3.181波动下滑至2017年的1.434，其绝对下降率为1.747，2007—2017年的复合增长率为-7.66%，如此大的降幅表明其自身的区域创新发展遇到了很大的问题。此外除青海外，山西、湖南、重庆、宁夏等中西部地区的省份也出现了非常明显的波动，表明其区域创新效率尚未进入平稳发展阶段，而东部沿海地区的上海、山东、浙江、天津等省份的区域创新效率已经较为平稳，并且大部分省份的区域创新效率高于1，意味着东部发达省份的大部分年份都处于高水平、高创新发展状态。

2007—2017年，全国区域创新效率的平均值提升了0.113，其复合增长率的平均值为3.17%，表明整体上我国区域创新效率实现了较好的平稳增长，其增幅虽然相对人均国内生产总值（GDP）等经济指标偏低，但由于效率的提升难度要远高于水平的提升，因此总体上我国的区域创新效率实现了较为良好的发展（表6-2）。从排名情况来看，区域创新效率复合增长率排名位于全国前十位的省份分别为内蒙古（0.914，21.53%）、江西（0.844，19.60%）、宁夏（0.904，18.09%）、黑龙江（0.798，15.98%）、重庆（0.755，13.74%）、新疆（0.550，7.19%）、福建（0.463，6.33%）、广西（0.532，6.11%）、安徽（0.356，4.45%）、湖北（0.224，2.54%），大部分为中西部或老工业振兴地区，这些地区的创新效率正处在快速追赶状态。根据边际效应原理，较低的区域创新水平也为较高的区域创新效率的提升具有一定助益。甘肃（-0.176，-1.48%）、云南（-0.218，-1.87%）、湖南（-0.101，-2.71%）、海南（-1.747，-7.66%）、辽宁（-0.697，-7.91%）的区域创新效率复合增长率排名全国后五位，尤其是海南与辽宁的下滑趋势最为明显。此外，区域创新效率负增长的省份分别为山东、天津、江苏、上海、陕西、广东，但其下降幅度轻微，基本稳定在原先水平。

表6-2　2007—2017年全国区域创新效率的演变趋势

综合效率值	2007年	2008年	2009年	2010年	2011年	2012年	2013年	2014年	2015年	2016年	2017年
平均值	0.879	0.997	0.882	0.959	1.041	0.976	0.964	0.960	0.969	0.921	0.992
中位数	0.738	1.044	1.044	1.038	1.041	1.052	1.033	1.039	1.036	1.027	1.037
标准差	0.616	0.455	0.410	0.450	0.266	0.331	0.320	0.327	0.338	0.379	0.338
变异系数	0.700	0.456	0.465	0.469	0.255	0.339	0.332	0.341	0.348	0.412	0.340

2007—2017年，全国区域创新投入→区域创新产出（即区域创新效率）的平均值在2007年为最低值（0.879），并在2011年达到最高值（1.041），且在绝大多数年份内均在1以下，表明我国总体的区域创新效率仍偏低，一直呈现稳中波动的发展态势，没有展现出比较显著的上升势头，在一定程度上说明我国的区域创新效率还有待提高，但其提升的难度相对较大。结合中位数分析，区域创新效率的中位数除了在2007年为0.738之外，其余年份均大于1，表明区域创新效率的数据分布为左偏分布形态，即该数据存在显著极小值，因此必然拉动平均值向极小值靠拢，进而出现中位数大于平均值的情形。如河北的区域创新效率分布区间为[0.216，0.346]，在大部分年份里均为极小值。标准差数值的大小反映了各个省份的绝对差异状况，变异系数数值的大小反映了无量纲的数据差异情况。2007—2017年，区域创新效率的标准差和变异系数一直呈现比较明显的下降态势，尤其是变异系数从2007年的最大值0.700波动下降到2017年的0.340，表明我国区域创新效率在省级层面的地域差异正在显著缩小，这与中部地区和西部地区区域创新效率的快速增加密

切相关，同时也在说明东南沿海地区的区域创新效率已经难以保持上升态势。区域创新效率的均衡有利于我国实现高质量的"创新驱动"，并在区域创新领域进一步推动区域协调发展。

根据各地区区域创新效率值及排名可以清晰地发现，区域创新效率的地域分布情况与区域创新水平及区域创新各项细分指标的地域分布情况具有极大不同，区域创新效率在2007年呈现比较显著的"东西高企，中部塌陷"的区域分布态势，并且在2012年该态势更加明显，中部地区省份要显著低于东部沿海地区的山东、浙江、江苏和广东，同时也显著低于西部地区的陕西、四川和贵州。到2017年时区域创新效率的地域差异逐步拉小，除河北、山西和河南外，中部地区的区域创新效率逐步提升，整体上西部地区的区域创新效率表现要高于东部沿海地区。总体来看，北京始终处于我国区域创新效率的第一梯队，区域创新水平与经济发展水平较弱的地区通常具有更高的区域创新效率，这也为中西部地区通过较高的区域创新效率来实现更快速地增长，为快速提升自身区域创新水平提供了一定的借鉴作用（表6-3）。

表6-3 2007年、2012年、2017年各地区区域创新效率及排名

地区	2007年		2012年		2017年	
	综合效率	排名	综合效率	排名	综合效率	排名
北京	1.996	2	1.836	1	2.005	1
海南	3.181	1	1.267	4	1.434	2
广东	1.447	3	1.308	3	1.329	3
青海	1.147	8	1.448	2	1.214	4
广西	0.656	18	1.003	21	1.188	5
上海	1.251	6	1.155	5	1.174	6
宁夏	0.211	28	0.698	24	1.115	7
吉林	1.011	14	1.039	16	1.100	8
新疆	0.549	21	1.122	9	1.099	9
甘肃	1.269	4	0.688	25	1.093	10
浙江	1.011	13	1.147	6	1.084	11
江苏	1.135	9	1.087	14	1.077	12
内蒙古	0.152	30	1.021	18	1.066	13
云南	1.266	5	1.126	8	1.048	14
重庆	0.288	25	0.421	28	1.043	15
黑龙江	0.234	27	1.117	11	1.032	16
天津	1.071	11	0.902	22	1.026	17
陕西	1.093	10	1.106	12	1.016	18
山东	1.052	12	1.022	17	1.014	19
江西	0.169	29	1.065	15	1.013	20
安徽	0.654	19	1.011	19	1.010	21

续表 6-3

地区	2007 年		2012 年		2017 年	
	综合效率	排名	综合效率	排名	综合效率	排名
湖北	0.786	15	1.011	20	1.009	22
福建	0.546	22	1.118	10	1.009	23
四川	0.691	16	1.090	13	0.755	24
贵州	0.675	17	0.703	23	0.702	25
河南	0.595	20	0.594	26	0.651	26
辽宁	1.243	7	1.128	7	0.545	27
湖南	0.421	23	0.532	27	0.320	28
山西	0.303	24	0.294	29	0.315	29
河北	0.273	26	0.234	30	0.275	30

注：本次统计不包括我国西藏和港澳台地区数据。

将区域创新效率与区域创新水平绘制成散点图能够比较直观地发现，可以将当前我国省级层面的区域创新效率与区域创新水平划分为四个象限，并且可以大致形成一个倾转的 U 字形发展路径，据此本书提出了"区域创新水平与效率四象限模型"，并绘制示意图加以更为清晰地展示（图 6-1）。通过示意图可以直观地发现，目前我国的区域创新发展经历了四个阶段，分别是"高效率—低水平""中等效率—中等水平""中高效率—中高水平""高效率—高水平"，而且这种发展路径难以实现跨越式发展，即难以从"高效率—低水平"直接跨入"高效率—高水平"之列。该四象限模型是对区域创新发展模式的概括，也为地区创新发展提供了有益借鉴。对于西部地区而言，尽管其具有较高的创新效率，但是对于创新的人才、资金、设备等投入严重不足，对于创新成果的转移与转化没有打通，需要从整体上加大投入力度，使其在具有较高创新效率的同时尽快发展。对于中部地区而言，其正处于从高效率向中等效率、从低水平向中等水平的动力转换阶段，需要进一步发挥好创新基础设施的作用，优化创新资源配置，吸纳更多的创新人才，加快培育创新增长的新动力。对于东北地区而言，由于经济发展趋于停滞，创新发展步伐缓慢，整体上掉入了"中等效率—中等水平"的发展陷阱中，需要加快构建良好的创新环境，活跃创新氛围，充分吸收创新成果的转移与转化，发挥知识扩散效应，以辽中南地区的创新发展向北带动整体板块向更高的创新层级发展。对于东部地区而言，其已经引领了中国创新经济的发展，下一阶段需要更好地发挥创新高地的带动作用，发挥向毗邻地区的溢出作用，鼓励东部沿海地区的创新型企业和科研机构向中西部和东北地区入住，不断输出先进的前沿思想和技术，增强其他地区的区域创新活力。

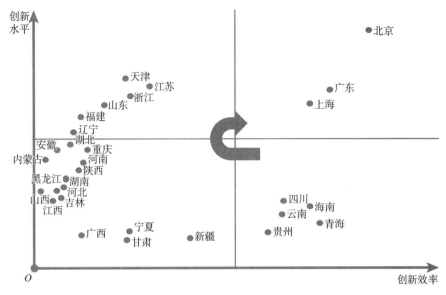

图 6-1　区域创新水平与效率四象限模型示意图

6.3.2　区域创新转化经济效率的比较分析

与上一部分相同,对于区域创新产出→区域创新经济产出(即区域创新转化经济效率)同样选用非导向的基于松弛变量计算效率值(SBM)的超效率模型进行分析(表6-4),以期对各个省份的区域创新转化经济效率开展综合评估,以进行比较全面的分析。该部分同样在进行基于松弛变量计算效率值的超效率模型(SE-SBM)分析时对在规模效应不变(CRS)和规模效应可变(VRS)两种情形下计算出的效率值分别予以度量,以考察规模效应对创新效率的影响,并且对规模效应不变(CRS)和规模效应可变(VRS)计算出来的效率值赋予同等权重,将其加权平均后计算得出各个省份在各年度的综合效率值,并且采用非导向(non-oriented)的基于松弛变量计算效率值的超效率模型(SE-SBM)也可以最大限度地避免该模型在投入导向或产出导向下无解的情形。值得注意的是,由于单位国内生产总值(GDP)废水排放量、单位国内生产总值(GDP)电力消费量作为负向功效性指标,即该指标越小越好,因此不能将其直接纳入数据包络分析中来。本书基于托恩(Tone,2004)、李宏等(Li et al.,2014)、谢泼德(Shephard,1970)等学者的相关概念界定、模型推导与研究成果,采用非期望产出(undesired output)的基于松弛变量计算效率值(SBM)的超效率模型,将单位国内生产总值(GDP)废水排放量、单位国内生产总值(GDP)电力消费量作为非期望产出加以研究,以更契合我国区域创新产出到区域创新经济产出转化过程的实际情况。

表6-4 2007—2017年采用非导向的基于松弛变量计算效率值的超效率模型
（SE-SBM）的区域创新转化经济效率

地区	2007年	2008年	2009年	2010年	2011年	2012年	2013年	2014年	2015年	2016年	2017年
安徽	1.034	0.737	0.282	0.509	0.461	0.739	0.416	0.403	0.331	0.362	0.869
北京	1.104	1.158	1.287	1.201	1.176	1.137	1.149	1.163	1.180	1.145	1.162
福建	1.158	1.173	1.079	1.130	1.111	1.103	1.072	1.064	1.081	1.139	1.233
甘肃	1.273	1.281	1.365	1.119	1.047	1.178	1.114	1.248	1.114	1.250	1.017
广东	1.140	1.159	1.148	1.143	1.145	1.119	1.082	1.053	1.049	1.041	1.008
广西	1.426	1.408	1.344	1.253	1.255	1.379	1.079	1.110	1.245	1.119	1.117
贵州	1.267	1.350	1.268	1.187	1.315	1.251	1.364	1.100	1.111	1.178	1.210
海南	1.033	1.056	1.016	1.148	1.192	2.046	1.273	1.390	1.329	1.319	1.470
河北	1.006	1.046	1.068	0.737	1.058	1.086	1.135	1.030	1.017	1.006	1.010
河南	1.070	1.128	1.051	1.115	1.065	1.092	1.060	1.121	1.112	1.147	1.468
黑龙江	1.106	1.022	0.751	1.121	1.267	1.332	1.089	1.076	1.102	1.168	1.181
湖北	0.478	0.437	0.354	0.377	0.482	0.409	0.348	0.327	0.344	0.336	0.472
湖南	1.010	1.015	0.382	1.013	1.027	1.027	0.528	1.068	1.004	1.104	1.068
吉林	1.151	1.206	1.076	1.130	1.177	1.328	1.400	1.372	1.375	1.386	1.227
江苏	1.148	1.144	1.186	1.049	1.039	1.059	1.009	1.012	1.016	1.016	1.032
江西	1.214	1.376	1.390	1.317	1.193	1.183	1.142	1.227	1.054	1.045	1.257
辽宁	1.711	1.668	1.818	1.769	1.775	1.759	1.216	1.208	1.161	1.063	1.083
内蒙古	1.881	1.733	1.720	1.812	1.826	1.516	1.820	1.675	1.621	1.455	1.335
宁夏	0.433	0.262	1.060	1.024	1.052	1.051	1.061	1.062	1.138	1.038	1.163
青海	1.401	1.223	1.072	1.648	1.760	1.339	1.676	1.122	1.172	1.592	1.430
山东	1.112	1.139	1.107	1.095	1.038	1.078	1.027	1.007	1.000	0.665	0.887
山西	0.492	1.022	0.314	1.028	0.572	0.843	0.507	0.414	1.195	0.802	0.599
陕西	1.006	0.748	0.283	1.001	1.017	1.016	0.697	1.006	0.472	0.405	0.624
上海	1.296	1.241	1.199	1.154	1.136	1.112	1.097	1.133	1.142	1.161	1.306
四川	1.032	0.751	1.054	1.094	1.109	1.350	0.498	0.477	0.785	1.004	1.007
天津	1.304	1.323	1.415	1.330	1.414	1.286	1.425	1.476	1.559	1.586	1.460
新疆	1.274	1.224	1.117	1.446	1.428	1.390	1.156	1.102	1.044	1.096	1.314
云南	1.191	1.129	1.069	1.085	1.144	1.102	1.215	1.203	1.002	1.077	1.137
浙江	1.134	1.129	1.070	1.130	1.189	1.073	1.150	1.176	1.207	1.102	1.021
重庆	1.011	1.012	1.012	0.791	1.034	1.024	1.037	1.032	1.042	1.005	1.163

注：本次统计不包括我国西藏和港澳台地区数据。

由于在规模效应不变（CRS）和规模效应可变（VRS）的情况下，部分省份的区域创新转化经济效率具有较大差异，因此将二者赋予同等权重后计算综合效率值。根据表6-4，可以对2007—2017年我国（不包括西藏和港澳台地区）区域创新转化经济效率加权平均后的综合效率值进行整体回顾。结合区域创新转化经济效率走势可以发现,在2007—2017年,区域创新转化经济效率的波动要大于区域创新效率的波动情况,并且区域创新转化经济效率值位于1—1.5的省份(如上海、贵州、新疆等地区)其效率值较为平稳,高于1.5或低于1的省份(如安徽、山西、四川等地区)其综合效率值波动较大,如海南在2012年其效率值达到2.046的最高值,形成了显著高峰。整体来看,我国区域创新转化经济效率的平稳区间为1—1.5,且随着时间发展有着向该区间靠拢的发展态势。为平抑各省份的年份波动,计算2007—2017年的创新转化经济效率的年度均值,内蒙古(1.672)、辽宁(1.475)、天津(1.416)、青海(1.403)、海南(1.297)、吉林(1.257)、广西(1.249)、贵州(1.236)、新疆(1.236)、江西(1.218)位列全国前十名,其中天津、海南两省位于东部沿海地区,内蒙古、青海、广西、贵州、新疆五省位于西部地区,辽宁、吉林两省位于东北地区,中部地区仅有江西一省入围前十,总体来看西部地区的创新转化经济效率更高。

2007—2017年,全国区域创新转化经济效率的平均值小幅度下降了0.019个单位,其复合增长率的平均值为0.0001%,表明整体上我国创新转化经济效率略微下滑但仍处于平稳发展阶段(表6-5)。这些年间共有16个省份实现了正向的复合增长率,区域创新转化经济效率的复合增长率排名位于全国前十位的省份分别为宁夏(0.730,10.39%)、海南(0.438,3.60%)、河南(0.398,3.21%)、山西(0.107,1.99%)、重庆(0.151,1.40%)、天津(0.156,1.14%)、黑龙江(0.076,0.66%)、吉林(0.076,0.64%)、福建(0.076,0.64%)、湖南(0.058,0.56%),以中西部省份为主。与区域创新效率类似,整体上中西部地区的区域创新转化经济效率也正在快速追赶东南沿海地区,并且其较低的经济发展水平也对其较高的区域创新转化经济效率的提升有所帮助。山东(-0.226,-2.24%)、广西(-0.309,-2.41%)、内蒙古(-0.546,-3.37%)、辽宁(-0.629,-4.48%)、陕西(-0.381,-4.66%)的区域创新转化经济效率的复合增长率排名全国后五位,浙江、江苏、广东、安徽也有大于年均-1%的负增长情况,其下降幅度大于区域创新效率的下降幅度。

表6-5 2007—2017年全国区域创新转化经济效率的演变趋势

综合效率值	2007年	2008年	2009年	2010年	2011年	2012年	2013年	2014年	2015年	2016年	2017年
平均值	1.130	1.110	1.045	1.132	1.150	1.180	1.061	1.062	1.067	1.060	1.111
中位数	1.137	1.142	1.074	1.125	1.140	1.116	1.093	1.101	1.107	1.099	1.149
标准差	0.295	0.298	0.382	0.296	0.305	0.287	0.337	0.297	0.280	0.298	0.242
变异系数	0.261	0.269	0.366	0.261	0.265	0.243	0.317	0.280	0.262	0.281	0.218

2007—2017年,全国区域创新转化经济效率的平均值相对稳定,在2009年达到最低点(1.045),表明我国总体的区域创新转化经济效率要

高于区域创新效率,且一直呈现平稳的发展态势,在一定程度上说明我国的创新转化经济效率比较令人满意。结合中位数分析发现,创新转化经济效率的中位数与平均值非常接近,某些年份的中位数要略大于平均值,反之亦然,表明区域创新转化经济效率的数据分布基本上呈现对称分布形态,其极大值与极小值的数量较少,因此不会拉动中位数向极大值或极小值靠拢。标准差数值的大小反映了各个省份的绝对差异状况,变异系数数值的大小反映了无量纲的数据差异情况。区域创新转化经济效率的标准差和变异系数在2007年到2009年出现明显上涨,此后呈现比较明显的波动下降态势,该情形与区域创新效率类似。变异系数从2007年的0.261上升到2009年的0.366(最高值),随后波动下降到2017年的0.218(最低值),表明我国区域创新转化经济效率在省级层面的地域差异经历了明显的先扩大后缩小的发展态势,其上升和下降速度均较快。整体来看,我国中部地区和西部地区较高的区域创新转化经济效率与东南沿海地区较低的区域创新转化经济效率正在逐渐拉平地域差异,区域创新转化经济效率的逐步缩小也在说明我国在省级层面的创新产出向经济产出转化的过程也逐渐均等化,同样也有利于我国实现高质量的"创新驱动",并在区域创新和经济发展的双重领域更好地推动区域协调、均衡发展。

根据各地区创新转化经济效率值及排名(表6-6)可以清晰地发现,创新转化经济效率的地域分布情况与区域创新效率的地域分布情况相似但有一定差异。区域创新效率呈现比较显著的"东西高企,中部塌陷"的区域分布态势,而创新转化经济效率虽同样具备类似特征,但西部地区的创新转化经济效率要相对更高一些,因此呈现"西高东低,零星分布"的区域分布格局。2007年、2012年和2017年位列第一梯队的省份从内蒙古、辽宁变为海南、辽宁,随后变为海南、河南、天津和青海,大致呈现向西向南发展的态势。湖北、陕西等华中地区的创新转化经济效率相对较低,同样出现了明显的凹陷地带,但整体上创新转化经济效率的地域差异仍在持续缩小当中。此外,创新转化经济效率与区域创新效率类似的是,区域创新水平与经济发展水平较弱的地区通常也都具有更高的创新转化经济效率。这也同样为中西部地区通过较高的创新转化经济效率来实现更快速地增长提供了一定的帮助,但创新转化经济效率与区域经济发展水平之间并不跟区域创新效率与区域创新水平之间一样存在倒U字形曲线的关系。创新转化经济效率和区域创新效率分处区域创新链条的两个阶段,相似的地域分布特征也代表着二者具有较强的关联性,后续章节将对"区域创新投入→区域创新产出→区域创新经济产出"的三阶段效率的相关性进行进一步分析。

表 6-6 2007 年、2012 年、2017 年各地区区域创新转化经济效率及排名

地区	2007 年		2012 年		2017 年	
	综合效率	排名	综合效率	排名	综合效率	排名
海南	1.033	22	2.046	1	1.470	1
河南	1.070	20	1.092	19	1.468	2
天津	1.304	5	1.286	10	1.460	3
青海	1.401	4	1.339	7	1.430	4
内蒙古	1.881	1	1.516	3	1.335	5
新疆	1.274	7	1.390	4	1.314	6
上海	1.296	6	1.112	16	1.306	7
江西	1.214	10	1.183	12	1.257	8
福建	1.158	12	1.103	17	1.233	9
吉林	1.151	13	1.328	9	1.227	10
贵州	1.267	9	1.251	11	1.210	11
黑龙江	1.106	18	1.332	8	1.181	12
宁夏	0.433	30	1.051	24	1.163	13
重庆	1.011	24	1.024	26	1.163	14
北京	1.104	19	1.137	14	1.162	15
云南	1.191	11	1.102	18	1.137	16
广西	1.426	3	1.379	5	1.117	17
辽宁	1.711	2	1.759	2	1.083	18
湖南	1.010	25	1.027	25	1.068	19
江苏	1.148	14	1.059	23	1.032	20
浙江	1.134	16	1.073	22	1.021	21
甘肃	1.273	8	1.178	13	1.017	22
河北	1.006	26	1.086	20	1.010	23
广东	1.140	15	1.119	15	1.008	24
四川	1.032	23	1.350	6	1.007	25
山东	1.112	17	1.078	21	0.887	26
安徽	1.034	21	0.739	29	0.869	27
陕西	1.006	27	1.016	27	0.624	28
山西	0.492	28	0.843	28	0.599	29
湖北	0.478	29	0.409	30	0.472	30

注：本次统计不包括我国西藏和港澳台地区数据。

6.4 区域创新与区域创新转化经济的全要素生产率

本章节同样根据"区域创新投入→区域创新产出→创新经济产出"的三阶段模型分别在规模效应不变和规模效应可变的情形下，计算区域创新投入→区域创新产出的全要素生产率，以及区域创新产出→区

域创新经济产出的全要素生产率,即马姆奎斯特(Malmquist)指数(Malmquist Index),并将其效率变化(EC)和技术变化(TC)进行拆分分析。

6.4.1 区域创新投入→区域创新产出全要素生产率的演变趋势

在这一部分中同样采用2007—2017年的面板数据,因此选用非导向的基于松弛变量计算效率值—马姆奎斯特(SBM-Malmquist)超效率模型分别对规模效应不变和规模效应可变两种情形进行进一步分析,以期对各个省份区域创新效率的效率变化、技术变化和马姆奎斯特(Malmquist)指数进行评估,并最终旨在对各个省份的区域创新投入→区域创新产出全要素生产率(以下简称"区域创新全要素生产率")进行比较分析。由于2007—2017年分别计算了10个跨年度的效率变化值、技术变化值和马姆奎斯特(Malmquist)指数(2007—2008年为1年,其余年份类似),无法一一予以呈现,因此仅对2007—2008年、2016—2017年的效率变化值、技术变化值和马姆奎斯特(Malmquist)指数开展研究。

从表6-7中可以看出,在规模效应不变的假设前提下,2007—2008年度共有16个省份的马姆奎斯特(Malmquist)指数大于1,2016—2017年度之间共有25个省份的马姆奎斯特(Malmquist)指数大于1。从2007—2008年度到2016—2017年度之间,区域创新投入—区域创新产出(即"区域创新效率")的马姆奎斯特(Malmquist)指数的全国平均值从1.309下滑至1.279,即区域创新的全要素生产率有小幅下滑,造成这一现象的原因是效率变化值的全国平均值从2007—2008年度的1.689下滑至2016—2017年度的1.341,而与此同时技术变化值的全国平均值从2007—2008年度的0.832上升至2016—2017年度的0.984,效率变化值降低的幅度要高于技术变化值提升的幅度,即规模效率的降低导致区域创新全要素生产率的下降,技术提升贡献的产出不足以拉动全要素生产率的提升甚至持平,这在一定程度上说明当前我国仍处于创新投入—创新产出的规模不经济阶段。

表6-7 基于松弛变量计算效率值—马姆奎斯特(SBM-Malmquist)的创新投入—创新产出全要素分解表(规模效应不变)

地区	效率变化 (2007— 2008年)	技术变化 (2007— 2008年)	马姆奎斯特 (Malmquist) 指数(2007— 2008年)	效率变化 (2016— 2017年)	技术变化 (2016— 2017年)	马姆奎斯特 (Malmquist) 指数(2016— 2017年)
安徽	3.527	0.914	3.225	1.420	0.984	1.397
北京	0.977	1.001	0.978	1.892	1.094	2.069
福建	0.962	1.002	0.965	1.006	1.034	1.040
甘肃	3.198	0.366	1.169	1.010	0.931	0.941
广东	1.008	1.008	1.016	1.001	1.016	1.017

续表 6-7

地区	效率变化（2007—2008年）	技术变化（2007—2008年）	马姆奎斯特（Malmquist）指数（2007—2008年）	效率变化（2016—2017年）	技术变化（2016—2017年）	马姆奎斯特（Malmquist）指数（2016—2017年）
广西	2.332	1.124	2.622	0.991	1.044	1.035
贵州	0.966	0.994	0.960	0.983	1.026	1.009
海南	1.006	0.968	0.974	1.005	1.004	1.010
河北	1.112	0.847	0.942	0.941	1.013	0.953
河南	3.324	0.324	1.077	0.979	1.001	0.980
黑龙江	1.029	0.976	1.004	0.952	1.075	1.022
湖北	1.910	0.472	0.902	1.004	1.001	1.005
湖南	1.025	1.090	1.117	0.973	1.066	1.037
吉林	0.883	1.002	0.885	1.064	1.006	1.071
江苏	1.101	0.678	0.747	1.005	0.993	0.998
江西	3.540	0.233	0.825	1.486	0.942	1.400
辽宁	1.004	1.013	1.017	1.134	1.012	1.149
内蒙古	0.766	0.916	0.701	1.641	1.122	1.841
宁夏	0.788	0.571	0.450	1.774	0.935	1.658
青海	2.000	0.777	1.553	3.383	0.546	1.847
山东	1.856	0.601	1.116	1.298	0.870	1.130
山西	1.074	1.030	1.106	0.933	0.955	0.891
陕西	1.026	0.989	1.015	0.984	1.018	1.002
上海	1.002	0.940	0.943	0.986	1.027	1.013
四川	1.766	0.794	1.402	1.006	1.011	1.017
天津	1.038	0.976	1.013	1.500	0.988	1.483
新疆	7.207	0.964	6.945	4.398	0.925	4.067
云南	1.222	0.920	1.125	1.054	1.009	1.063
浙江	0.986	1.013	0.998	1.021	1.016	1.038
重庆	1.034	0.451	0.467	1.410	0.843	1.189
平均值	1.689	0.832	1.309	1.341	0.984	1.279
中位数	1.036	0.952	1.009	1.008	1.008	1.038
标准差	1.323	0.245	1.175	0.742	0.100	0.598
变异系数	0.783	0.294	0.898	0.553	0.102	0.468

注：本次统计不包括我国西藏和港澳台地区数据。

从地域差异视角来看，在2007—2008年度和2016—2017年度，不论是效率变化（EC）、技术变化（TC）还是马姆奎斯特（Malmquist）指数，其标准差与变异系数都有所下降，表明我国区域创新的全要素生产率是区域拉平的，也同步说明了我国区域创新的效率及水平的地域差异在逐渐缩小（表6-7）。应该注意的是，在规模效应不变的情况下，出现了新疆（6.945）、安徽（3.225）等异常值，在排除掉数据本身存在问题之外，最大的可能性是规模效应不变的假设不适用于区域创新投入产出的实际情况，即区域创新活动本身的规模效应是一直处在变化之中的，因此在规模效应不变（CRS）的假设之下，某一个或某几个变量值过小或过大，都会对效率变化值、技术变化值产生过大的影响，进而在极大程度上会影响马姆奎斯特（Malmquist）指数。因此在面板分析中，规模效应可变的理论假定可能更加符合创新活动的实际情况。

从表6-8可以看出，在规模效应可变的情况下，各省份的马姆奎斯特（Malmquist）指数大部分位于0.5—2.0的区间内，其计算结果相对更加合理，即规模效应可变的理论假定更具有说服力。2007—2008年度共有11个省份的马姆奎斯特（Malmquist）指数大于1，2016—2017年度共有21个省份的马姆奎斯特（Malmquist）指数大于1，表明总体上我国区域创新的全要素生产率在攀升，越来越多省份的马姆奎斯特（Malmquist）指数大于1即说明其均具有较高的全要素生产率，能够更好地实现从创新投入到创新产出的转化过程。

从地域差异视角来看，在2007—2008年度和2016—2017年度，不论是效率变化（EC）、技术变化（TC）还是马姆奎斯特（Malmquist）指数，其标准差与变异系数也都有所下降，表明我国区域创新的全要素生产率是区域拉平的，也同步说明了我国区域创新的效率及水平的地域差异在逐渐缩小。

表6-8 基于松弛变量计算效率值—马姆奎斯特（SBM-Malmquist）的创新投入—创新产出全要素分解表（规模效应可变）

地区	效率变化（2007—2008年）	技术变化（2007—2008年）	马姆奎斯特（Malmquist）指数（2007—2008年）	效率变化（2016—2017年）	技术变化（2016—2017年）	马姆奎斯特（Malmquist）指数（2016—2017年）
安徽	1.012	0.611	0.619	0.978	1.001	0.980
北京	1.023	0.980	1.002	0.962	1.075	1.034
福建	1.873	0.495	0.927	0.992	1.000	0.993
甘肃	0.939	1.287	1.208	0.951	1.047	0.995
广东	0.906	0.972	0.881	1.053	1.014	1.068
广西	1.012	0.948	0.959	1.021	0.992	1.012
贵州	1.023	0.918	0.940	0.984	0.963	0.948
海南	0.633	0.880	0.557	1.190	1.035	1.231
河北	0.946	0.475	0.449	1.060	1.061	1.124
河南	0.997	0.968	0.965	1.002	1.002	1.004
黑龙江	2.081	0.421	0.875	2.388	0.650	1.552
湖北	1.046	0.821	0.858	1.285	0.875	1.124
湖南	1.260	0.889	1.120	0.320	1.839	0.589
吉林	1.032	0.981	1.011	0.994	1.013	1.007

续表 6-8

地区	效率变化（2007—2008年）	技术变化（2007—2008年）	马姆奎斯特（Malmquist）指数（2007—2008年）	效率变化（2016—2017年）	技术变化（2016—2017年）	马姆奎斯特（Malmquist）指数（2016—2017年）
江苏	0.969	0.940	0.910	0.987	1.027	1.013
江西	1.498	0.853	1.278	1.015	1.010	1.025
辽宁	1.037	0.974	1.011	1.409	0.933	1.315
内蒙古	6.446	0.404	2.607	2.548	0.918	2.340
宁夏	1.273	0.442	0.563	1.060	0.974	1.032
青海	1.204	0.949	1.143	0.937	1.081	1.012
山东	1.033	0.448	0.463	0.994	1.008	1.002
山西	3.220	0.921	2.964	1.138	1.012	1.152
陕西	0.978	0.999	0.976	1.018	0.993	1.011
上海	0.967	1.000	0.967	1.006	1.033	1.040
四川	1.005	0.939	0.943	0.993	1.005	0.998
天津	1.008	1.000	1.008	1.005	1.010	1.016
新疆	1.888	0.794	1.500	0.965	1.014	0.979
云南	0.873	0.937	0.818	0.986	0.995	0.982
浙江	1.005	0.966	0.971	1.004	1.002	1.006
重庆	1.046	0.519	0.543	0.948	1.011	0.958
平均值	1.374	0.824	1.035	1.106	1.020	1.085
中位数	1.023	0.929	0.962	1.003	1.009	1.012
标准差	1.060	0.226	0.524	0.399	0.170	0.275
变异系数	0.771	0.274	0.507	0.361	0.167	0.254

注：本次统计不包括我国西藏和港澳台地区数据。

在规模效应可变的假设前提下，在2007—2008年度和2016—2017年度，区域创新效率的马姆奎斯特（Malmquist）指数的全国平均值从1.035上升至1.085，即区域创新的全要素生产率有小幅上升，这与规模效应不变的结论相反，整体上应当更加倾向于采纳规模效应可变（VRS）的假设前提。造成这一现象的原因是效率变化值的全国平均值从2007—2008年度的1.374下滑至2016—2017年度的1.106，而与此同时技术变化值的全国平均值从2007—2008年度的0.824上升至2016—2017年度的1.020，效率变化值降低的幅度要低于技术变化值提升的幅度，即主要是由于技术变化的提升导致了区域创新全要素生产率的上升，技术提升贡献的产出能够拉动全要素生产率的提升，这在一定程度上说明当前我国仍处于"区域创新投入→区域创新产出"的规模经济阶段。由于规模效应不变与规模效应可变产生相悖的结论，本书更倾向于采纳规模效应可变的研究结果，即整体来看，我国区域创新的全要素生产率在逐步提升，区域创新投入到产出的转化过程也更加顺畅。

对区域创新的全要素生产率按照效率变化与技术变化进行拆分，在规模效应不变的假设前提下，从2007—2008年度到2016—2017年度的10年间隔期中，效率变化差值、技术变化差值和马姆奎斯特（Malmquist）指数差值为负变动的省份个数分别为19个、6个和10个，而效率变化差值、技术变化差值和马姆奎斯特（Malmquist）指数差值为正变动的省份个数分别为11个、24个和20个（表6-9）。尽管整体来看效率变化差值呈负增长的省份要多于呈正增长的省份，但由于技术变化差值的正向增长要相对更多，因此马姆奎斯特（Malmquist）指数差值呈正增长的省份数量要远多于呈负增长的省份数量。在规模效应可变的假设前提下也具有类似情形，效率变化差值、技术变化差值和马姆奎斯特（Malmquist）指数差值为负变动的省份个数分别为17个、3个和8个，而效率变化差值、技术变化差值和马姆奎斯特（Malmquist）指数差值为正变动的省份个数分别为13个、27个和22个，技术变动的增幅要相对更多，因此马姆奎斯特（Malmquist）指数差值呈正增长的省份数量也要显著多于呈负增长的省份数量，这在一定程度上也可以说明我国大部分省份尚未达到创新活动的拐点，并且应当在注重发挥区域创新活动规模效应的同时，主要依托技术进步而非效率进步来实现全要素生产率的增长。

表6-9 创新投入—创新产出的效率变化、技术变化、马姆奎斯特（Malmquist）指数的变动趋势

地区	规模效应不变（CRS）			规模效应可变（VRS）		
	效率变化差值	技术变化差值	马姆奎斯特（Malmquist）指数差值	效率变化差值	技术变化差值	马姆奎斯特（Malmquist）指数差值
安徽	−2.106	0.069	−1.828	−0.034	0.390	0.361
北京	0.915	0.093	1.091	−0.061	0.095	0.032
福建	0.044	0.031	0.075	−0.881	0.505	0.066
甘肃	−2.188	0.566	−0.228	0.012	−0.241	−0.213
广东	−0.006	0.008	0.001	0.146	0.042	0.186
广西	−1.340	−0.080	−1.587	0.009	0.044	0.053
贵州	0.017	0.032	0.048	−0.039	0.045	0.008
海南	−0.001	0.036	0.035	0.557	0.155	0.675
河北	−0.171	0.166	0.012	0.115	0.586	0.675
河南	−2.345	0.677	−0.098	0.005	0.034	0.039
黑龙江	−0.077	0.099	0.018	0.307	0.229	0.676
湖北	−0.906	0.529	0.103	0.239	0.054	0.266
湖南	−0.052	−0.023	−0.080	−0.940	0.950	−0.532
吉林	0.181	0.004	0.186	−0.037	0.033	−0.004
江苏	−0.096	0.315	0.252	0.018	0.087	0.103
江西	−2.054	0.709	0.575	−0.483	0.157	−0.253
辽宁	0.131	−0.001	0.131	0.372	−0.042	0.304

续表 6-9

地区	规模效应不变（CRS）			规模效应可变（VRS）		
	效率变化差值	技术变化差值	马姆奎斯特（Malmquist）指数差值	效率变化差值	技术变化差值	马姆奎斯特（Malmquist）指数差值
内蒙古	0.876	0.206	1.140	−3.898	0.514	−0.267
宁夏	0.985	0.364	1.208	−0.213	0.532	0.470
青海	1.382	−0.231	0.294	−0.267	0.132	−0.131
山东	−0.557	0.269	0.014	−0.039	0.559	0.539
山西	−0.140	−0.076	−0.215	−2.081	0.091	−1.812
陕西	−0.043	0.030	−0.013	0.041	−0.006	0.035
上海	−0.016	0.087	0.070	0.039	0.034	0.073
四川	−0.760	0.217	−0.385	−0.012	0.066	0.055
天津	0.463	0.012	0.470	−0.003	0.010	0.007
新疆	−2.809	−0.039	−2.878	−0.923	0.219	−0.521
云南	−0.168	0.089	−0.061	0.114	0.059	0.164
浙江	0.036	0.003	0.040	−0.001	0.036	0.035
重庆	0.376	0.392	0.722	−0.098	0.491	0.415

注：本次统计不包括我国西藏和港澳台地区数据。

6.4.2 区域创新产出→区域创新经济产出全要素生产率的演变趋势

在这一部分中同样采用 2007—2017 年的面板数据，因此选用非导向的基于松弛变量计算效率值—马姆奎斯特（SBM-Malmquist）超效率模型分别对规模效应不变和规模效应可变两种情形进行进一步分析，以期对各个省份的创新转化经济效率的效率变化、技术变化和马姆奎斯特（Malmquist）指数进行评估，并最终旨在对各个省份的区域创新产出→区域创新经济产出全要素生产率（区域创新转化经济的全要素生产率）进行比较分析。由于 2007—2017 年共计算了 10 个跨年度的效率变化值、技术变化值和马姆奎斯特（Malmquist）指数（2007—2008 年为 1 年，其余年份类似），无法一一予以呈现，因此仅对 2007—2008 年度、2016—2017 年度的效率变化值、技术变化值和马姆奎斯特（Malmquist）指数开展研究。

从表 6-10 中可以看出，在规模效应不变的假设前提下，2007—2008 年度共有 25 个省份的马姆奎斯特（Malmquist）指数大于 1，2016—2017 年度共有 14 个省份的马姆奎斯特（Malmquist）指数大于 1。区域创新产出→区域创新经济产出的马姆奎斯特（Malmquist）指数，即全要素生产率大于 1 省份数量大幅度下滑，表明我国区域创新到经济产出的转化过程出现了一定的问题。从 2007—2008 年度到 2016—2017 年度，区域创新转化经济的全要素生产率［即马姆奎斯特（Malmquist）指数］的全国平均值从 1.158 下滑至 0.993，造成明显下滑的主要原因是效率变化值的全国平均值从 2007—2008 年度的 0.973 小幅度上升至 2016—2017 年度的 1.097，而与此同时技术变化值的全国平均值从 2007—2008 年度的 1.249 下降至 2016—2017 年度的 0.923，技术变化值降低的幅度要高于效率变化值提升的幅度，即主要是技术水平与层次的降低导致了区域创新转化经济全要素生产率的显著下降，效率提升贡献的产出不足以拉动全要素生产率的提升甚至持平，这在一定程度上说明当前尽管我国的创新产出到创新经济产出的过程在整体上处于规模效率时期，但由于技术水平与层次的下滑，出现了技术倒退的现象而致使马姆奎斯特（Malmquist）指数出现显著下降。

表 6-10　基于松弛变量计算效率值—马姆奎斯特（SBM-Malmquist）的创新产出—经济产出全要素分解表（规模效应不变）

地区	效率变化（2007—2008 年）	技术变化（2007—2008 年）	马姆奎斯特（Malmquist）指数（2007—2008 年）	效率变化（2016—2017 年）	技术变化（2016—2017 年）	马姆奎斯特（Malmquist）指数（2016—2017 年）
安徽	0.462	1.466	0.678	2.079	0.585	1.216
北京	1.047	1.055	1.104	1.007	1.041	1.048
福建	0.999	1.055	1.054	1.084	0.980	1.062
甘肃	1.024	1.083	1.109	0.881	0.945	0.832
广东	1.017	1.067	1.086	0.967	1.002	0.969
广西	1.018	1.017	1.035	1.012	0.923	0.934
贵州	1.085	0.999	1.084	1.045	0.878	0.917
海南	1.019	1.030	1.049	1.158	0.891	1.031
河北	1.038	1.010	1.048	1.002	0.715	0.716
河南	1.045	1.020	1.066	1.269	0.834	1.058
黑龙江	0.937	1.047	0.981	1.023	0.930	0.951
湖北	0.990	1.738	1.721	1.387	0.732	1.015
湖南	1.001	1.549	1.551	0.957	1.020	0.976
吉林	1.017	1.057	1.075	0.888	0.983	0.872
江苏	1.000	1.007	1.007	1.014	1.343	1.362
江西	1.099	1.030	1.131	1.191	0.853	1.016
辽宁	0.975	1.202	1.172	1.017	0.972	0.988
内蒙古	0.875	1.114	0.975	0.930	0.970	0.902
宁夏	0.598	2.262	1.354	1.122	0.870	0.977
青海	0.889	1.116	0.993	0.909	0.997	0.906
山东	1.017	1.020	1.037	1.150	0.833	0.958
山西	2.098	1.042	2.186	0.976	0.599	0.585
陕西	0.494	2.372	1.171	1.520	0.782	1.189
上海	0.952	1.109	1.056	1.114	0.989	1.102
四川	0.490	1.977	0.969	1.002	1.212	1.215

续表 6-10

地区	效率变化（2007—2008年）	技术变化（2007—2008年）	马姆奎斯特（Malmquist）指数（2007—2008年）	效率变化（2016—2017年）	技术变化（2016—2017年）	马姆奎斯特（Malmquist）指数（2016—2017年）
天津	1.011	1.089	1.101	0.899	1.020	0.917
新疆	0.983	1.048	1.030	1.170	0.876	1.025
云南	1.023	1.037	1.062	1.055	0.950	1.002
浙江	0.999	1.072	1.071	0.928	1.045	0.970
重庆	1.001	1.781	1.782	1.146	0.933	1.069
平均值	0.973	1.249	1.158	1.097	0.923	0.993
中位数	1.001	1.062	1.069	1.020	0.939	0.983
标准差	0.272	0.381	0.288	0.232	0.151	0.144
变异系数	0.279	0.305	0.248	0.211	0.164	0.146

注：本次统计不包括我国西藏和港澳台地区数据。

从地域差异视角来看，在2007—2008年度到2016—2017年度，不论是效率变化、技术变化还是马姆奎斯特（Malmquist）指数，其标准差与变异系数都有所下降，既可以表明我国区域创新转化经济的全要素生产率在省级层面的地域差异在逐步缩小，也可以表明我国区域创新产出到创新经济产出的转化效率及水平的地域差异在逐渐缩小（表6-10）。应该注意的是，在规模效应不变的情况下，并没有出现区域创新效率的极端值情况，各省份的马姆奎斯特（Malmquist）指数大部分在[0，2]的合理区间内，即规模效应不变的假设可以适用于解释区域创新产出到创新经济产出转化的实际情况，但还需要结合规模效应可变的假设情况进行综合分析，以得到对区域创新转化经济全要素生产率更符合实际情况的分析结果。

在规模效应可变的情况下，各省份的马姆奎斯特（Malmquist）指数也基本位于[0，2]的区间内，但就部分省份（如山西、上海等）而言，其计算结果与规模效应不变所得到的结果具有较大差异（表6-11）。结合科技活动与经济活动的实际情况，应当认定区域创新产出向区域创新经济产出转化的活动过程应当是规模效应可变的，即该活动的规模效应应当是一直处在变化之中的，应当认定规模效应可变的理论假定更具有说服力。2007—2008年度共有28个省份的马姆奎斯特（Malmquist）指数大于1，2016—2017年度共有14个省份的马姆奎斯特（Malmquist）指数大于1，该结果与规模效应不变的情形类似，马姆奎斯特（Malmquist）指数大于1的省份数量大幅度减少意味着区域创新转化经济的全要素生产率受到了较多阻碍。从2007—2008年度到2016—2017年度，区域创新转化经济效率的马姆奎斯特（Malmquist）指数的全国平均值从1.177下滑至0.980，即在规模效应可变的假定之下区域创新转化经济的全要素生产率和规模效应不变的情形类似，均有较为明显的下滑，造成这一现象的主要原因同样是效率变化值的全国平均值从 2007—2008 年度的 1.015 小幅度上升至 2016—2017 年度的 1.117，而与此同时技术变化值的全国平均值从 2007—2008 年度的 1.182 下降至 2016—2017 年度的 0.903，技术变化值降低的幅度要高于效率变化值提升的幅度，这主要是因为技术水平与层次的降低导致了区域创新转化经济全要素生产率的显著下降，效率提升贡献的产出不足以拉动全要素生产率的提升甚至持平，在一定程度上说明当前尽管我国的创新产出到创新经济产出的过程在整体上处于规模效率时期，但由于技术水平与层次的下滑出现了技术倒退的现象，从而致使马姆奎斯特（Malmquist）指数出现显著下降。

表 6-11 基于松弛变量计算效率值—马姆奎斯特（SBM-Malmquist）的创新产出—创新经济产出全要素分解表（规模效应可变）

地区	效率变化（2007—2008 年）	技术变化（2007—2008 年）	马姆奎斯特（Malmquist）指数（2007—2008 年）	效率变化（2016—2017 年）	技术变化（2016—2017 年）	马姆奎斯特（Malmquist）指数（2016—2017 年）
安徽	0.993	1.056	1.048	0.926	1.040	0.964
北京	1.001	1.023	1.023	1.168	0.928	1.084
福建	0.958	1.026	0.983	2.716	0.508	1.380
甘肃	1.051	1.074	1.129	1.023	1.032	1.056
广东	1.027	1.014	1.041	1.082	0.980	1.061
广西	0.992	1.316	1.305	0.755	0.883	0.667
贵州	1.017	1.070	1.089	0.969	0.999	0.968
海南	0.961	1.128	1.084	0.986	0.885	0.873
河北	1.051	1.065	1.119	1.013	0.773	0.784
河南	1.026	1.025	1.052	1.075	0.945	1.016
黑龙江	1.040	1.024	1.065	1.007	0.970	0.977
湖北	1.063	1.029	1.094	1.291	0.804	1.037
湖南	0.913	1.092	0.997	1.001	0.944	0.945
吉林	0.847	1.867	1.583	1.421	0.760	1.081
江苏	1.008	1.446	1.458	0.978	1.013	0.990
江西	1.079	1.025	1.106	0.883	0.971	0.858
辽宁	0.993	1.008	1.001	1.019	1.023	1.043
内蒙古	1.165	1.070	1.247	1.214	0.836	1.015
宁夏	0.974	1.251	1.219	1.021	0.964	0.984
青海	0.963	1.165	1.122	0.906	0.964	0.874
山东	0.610	2.191	1.337	1.120	0.876	0.981
山西	0.858	1.184	1.016	0.887	0.976	0.866
陕西	1.030	1.064	1.096	1.514	0.810	1.226
上海	2.061	1.041	2.145	0.610	0.781	0.476

续表 6-11

地区	效率变化（2007—2008年）	技术变化（2007—2008年）	马姆奎斯特（Malmquist）指数（2007—2008年）	效率变化（2016—2017年）	技术变化（2016—2017年）	马姆奎斯特（Malmquist）指数（2016—2017年）
四川	0.994	1.648	1.638	1.566	0.767	1.201
天津	0.963	1.075	1.035	1.134	0.970	1.100
新疆	0.961	1.047	1.006	1.003	1.002	1.005
云南	1.018	1.138	1.158	0.942	0.982	0.925
浙江	0.941	1.112	1.047	1.228	0.838	1.029
重庆	0.886	1.196	1.059	1.055	0.880	0.928
平均值	1.015	1.182	1.177	1.117	0.903	0.980
中位数	0.994	1.072	1.092	1.020	0.945	0.987
标准差	0.216	0.268	0.244	0.357	0.112	0.161
变异系数	0.212	0.226	0.207	0.319	0.124	0.164

注：本次统计不包括我国西藏和港澳台地区数据。

从地域差异视角来看，在规模效应可变的情形下，从2007—2008年度到2016—2017年度，技术变化和马姆奎斯特（Malmquist）指数的标准差与变异系数都有所下降，但效率变化的标准差与变异系数在增大，这与规模效应不变的结果有较大差异（表6-11）。尽管效率变化的地域差异在不断增大，即各省份在区域创新产出—区域创新经济产出转化的规模效率上的差异在拉大，但整体上我国区域创新转化经济的全要素生产率在省级层面的地域差异还是在逐步缩小当中。因此总结起来就是，不论是基于规模效应不变还是规模效应可变的假定前提，我国区域创新转化经济全要素生产率的地域差异都在逐步缩小，即创新转化经济效率较低的省份实现弯道超车具备一定的可能性。

将区域创新转化经济的全要素生产率按照效率变化与技术变化进行拆分，在规模效应不变的前提假设下，从2007—2008年度到2016—2017年度的10年间隔期中，效率变化差值、技术变化差值和马姆奎斯特（Malmquist）指数差值为负变动的省份个数分别为11个、29个和24个，而效率变化差值、技术变化差值和马姆奎斯特（Malmquist）指数差值为正变动的省份个数分别为19个、1个和6个（表6-12）。整体来看，效率变化差值呈正增长的省份要多于呈负增长的省份，但由于技术变化差值的负向增长要相对更多，因此马姆奎斯特（Malmquist）指数差值呈负增长的省份数量要远多于呈正增长的省份数量。在规模效应可变的假设前提下也具有类似情形，效率变化差值、技术变化差值和马姆奎斯特（Malmquist）指数差值为负变动的省份个数分别为11个、29个和24个，而效率变化差值、技术变化差值和马姆奎斯特（Malmquist）指数差值为正变动的省份个数分别为19个、1个和6个，技术变动差值的降低幅度要相对更多,因此马姆奎斯特(Malmquist)指数差值呈负增长的省份数量也要显著多于呈正增长的省份数量,这在一定程度上也可以说明我国大部分省份的区域创新产出向区域创新经济产出转化的活动已经达到了拐点并开始向下移动,因此需要进一步提升技术进步率,以促使区域创新转化经济的全要素生产率维持在较高水平,以进一步推动经济的可持续增长。

表 6-12　创新产出—创新经济产出效率变化、技术变化、马姆奎斯特(Malmquist)指数的变动趋势

地区	规模效应不变(CRS)			规模效应可变(VRS)		
	效率变化差值	技术变化差值	马姆奎斯特(Malmquist)指数差值	效率变化差值	技术变化差值	马姆奎斯特(Malmquist)指数差值
安徽	1.617	−0.881	0.538	−0.066	−0.015	−0.084
北京	−0.039	−0.014	−0.056	0.167	−0.094	0.061
福建	0.085	−0.075	0.008	1.758	−0.518	0.397
甘肃	−0.143	−0.138	−0.277	−0.028	−0.041	−0.073
广东	−0.050	−0.065	−0.116	0.055	−0.034	0.019
广西	−0.006	−0.094	−0.101	−0.236	−0.433	−0.638
贵州	−0.040	−0.121	−0.167	−0.048	−0.071	−0.121
海南	0.139	−0.139	−0.018	0.025	−0.243	−0.211
河北	−0.036	−0.296	−0.333	−0.037	−0.292	−0.336
河南	0.223	−0.186	−0.008	0.049	−0.080	−0.036
黑龙江	0.086	−0.117	−0.030	−0.033	−0.054	−0.088
湖北	0.397	−1.007	−0.707	0.228	−0.225	−0.056
湖南	−0.044	−0.529	−0.575	0.088	−0.148	−0.052
吉林	−0.129	−0.074	−0.203	0.574	−1.107	−0.502
江苏	0.014	0.336	0.355	−0.031	−0.433	−0.468
江西	0.092	−0.177	−0.115	−0.196	−0.053	−0.248
辽宁	0.042	−0.230	−0.184	0.026	0.016	0.042
内蒙古	0.055	−0.144	−0.073	0.049	−0.234	−0.232
宁夏	0.523	−1.392	−0.377	0.046	−0.286	−0.234
青海	0.020	−0.120	−0.087	−0.056	−0.200	−0.247
山东	0.133	−0.186	−0.079	0.510	−1.315	−0.356
山西	−1.121	−0.443	−1.602	0.029	−0.208	−0.150
陕西	1.026	−1.589	0.018	0.484	−0.254	0.130
上海	0.163	−0.120	0.046	−1.451	−0.260	−1.669
四川	0.512	−0.765	0.246	0.572	−0.881	−0.436
天津	−0.112	−0.069	−0.184	0.171	−0.105	0.065
新疆	0.187	−0.172	−0.005	0.042	−0.045	−0.001
云南	0.031	−0.087	−0.060	−0.076	−0.156	−0.233
浙江	−0.071	−0.026	−0.101	0.287	−0.274	−0.018

续表 6-12

地区	规模效应不变（CRS）			规模效应可变（VRS）		
	效率变化差值	技术变化差值	马姆奎斯特（Malmquist）指数差值	效率变化差值	技术变化差值	马姆奎斯特（Malmquist）指数差值
重庆	0.145	−0.848	−0.713	0.169	−0.316	−0.131

注：本次统计不包括我国西藏和港澳台地区数据。

6.5 区域创新效率与区域创新转化经济效率的互动关系

本部分基于"区域创新投入→区域创新产出→区域创新经济产出"的三阶段模型，采用经过数据包络分析（DEA）计算得到的面板数据（区域创新效率和区域创新转化经济效率）进行检验，探讨区域创新与区域经济发展的相互作用机制。面板数据集包含横截面和时间维度，因此它不仅可以反映更多个体行为的信息（横截面），而且可以反映个体随时间的动态行为变化（时间序列）。计量回归方程如下：

$$Efeco_{it} = \beta + \beta_i Eftech_{it} + \varepsilon_{it} \quad \text{（式 6-3）}$$

其中，$Efeco_{it}$ 为第 i 个省份的区域创新效率，$i \in [1, 30]$，即 30 个纳入研究的省级单位（不包括我国西藏和港澳台地区）；t 表示时间，$t \in [1, 11]$，分别代表 2007—2017 年的 11 个年份；$Eftech_i$ 代表第 i 个省份的区域创新转化经济效率，$i \in [1, 30]$，$t \in [1, 11]$；β_i 为各个区域创新水平的回归系数；β 为常数项；ε_{it} 为误差扰动项。仅仅当 β_i 明显不为零时，区域创新效率和区域创新转化经济效率存在线性关系。

豪斯曼检验（Hausman Test）可以有效确定随机效应是否比固定效应更合适，其结果表明，以科技投入→科技产出效率（区域创新效率）为解释变量，以科技产出→经济产出效率（区域创新转化经济效率）为被解释变量的面板数据回归在 10% 的置信水平上仍不显著（p 值为 0.3816，其 F 值为 1.93），表明随机效应比固定效应更适合该模型。本书又进一步采用拉格朗日乘数（Lagrange Multiplier，LM）检验来看究竟使用混合回归还是随机效应模型来分析方程，发现拉格朗日乘数（LM）检验的结果强烈拒绝"不存在个体随机效应"的原假设（其 p 值为 0.000，卡方检验值为 464.44），即相比于混合回归模型，随机效应模型具有更好的适用性。在随机效应模型下其回归结果与混合回归相似，即科技投入→科技产出效率（区域创新效率）与科技产出→经济产出效率（区域创新转化经济效率）存在显著的正相关关系，当科技投入→科技产出效率（区域创新效率）每提升一个单位时，在混合回归和随机效应回归的情形下，科技产出→经济产出效率（区域创新转化经济效率）会相应增长 0.649 和 0.575。

通过基于随机效应的区域创新效率与区域创新转化经济效率的回归拟合曲线图（图 6-2）发现拟合情况较好，区域创新效率与区域创新转化经济效率呈高度正相关,这也与之前学者的研究成果相吻合(庞瑞芝等,2014;张凡,2019)。同时可以进一步发现大量散点出现在区域创新效率为1.0—1.5、区域创新转化经济效率为1.0—1.5的范围内,大量省份的区域创新效率与区域创新转化经济效率已经处于大于1的较高水平,处于效率不经济的省份数量已经较少,但对于绝大部分省份而言,依然能够有效地通过提升区域创新效率来提升创新转化经济效率,即不断提升创新投入到创新产出的效率进而带动创新产出到经济产出效率的提升,并且依靠区域创新效率(Eftech)和区域创新转化经济效率(Efeco)的双向互动作用来提升自身的区域创新与经济发展水平,以实现经济和科技更好的互动发展。

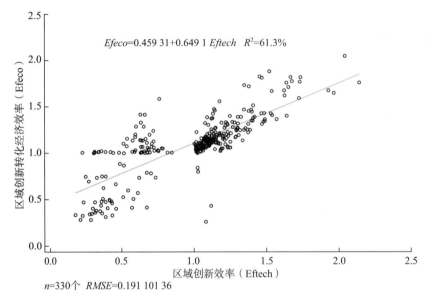

图 6-2　基于随机效应的区域创新效率与区域创新转化经济效率的
回归拟合曲线图

注:$RMSE$ 表示均方根误差,也称标准误差;n 表示总的样本数量,R^2 表示相关系数,越接近1,说明这条直线与原始数据越吻合。

尽管基于随机效应模型的计量模型结果显著,但是在进行回归分析的估计当中,由于面板数据可能存在个体效应和时间效应,除了采用双向最小二乘虚拟变量(LSDV)法进行更进一步的估计以增强准确性和稳健性之外,还需要同时对面板数据中可能存在的组间异方差、组内自相关和组间同期相关的问题进行校正。通过检验发现该回归模型中存在组间异方差和组内自相关的现象,并通过运用双向最小二乘虚拟变量(LSDV)回归估计、德里斯科尔—克雷(Driscoll-Kraay)稳健标准误估计、面板修正标准误(PSCE)估计和可行广义最小二乘法(FGLS)估计的回归结果,深度研究了区域创新效率和区域创新转化经济效率的相互作用，其结果如表6-13所示。相比于随机效应估计的回归结果，同时克服在组间异方差与组内自相关的德里斯科尔—克雷（Driscoll-Kraay）稳健标准误估计和可行广义最小二乘法（FGLS）估计的各项回归系数均十分相近，并且显著性和正负号均得到了良好保持，表明回归结果较为稳健。对于被解释变量区域创新转化经济效率（Efeco）而言，区域创新效率（Eftech）对其的影响作用在0.554 854到0.569 581之间。为进一步检验回归的稳健性，采用隔年（奇数年份、偶数年份）抽取的方式进行稳健性检验，其报告结果如表6-14和表6-15所示。通过基于特定年份的稳健性检验发现，回归系数的正负号均与全年份的回归结果相同，虽然回归系数的大小与全年份的结果略有差异，但并不影响回归的稳健性，区域创新效率（Eftech）和区域创新转化经济效率（Efeco）的双向互动与促进作用得到了进一步的证实，区域创新到经济发展的效率之间的良性互动也为全国的创新和经济的融合发展提供了良好的支撑。

表6-13 区域创新效率和区域创新转化经济效率的面板数据回归结果

被解释变量（区域创新转化经济效率）	随机效应估计（RE）	双向最小二乘虚拟变量（LSDV）估计	德里斯科尔—克雷（Driscoll-Kraay）稳健标准误估计	面板修正标准误（PSCE）估计	可行广义最小二乘法（FGLS）估计[1]	可行广义最小二乘法（FGLS）估计[2]
解释变量（区域创新效率）	0.574 909***（8.228）	0.554 854***（7.093）	0.554 854***（17.794）	0.554 854***（18.173）	0.580 016***（36.765）	0.569 581***（16.588）
常数项	0.532 629***（6.324）	7.119 977（0.895）	7.119 977（1.738）	7.119 977（1.229）	−0.144 288（−0.017）	5.284 752（1.034）
观测数目（Obs）/个	330	330	330	330	330	330
判定系数（R^2）	0.612 8	0.840	—	0.840	—	—
修正判定系数（adjusted R^2）	—	0.823	—	—	—	—
沃尔德检验（Wald test）	23 721.56***	—	—	—	—	—
伍德里奇检验（Wooldridge test）	1.552	—	—	—	—	—
佩萨兰检验（Pesaran's test）	4.260***	—	—	—	—	—
弗里德曼检验（Friedman's test）	27.109	—	—	—	—	—
弗雷斯检验（Frees' test）	0.583	—	—	—	—	—

注：括号中数字为聚类稳健标准误估计和固定效应估计的t值，以及面板修正误差标准误估计的z值。*** 表示在1%置信水平上显著；** 表示在5%置信水平上显著；* 表示在10%置信水平上显著。F值用于检验混合回归是否比固定效应更适宜用于该面板数据。可行广义最小二乘法（FGLS）估计[1]表示同时考虑存在组间异方差、组内自相关和组间同期相关。可行广义最小二乘法（FGLS）估计[2]表示同时考虑存在组间异方差和组内自相关，不存在组内同期相关。沃尔德检验（Wald test）用于检测面板数据是否存在组间异方差。伍德里奇检验（Wooldridge test）用于检测面板数据是否存在组内自相关。佩萨兰检验（Pesaran's test）、弗里德曼检验（Friedman's test）和弗雷斯检验（Frees' test）用于检验短面板数据中是否存在组间同期相关。下同。

表 6-14 区域创新效率和区域创新转化经济效率的稳健性检验（奇数年份）

被解释变量（区域创新转化经济效率）	随机效应估计（RE）	双向最小二乘虚拟变量（LSDV）估计	德里斯科尔—克雷（Driscoll-Kraay）稳健标准误估计	面板修正标准误（PSCE）估计	可行广义最小二乘法（FGLS）估计[1]	可行广义最小二乘法（FGLS）估计[2]
解释变量（区域创新效率）	0.624 727***（8.353）	0.580 741***（6.209）	0.580 741***（37.377）	0.580 741***（17.771）	0.483 602***（2.607）	0.579 744***（12.692）
常数项	0.473 515***（5.293）	0.754 298（0.094）	0.754 298（0.155）	0.754 298（0.099）	0.000 000（0.000）	0.910 253（0.178）
观测数目（Obs）/个	180	180	180	180	180	180
判定系数（R^2）	—	0.855	—	0.855	—	—
修正判定系数（adjusted R^2）	—	0.825	—	—	—	—
沃尔德检验（Wald test）	7 460.87***	—	—	—	—	—
伍德里奇检验（Wooldridge test）	—	—	—	—	—	—
佩萨兰检验（Pesaran's test）	3.502***	—	—	—	—	—
弗里德曼检验（Friedman's test）	17.886	—	—	—	—	—
弗雷斯检验（Frees' test）	0.302	—	—	—	—	—

表 6-15 区域创新效率和区域创新转化经济效率的稳健性检验（偶数年份）

被解释变量（区域创新转化经济效率）	随机效应估计（RE）	双向最小二乘虚拟变量（LSDV）估计	德里斯科尔—克雷（Driscoll-Kraay）稳健标准误估计	面板修正标准误（PSCE）估计	可行广义最小二乘法（FGLS）估计[1]	可行广义最小二乘法（FGLS）估计[2]
解释变量（区域创新效率）	0.554 571***（7.465）	0.531 811***（5.839）	0.531 811***（15.009）	0.531 811***（13.186）	0.616 527***（4.212）	0.529 802***（10.944）
常数项	0.564 160***（6.391）	17.967 729（1.585）	17.967 729***（12.759）	17.967 729***（3.839）	0.000 000（0.000）	18.137 826***（2.769）
观测数目（Obs）/个	150	150	150	150	150	150
判定系数（R^2）	—	0.848	—	0.848	—	—
修正判定系数（adjusted R^2）	—	0.807	—	—	—	—
沃尔德检验（Wald test）	56 849.24***	—	—	—	—	—
伍德里奇检验（Wooldridge test）	—	—	—	—	—	—
佩萨兰检验（Pesaran's test）	0.479	—	—	—	—	—

续表 6-15

被解释变量（区域创新转化经济效率）	随机效应估计（RE）	双向最小二乘虚拟变量（LSDV）估计	德里斯科尔—克雷（Driscoll-Kraay）稳健标准误估计	面板修正标准误（PSCE）估计	可行广义最小二乘法（FGLS）估计[1]	可行广义最小二乘法（FGLS）估计[2]
弗里德曼检验（Friedman's test）	4.933	—	—	—	—	—
弗雷斯检验（Frees' test）	0.719	—	—	—	—	—

6.6 基于面板归并回归（Tobit 回归）的效率影响因素及其作用机制

为了更深入地分析影响区域创新效率和区域创新转化经济效率的核心要素，以及进一步探究影响区域创新效率和区域创新转化经济效率的作用机制，本书将人均全社会固定资产投资存量、人均实际使用外资金额、人均货物进出口总额等 7 项区域经济发展指标作为解释变量，将区域创新转化经济效率（Efeco）作为被解释变量，在借鉴孟卫东等（2013）学者将面板归并回归（Tobit 回归）方法用于数据包络分析（DEA）的研究经验基础之上，将面板归并回归（Tobit 回归）作为核心研究方法，分析这些要素对区域创新转化经济效率（Efeco）的影响作用。在这一部分将自变量分为三个层面，即区域创新投入指标、区域创新产出指标和区域经济发展指标，分别对区域创新效率（Eftech）进行面板归并回归（Tobit 回归）分析，以探讨其相应的影响作用及机制。

归并回归（Tobit 回归）属于受限因变量回归（胡锐，2007），由于经过数据包络分析得出的区域创新效率与区域创新转化经济效率的值均为大于 0 的截断数据，固定效应模型、随机效应模型和混合回归模型等传统的静态面板数据回归分析已经失效，因此需要使用受限因变量回归进行分析。由于固定效应的归并回归（Tobit 回归）模型无法进行最大似然估计，因此只能考虑随机效应的面板归并回归（Tobit 回归）模型进行分析。似然比（LR）检验可以被用来检验是否能够拒绝或接受原假设"H_0（原假设）：σ_u（标准差）= 0"，即通过判断是否存在个体一致性来认定或否定存在个体效应，以决定是否可以使用随机效应的面板归并回归（Tobit 回归）来进行分析。

6.6.1 各指标对区域创新效率的影响及其作用机制

1）区域创新投入指标对区域创新效率的影响作用

以区域创新效率（Eftech）为因变量，解释变量为各个区域创新投入指标，分别为人均研发经费（X_1）、规上研发（R&D）投入强度

（X_2）、高校人口比（X_3）、万人高校在校生数（X_4）、规上研发（R&D）人员全时当量（X_5）、人均高新技术企业研发（R&D）经费支出（X_6）、万人高新技术企业科技活动人员（X_7）、万人高新技术企业大专以上人数（X_8），并建立如下回归方程：

$$y^*_{it} = \beta_0 + \beta_1 x_{1t} + \beta_2 x_{2t} + \beta_3 x_{3t} + \beta_4 x_{4t} + \beta_5 x_{5t} + \beta_6 x_{6t} + \beta_7 x_{7t} + \beta_8 x_{8t} + u_i + \varepsilon_{it}$$

（式6-4）

其中，y^*_{it} 为第 i 个城市在 t 年的区域创新效率；β_0 为常数项；β_1，β_2，…，β_8 为各变量回归系数；u_i 为扰动项；ε_{it} 为误差项。

由于区域创新效率均大于0，因此采用基于截面面板数据的归并回归（Tobit 回归）分析，并通过似然比（LR）检验（$chibar2 = 152.77$，$Prob = 0.000$）[①]接受随机效应模型，将指标带入式6-4开展面板归并回归（Tobit 回归）分析，结果如表6-16所示。回归结果显示，在8项区域创新投入指标中，仅有万人高新技术企业大专以上人数（X_8）对区域创新效率产生了显著的正向影响，其回归系数为 0.001 932 5。万人高新技术企业大专以上人数（X_8）代表了高新技术企业所拥有的高学历层次的人才比例，而高层次人才越多越能促进区域创新效率的提升。此外在特殊年份的稳健性检验中，各变量的回归系数和正负号都保持了稳定性，但其显著性有所差异，相对而言对回归的稳健性影响不大。

表6-16 区域创新投入指标对区域创新效率的面板归并回归（Tobit 回归）分析结果

自变量（区域创新投入指标）	代码	全年份	奇数年	偶数年
人均研发经费 / 元	X_1	−0.000 162 4 （−0.669）	−0.000 063 2 （−0.211）	0.000 607 9 （1.503）
规上研发（R&D）投入强度 /%	X_2	5.312 444 9 （0.368）	0.939 999 6 （0.054）	−9.775 245 9 （−0.418）
高校人口比 / [个·(百万人)$^{-1}$]	X_3	−0.126 049 7 （−1.533）	−0.084 940 9 （−0.856）	0.102 702 5 （1.072）
万人高校在校生数 / 人	X_4	−0.000 045 0 （−0.047）	−0.000 469 5 （−0.386）	−0.003 084 7** （−2.511）
规上研发（R&D）人员全时当量 /（人·年）	X_5	−0.016 368 4 （−0.952）	−0.028 943 5 （−1.362）	−0.029 256 7 （−1.127）
人均高新技术企业研发（R&D）经费支出 / 元	X_6	−0.000 001 8 （−0.008）	0.000 166 9 （0.527）	−0.000 255 6 （−0.735）
万人高新技术企业科技活动人员 / 人	X_7	−0.003 396 7 （−1.306）	−0.004 571 5 （−1.316）	−0.003 123 4 （−0.715）
万人高新技术企业大专以上人数 / 人	X_8	0.001 932 5** （2.068）	0.001 900 6* （1.672）	0.001 404 9 （0.852）
常数项	Cons	1.305 681 4*** （10.003）	1.374 503 3*** （9.452）	1.439 450 1*** （8.396）
观测数目 / 个	Obs	330	180	150
似然比检验（LR test）	LR	152.77***	62.30***	29.51***

[①] $chibar2$ 检验是用来比较两个模型系数差异的统计方法；$Prob$ 是指概率值（p 值）。

2）区域创新产出指标对区域创新效率的影响作用

以区域创新效率（Eftech）为因变量，解释变量为各个区域创新产出指标，分别为十万人发明专利数（Y_1）、人均技术合同成交额（Y_2）、十万人高新技术企业数量（Y_3）、百万人专利合作条约（PCT）专利申请量（Y_4）、人均高新技术企业工业总产值（Y_5）、人均高新技术企业总收入（Y_6）、人均高新技术企业净利润（Y_7）、人均高新技术企业创汇总额（Y_8），并建立如下回归方程：

$$y^*_{it} = \beta_0 + \beta_1 y_{1t} + \beta_2 y_{2t} + \beta_3 y_{3t} + \beta_4 y_{4t} + \beta_5 y_{5t} + \beta_6 y_{6t} + \beta_7 y_{7t} + \beta_8 y_{8t} + u_i + \varepsilon_{it}$$ （式6-5）

其中，y^*_{it}为第i个城市在t年的区域创新效率；β_0为常数项；β_1，β_2，…，β_8为各变量回归系数；u_i为扰动项；ε_{it}为误差项。

由于区域创新效率均大于0，因此采用基于截面面板数据的归并回归（Tobit回归）分析，并通过似然比（LR）检验（$chibar2 = 258.19$，$Prob = 0.000$）接受随机效应模型，将指标带入式6-5开展面板归并回归（Tobit回归）分析，计算结果如表6-17所示。回归结果显示，在8项区域创新产出指标中，人均技术合同成交额（Y_2）、百万人专利合作条约（PCT）专利申请量（Y_4）、人均高新技术企业总收入（Y_6）都对区域创新效率产生了统计学意义上显著的影响。其中，人均技术合同成交额（Y_2）和百万人专利合作条约（PCT）专利申请量（Y_4）对创新效率有着显著的正向影响，表明促进创新扩散能力和国际化能力是提升城市创新效率的有效手段，这也是所有省份应当重点关注的地方。人均高新技术企业总收入（Y_6）对创新效率有着微弱的负面影响，这在某种程度上说明，虽然人均高新技术企业总收入（Y_6）作为重要的创新产出指标，是衡量区域创新经济实力的重要指标之一，但其对于区域创新效率的提升并没有过多帮助。产业化能力对区域创新效率并没有产生显著影响，这可能是因为产业化能力已经不再是城市创新效率领域的重点，也可能是由于高新技术企业数量尚不足以代表省份的产业化能力。此外在特殊年份的稳健性检验中，各变量的回归系数和正负号都保持了稳定性，但其显著性有所差异，相对而言对回归的稳健性影响不大。

表6-17 区域创新产出指标对区域创新效率的面板归并回归（Tobit回归）分析结果

自变量（区域创新产出指标）	代码	全年份	奇数年	偶数年
十万人发明专利数/件	Y_1	−0.002 744 7 （−1.129）	−0.003 701 6 （−1.144）	−0.002 714 0 （−0.699）
人均技术合同成交额/元	Y_2	0.000 080 5** （2.460）	0.000 051 4 （1.203）	0.000 085 8** （1.991）
十万人高新技术企业数量/家	Y_3	0.001 894 2 （0.841）	−0.001 146 4 （−0.363）	0.003 584 4 （1.050）
百万人专利合作条约（PCT）专利申请量/个	Y_4	0.001 591 6* （1.747）	0.002 433 2** （2.026）	0.001 162 2 （0.835）

续表 6-17

自变量（区域创新产出指标）	代码	全年份	奇数年	偶数年
人均高新技术企业工业总产值/元	Y_5	−0.000 002 1 （−0.787）	−0.000 018 8** （−2.036）	0.000 000 4 （0.143）
人均高新技术企业总收入/元	Y_6	−0.000 017 5* （−1.762）	0.000 010 8 （0.706）	−0.000 053 8*** （−3.142）
人均高新技术企业净利润/元	Y_7	0.000 078 8 （0.842）	−0.000 103 3 （−0.849）	0.000 405 7** （2.538）
人均高新技术企业创汇总额/美元	Y_8	−0.000 199 7 （−1.288）	−0.000 177 3 （−0.844）	0.000 147 7 （0.667）
常数项	Cons	1.068 098 4*** （16.845）	1.094 213 0*** （16.333）	1.086 853 8*** （16.830）
观测数目/个	Obs	330	180	150
似然比检验（LR test）	LR	258.19***	119.81***	69.43***

3）区域经济发展指标对区域创新效率的影响作用

为了对影响区域创新效率的经济因素进行前瞻性分析，在短面板数据的基础上运用归并回归（Tobit 回归）模型，对可能影响区域创新效率的经济性因素进行回归分析。以区域创新效率（Eftech）为因变量，解释变量为各个区域经济发展指标，分别为人均全社会固定资产投资存量（Z_1）、人均实际使用外资金额（Z_2）、人均货物进出口总额（Z_3）、城镇居民家庭平均每人全年消费性支出（Z_4）、人均地区生产总值（Z_5）、单位国内生产总值（GDP）废水排放量（Z_6）、单位国内生产总值（GDP）电力消费量（Z_7），并建立如下回归方程：

$$y^*_{it} = \beta_0 + \beta_1 z_{1t} + \beta_2 z_{2t} + \beta_3 z_{3t} + \beta_4 z_{4t} + \beta_5 z_{5t} + \beta_6 z_{6t} + \beta_7 z_{7t} + u_i + \varepsilon_{it} \quad \text{（式 6-6）}$$

其中，y^*_{it} 为第 i 个城市在 t 年的区域创新效率；β_0 为常数项；β_1，β_2，…，β_7 为各变量回归系数；u_i 为扰动项；ε_{it} 为误差项。

由于区域创新效率均大于 0，因此采用基于截面面板数据的归并回归（Tobit 回归）分析，并通过似然比（LR）检验（$chibar2 = 229.80$，$Prob = 0.000$）接受随机效应模型，将指标带入式 6-6 开展面板归并回归（Tobit 回归）分析，结果如表 6-18 所示。回归结果显示，在 7 项区域经济发展指标中，除人均实际使用外资金额（Z_2）外，其余指标对区域创新效率的影响并不显著，表明人均地区生产总值（Z_5）、人均全社会固定资产投资存量（Z_1）、城镇居民家庭平均每人全年消费性支出（Z_4）等重要的经济指标并没有产生显著的影响。人均实际使用外资金额（Z_2）对创新效率有明显的正向影响，其每提高 1 个单位，城市创新效率就能够提升 0.000 713 5 个单位，这可能是因为对于创新活动而言，对外开放仍然是当前我国推动创新能力发展、加快创新速度的关键因素。总体来看，除外向型联系外，区域经济发展与区域创新效率之间并没有过多的相关关系，之所以有如下结果，可能是由于区域创新活动是一个复杂的系统，因此尽管区域经济发展和创新产出指标之间具有较强的关联性，但与区域创新效率之间并没有更多关联，从某种意义上看经济发展并不一定能够十分有效地促进创新效率的提升（方创琳等，2014）。对于绝大多数地区而言，发展外向型经济仍然对当地的区域创新效率有不小的益处。此外在特殊年份的稳健性检验中，各变量的回归系数和正负号都保持了稳定性，但其显著性有所差异，相对而言对回归的稳健性影响不大。

表6-18 区域经济发展指标对区域创新效率的面板归并回归（Tobit回归）分析结果

自变量（区域经济发展指标）	代码	全年份	奇数年	偶数年
人均全社会固定资产投资存量/元	Z_1	0.000 000 2 (0.370)	0.000 001 3* (1.672)	−0.000 001 0 (−1.021)
人均实际使用外资金额/美元	Z_2	0.000 713 5*** (3.960)	0.000 686 3*** (3.315)	0.001 581 7*** (3.377)
人均货物进出口总额/美元	Z_3	−0.000 014 8 (−0.786)	−0.000 007 5 (−0.347)	−0.000 025 8 (−1.128)
城镇居民家庭平均每人全年消费性支出/元	Z_4	−0.000 002 4 (−0.189)	−0.000 013 0 (−0.804)	0.000 031 0 (1.581)
人均地区生产总值/元	Z_5	−0.000 003 5 (−0.637)	−0.000 006 0 (−0.882)	−0.000 010 6 (−1.242)
单位国内生产总值（GDP）废水排放量/$[t \cdot (万元)^{-1}]$	Z_6	−0.001 374 8 (−0.316)	−0.001 040 9 (−0.199)	−0.010 195 6 (−1.378)
单位国内生产总值（GDP）电力消费量/$[kW \cdot h \cdot (万元)^{-1}]$	Z_7	0.000 058 4 (0.755)	0.000 102 7 (1.185)	0.000 213 7* (1.733)
常数项	Cons	0.990 864 2*** (7.681)	1.015 063 0*** (6.668)	0.839 672 7*** (4.367)
观测数目/个	Obs	330	180	150
似然比检验（LR test）	LR	229.80***	94.40***	75.23***

6.6.2 各指标对区域创新转化经济效率的影响及其作用机制

1）区域创新投入指标对区域创新转化经济效率的影响作用

为了对影响区域创新转化经济效率（Efeco）的区域创新投入因素进行进一步分析，在短面板数据的基础上运用归并回归（Tobit回归）模型，对可能影响区域创新转化经济效率（Efeco）的8项区域创新投入指标进行回归分析。以区域创新转化经济效率（Efeco）为因变量，解释变量为各个区域创新投入指标，分别为人均研发经费（X_1）、规上研发（R&D）投入强度（X_2）、高校人口比（X_3）、万人高校在校生数（X_4）、规上研发（R&D）人员全时当量（X_5）、人均高新技术企业研发（R&D）经费支出（X_6）、万人高新技术企业科技活动人员（X_7）、万人高新技术企业大专以上人数（X_8），并建立如下回归方程：

$$y^*_{it} = \beta_0 + \beta_1 x_{1t} + \beta_2 x_{2t} + \beta_3 x_{3t} + \beta_4 x_{4t} + \beta_5 x_{5t} + \beta_6 x_{6t} + \beta_7 x_{7t} + \beta_8 x_{8t} + u_i + \varepsilon_{it}$$

（式6-7）

其中，y^*_{it} 为第 i 个城市在 t 年的区域创新转化经济效率；β_0 为常数项；β_1，β_2，…，β_8 为各变量回归系数；u_i 为扰动项；ε_{it} 为误差项。

由于区域创新转化经济效率均大于0，因此采用基于截面面板数据的归并回归（Tobit回归）分析，并通过似然比（LR）检验（$chibar2 = 174.69$，$Prob = 0.000$）接受随机效应模型，将指标带入式6-7开展面板归并回归（Tobit回归）分析，结果如表6-19所示。回归结果显示，在8项区域创新投入指标中，人均研发经费（X_1）与区域创新转化经济效率具有显著的正相关关系，而规上研发（R&D）投入强度（X_2）则对区域创新转化经济效率产生了非常显著的负向影响。人均研发经费（X_1）与规上研发（R&D）投入强度（X_2）均以规上工业企业研发（R&D）经费为核心数据，均能够在很大程度上衡量某一省份的资金支持力度，但对区域创新转化经济效率却会产生相反的影响，这在很大程度是因为常住人口和地区生产总值的背离，相比之下以常住人口作为被除数的人均研发经费这一指标能够更有效地衡量各省份对工业企业研发（R&D）资金投入的相对力度，因此对区域创新转化经济效率而言，更多的资金投入相对力度确实能够有效地促进区域创新转化经济效率的提升。此外在特殊年份的稳健性检验中，各变量的回归系数和正负号都保持了稳定性，但其显著性有所差异，相对而言对回归的稳健性影响不大。

表6-19 区域创新投入指标对区域创新转化经济效率的面板归并回归（Tobit回归）分析结果

自变量（区域创新投入指标）	代码	全年份	奇数年	偶数年
人均研发经费/元	X_1	0.000 465 5** （2.313）	0.000 550 5** （2.154）	0.000 960 3*** （3.084）
规上研发（R&D）投入强度/%	X_2	−21.183 521 7* （−1.737）	−16.581 093 3 （−1.084）	−49.426 887 8*** （−2.721）
高校人口比/[个·(百万人)$^{-1}$]	X_3	−0.049 378 3 （−0.719）	−0.010 239 4 （−0.127）	0.057 401 5 （0.731）
万人高校在校生数/人	X_4	0.000 335 6 （0.445）	−0.000 148 3 （−0.156）	−0.000 419 0 （−0.431）
规上研发（R&D）人员全时当量/（人·年）	X_5	−0.009 496 6 （−0.667）	−0.024 995 1 （−1.376）	−0.000 788 0 （−0.037）
人均高新技术企业研发（R&D）经费支出/元	X_6	−0.000 082 9 （−0.451）	−0.000 148 8 （−0.538）	−0.000 149 9 （−0.544）
万人高新技术企业科技活动人员/人	X_7	−0.000 192 9 （−0.088）	0.000 317 5 （0.105）	0.000 556 4 （0.159）
万人高新技术企业大专以上人数/人	X_8	−0.000 348 8 （−0.448）	−0.000 344 1 （−0.355）	−0.000 789 3 （−0.597）

续表 6-19

自变量(区域创新投入指标)	代码	全年份	奇数年	偶数年
常数项	$Cons$	1.286 290 9*** (12.003)	1.290 230 7*** (10.623)	1.309 023 0*** (9.903)
观测数目/个	Obs	330	180	150
似然比检验(LR test)	LR	174.69***	71.44***	43.03***

2)区域创新产出指标对区域创新转化经济效率的影响作用

随后对可能影响区域创新转化经济效率（Efeco）的 8 项区域创新产出指标进行回归分析。以区域创新转化经济效率（Efeco）为因变量，解释变量为各个区域创新产出指标，分别为十万人发明专利数（Y_1）、人均技术合同成交额（Y_2）、十万人高新技术企业数量（Y_3）、百万人专利合作条约（PCT）专利申请量（Y_4）、人均高新技术企业工业总产值（Y_5）、人均高新技术企业总收入（Y_6）、人均高新技术企业净利润（Y_7）、人均高新技术企业创汇总额（Y_8），并建立如下回归方程：

$$y^*_{it} = \beta_0 + \beta_1 y_{1t} + \beta_2 y_{2t} + \beta_3 y_{3t} + \beta_4 y_{4t} + \beta_5 y_{5t} + \beta_6 y_{6t} + \beta_7 y_{7t} + \beta_8 y_{8t} + u_i + \varepsilon_{it} \quad (\text{式 6-8})$$

其中，y^*_{it} 为第 i 个城市在 t 年的区域创新转化经济效率；β_0 为常数项；β_1，β_2，…，β_8 为各变量回归系数；u_i 为扰动项；ε_{it} 为误差项。

由于区域创新转化经济效率均大于 0，因此采用基于截面面板数据的归并回归（Tobit 回归）分析，并通过似然比（LR）检验（$chibar2 = 259.75$，$Prob = 0.000$）接受随机效应模型。回归结果显示（表 6-20），在 8 项区域创新产出指标中，人均技术合同成交额（Y_2）与区域创新转化经济效率具有显著的正相关关系，人均技术合同成交额（Y_2）每增加 0.000 048 个单位，区域创新转化经济效率便能上升 1 个单位，在一定程度上可以说明创新知识的扩散能力对于区域创新转化经济效率有着至关重要的影响，这也与创新成果转化的理论基础与实际情况保持一致，即更多的技术交易也能促进更多的创新转化，因此为了提升区域创新转化经济效率，是有必要持续推动各省份技术交易市场建设的，以通过不断加大知识与技术研发成果的扩散力度来促进区域创新转化经济效率的增长。此外在特殊年份的稳健性检验中，各变量的回归系数和正负号都保持了稳定性，但其显著性有所差异，相对而言对回归的稳健性影响不大。

表 6-20 区域创新产出指标对区域创新转化经济效率的面板归并回归（Tobit 回归）分析结果

自变量（区域创新产出指标）	代码	全年份	奇数年	偶数年
十万人发明专利数/件	Y_1	−0.002 009 6 (−0.978)	−0.001 076 3 (−0.376)	−0.004 729 2 (−1.479)
人均技术合同成交额/元	Y_2	0.000 048 0* (1.750)	0.000 022 4 (0.601)	0.000 088 9** (2.502)

续表 6-20

自变量（区域创新产出指标）	代码	全年份	奇数年	偶数年
十万人高新技术企业数量 / 家	Y_3	0.001 544 9 （0.808）	0.000 129 2 （0.046）	0.002 955 1 （1.051）
百万人专利合作条约（PCT）专利申请量 / 个	Y_4	−0.000 124 0 （−0.160）	−0.000 201 4 （−0.189）	−0.000 106 4 （−0.093）
人均高新技术企业工业总产值 / 元	Y_5	−0.000 001 3 （−0.565）	−0.000 008 5 （−1.023）	−0.000 000 2 （−0.073）
人均高新技术企业总收入 / 元	Y_6	−0.000 011 1 （−1.312）	−0.000 001 8 （−0.132）	−0.000 028 3** （−2.021）
人均高新技术企业净利润 / 元	Y_7	0.000 082 2 （1.028）	0.000 052 4 （0.481）	0.000 234 4* （1.789）
人均高新技术企业创汇总额 / 美元	Y_8	−0.000 071 2 （−0.537）	−0.000 001 6 （−0.009）	0.000 096 3 （0.521）
常数项	Cons	1.142 145 4*** （21.540）	1.129 056 6*** （19.811）	1.158 605 4*** （21.373）
观测数目 / 个	Obs	330	180	150
似然比检验（LR test）	LR	259.75***	115.10***	76.39***

3）区域经济发展指标对区域创新转化经济效率的影响作用

本章在最后对可能影响区域创新转化经济效率（Efeco）的区域经济发展指标进行分析。解释变量为各个区域经济发展指标，分别为人均全社会固定资产投资存量（Z_1）、人均实际使用外资金额（Z_2）、人均货物进出口总额（Z_3）、城镇居民家庭平均每人全年消费性支出（Z_4）、人均地区生产总值（Z_5）、单位国内生产总值（GDP）废水排放量（Z_6）、单位国内生产总值（GDP）电力消费量（Z_7），并建立如下回归方程：

$$y^*_{it} = \beta_0 + \beta_1 z_{1t} + \beta_2 z_{2t} + \beta_3 z_{3t} + \beta_4 z_{4t} + \beta_5 z_{5t} + \beta_6 z_{6t} + \beta_7 z_{7t} + u_i + \varepsilon_{it} \quad \text{（式 6-9）}$$

其中，y^*_{it} 为第 i 个城市在 t 年的区域创新转化经济效率；β_0 为常数项；β_1，β_2，…，β_7 为各变量回归系数；u_i 为扰动项；ε_{it} 为误差项。

由于区域创新转化经济效率均大于 0，因此采用基于截面面板数据的归并回归（Tobit 回归）分析，并通过似然比（LR）检验（$chibar2 = 253.15$，$Prob = 0.000$）接受随机效应模型。回归结果显示（表 6-21），在 7 项区域经济发展指标中单位国内生产总值（GDP）废水排放量（Z_6）、单位国内生产总值（GDP）电力消费量（Z_7）为负功效性指标，因此从回归结果来看，人均全社会固定资产投资存量（Z_1）、人均实际使用外资金额（Z_2）均与区域创新转化经济效率具有统计学上显著的正相关关系，城镇居民家庭平均每人全年消费性支出（Z_4）、单位国内生产总值（GDP）电力消费量（Z_7）则对区域创新转化经济效率具有负向影响。人均实际使用外资金额（Z_2）既是促进区域创新效率提升的唯一核心因素，也是促进区域创新转化经济效率提升的首要因素，由此可见当前在区域创新领域，不管在"创新投入→创新产出"还是在"创新产出→创新经济产出"

阶段，仍然具有非常显著的外向型特征，利用外资对于提升区域创新效率和区域创新转化经济效率都至关重要。在推动区域创新转化经济效率提升方面，人均全社会固定资产投资存量（Z_1）也产生了正向促进作用，表明其也具有一定的投资拉动特征。单位国内生产总值（GDP）电力消费量（Z_7）的降低也与区域创新效率的增长具有密切联系，二者相互影响，但具有更大可能性的是区域创新转化经济效率的提升带动了单位国内生产总值（GDP）电力消费量的降低，而非相反的驱动作用。以城镇居民家庭平均每人全年消费性支出（Z_4）来衡量的消费性指标并没有促进区域创新转化经济效率的提升，这在一定程度上也可以说明，当前对于区域创新转化经济效率而言，消费并没有成为核心的增长引擎，外资驱动与投资拉动仍然是在创新产出向创新经济产出的成果转化阶段不可避免的道路。此外在特殊年份的稳健性检验中，各变量的回归系数和正负号都保持了稳定性，但其显著性有所差异，相对而言对回归的稳健性影响不大。

表6-21　区域经济发展指标对区域创新转化经济效率的面板归并回归（Tobit回归）分析结果

自变量（区域经济发展指标）	代码	全年份	奇数年	偶数年
人均全社会固定资产投资存量/元	Z_1	0.000 000 9* （1.709）	0.000 001 7** （2.510）	0.000 000 1 （0.137）
人均实际使用外资金额/美元	Z_2	0.000 451 0*** （3.043）	0.000 500 2*** （2.885）	0.000 660 5* （1.794）
人均货物进出口总额/美元	Z_3	−0.000 005 5 （−0.346）	0.000 000 5 （0.026）	−0.000 001 9 （−0.104）
城镇居民家庭平均每人全年消费性支出/元	Z_4	−0.000 033 3*** （−3.239）	−0.000 036 3*** （−2.688）	−0.000 026 5* （−1.654）
人均地区生产总值/元	Z_5	0.000 001 0 （0.214）	−0.000 000 6 （−0.103）	0.000 001 3 （0.192）
单位国内生产总值（GDP）废水排放量/$[t \cdot (万元)]^{-1}$	Z_6	0.000 059 9 （0.017）	0.001 259 0 （0.287）	−0.004 702 7 （−0.772）
单位国内生产总值（GDP）电力消费量/$[kW \cdot h \cdot (万元)]^{-1}$	Z_7	−0.000 105 4* （−1.672）	−0.000 058 7 （−0.802）	−0.000 043 6 （−0.447）
常数项	Cons	1.352 722 7*** （12.470）	1.279 642 1*** （9.852）	1.323 951 2*** （8.479）
观测数目/个	Obs	330	180	150
似然比检验（LR test）	LR	253.15***	108.96***	79.15***

6.7　本章小结

本部分以中国30个省级行政单位（不包括我国西藏和港澳台地区）为研究单元，采用非导向的基于松弛变量计算效率值的超效率模型（SE-

SBM）和马姆奎斯特（Malmquist）生产率指数模型，对2007—2017年的区域创新效率和区域创新转化经济效率进行了测度，并对其动态变化特征进行了分析，在此基础上通过面板数据回归分析和归并回归（Tobit回归）分析对区域创新与经济发展三阶段效率的互动关系进行了深层次分析，且对区域创新效率和区域创新转化经济效率的演化阶段及机制进行了研究，得到的主要结论如下：

（1）区域创新效率与区域科技经济效率的比较分析。由于规模效应不变（CRS）和规模效应可变（VRS）计算得出的效率值在某些省份具有较大差异，因此对规模效应不变（CRS）和规模效应可变（VRS）计算出来的效率值赋予同等权重，将其加权平均后计算得出各个省份在各年度的综合效率值。

在区域创新效率方面，北京处于全国前列，上海、山东、浙江、天津等省份处高水平、高稳定的发展阶段。总体来看，我国区域创新效率平稳增长，发展良好，但没有展现出比较显著的上升势头，这在一定程度上说明我国的区域创新效率还有待提高。区域创新效率的标准差和变异系数一直呈现比较明显的下降态势，表明我国省际区域创新效率的差异缩小，同时也在说明东南沿海地区的区域创新效率已经难以保持上升态势，区域创新领域的协调性增强。2007—2012年，区域创新效率"东西高企，中部塌陷"的状况加剧，后得益于西部地区创新效率的提升，到2017年时区域创新效率的地域差异缩小。可以看出，经济发展水平和区域创新水平较弱的地区反而可以通过较高的区域创新效率来促进经济的快速增长。据此，本书提出"区域创新水平与效率四象限模型"，用以对区域创新效率与水平之间的互动关系加以解释。

在区域创新转化经济效率方面，就全国范围来看，2007—2017年我国区域创新转化效率的波动要大于区域创新效率，区域创新转化的经济效率要高于区域创新效率，且发展平稳，空间格局上呈"西高东低，零星分布"的态势。中西部地区的区域创新转化效率更高，呈快速追赶东南沿海趋势，全国的区域创新转化效率差异在缩小。

（2）区域创新与区域创新转化经济的全要素生产率分析。就区域创新的全要素生产率而言，在规模效应不变的假设前提下，我国区域创新的全要素生产率有小幅下滑，造成这一现象的原因是效率变化值降低的幅度要高于技术变化值提升的幅度。在规模效应可变的假设前提下，从2007—2008年度至2016—2017年度，区域创新的全要素生产率呈小幅提升，这与规模效应可变假设前提下的情况相反，因此规模效应可变的前提更加合理。研究表明，我国的区域创新投入、区域产出仍处于规模经济阶段，省级层面亦是如此。同时，我国省级层面的区域创新效率及水平的差异在逐渐缩小。

就区域创新转化经济的全要素生产率而言，在规模效应不变和规模效应可变两种假设前提下，区域创新转化经济的全要素生产率均明显下降，技术方面带来的全要素下降超过了效率对于全要素的提升。从空间格局来看，在省级层面，我国区域创新转化经济全要素的生产率差异在缩小。

（3）基于面板归并回归（Tobit 回归）的区域创新与区域创新转化经济效率互动分析。区域创新效率与区域创新转化经济效率具有显著且稳健的正相关性，我国大量省份的这两个效率已经处于大于 1 的较高水平，同时，绝大多数省份仍可通过提高区域创新效率来提升区域创新转化经济效率，并通过两者的双向互动来实现经济和科技更好的互促发展。

本部分仍存在以下不足有待进一步探索，主要体现如下：

（1）基于松弛变量计算效率值的超效率模型（SE-SBM）虽然能有效克服投入、产出的松弛性问题，其得出的效率值仍然是相对值而非绝对值，因此尽管采用了全局对比，但对其进行时间上的纵向比较可能仍存在一定误差。此外，在基于松弛变量计算效率值（SBM）模型中，当存在所有的决策单元（DMU）同时完全有效时，就无法对其有效程度进行进一步辨别，因此今后还应当在数据包络分析的具体模型中进行有效优化和相关探索，以选取更适合的分析模型对区域创新效率和区域创新转化经济效率加以深度研究。

（2）本章虽然对区域创新效率与区域创新转化经济效率进行了初步分析，并初步阐述了区域创新效率与区域创新转化经济效率的影响因素，但并未对区域创新效率与区域创新转化经济效率在空间上的作用机制进行空间回归研究。此外就创新活动而言，某一技术研究成果从研究到投入使用的这段时间会比较长，并且技术的商业化也需要时间，因此创新资源从投入到产出应该存在时间上的滞后效应，但限于数据并没有对时间延迟加以考虑，这也是后续研究需着重关注的一点，今后应当通过时间序列分析来加以更深入研究。

（3）区域创新效率与区域创新转化经济效率对于提升区域竞争力、维持区域经济的可持续发展具有重要影响，在当前我国提出"创新驱动"发展战略、建设创新型国家的大背景下，更加具有现实意义。我国在提倡创新发展的同时，也重点提到了建设资源节约型、环境友好型社会，本书尽管将环境指标纳入其中进行研究，但牵涉的环境指标仍然相对较少，今后还需要在具有更多更复杂的环境约束条件下对区域创新效率与区域创新转化经济效率开展相应研究，进而能够促进区域科技与经济的可持续发展。

7 区域创新的经济门限效应

7.1 区域创新与经济发展的相关文献回顾

早在19世纪末期,国外学者马歇尔(Marshall,1890)就关注了区域创新与区域经济发展的关系,提出了产业协同创新环境能促进高水平劳动力市场的集聚,并会带来区域创新,从而推动区域经济增长。波斯纳(Posner,1961)曾就进出口贸易对国家的技术创新所产生的影响开展了研究,并提出了"比较成本差异"可能导致特定商品的贸易成本绝对低于其他国家模仿另一个国家的创新所花费的成本。他认为进出口贸易有利于本国进行模仿创新,从而能够促进区域创新水平的提升。利希滕伯格等(Lichtenberg et al.,1998)重点审视了外国研发资本存量和贸易开放度的关系,通过分析外国研发的产出弹性来测算国家的贸易开放度,以纠正"指数化偏差"并得到相应结果。实证结果证实,一个国家的贸易开放程度越高,受益于外国研发的可能性就越大。莫斯科斯(Moschos,1989)研究了出口贸易对技术进步的影响机制,发现出口贸易确实会对技术进步产生显著的门限效应,低群组和高群组的技术产出增长对其出口贸易的反应大不相同,而且出口贸易对发展中国家"落后群体"技术进步的拉动作用要比"先进群体"强烈。古洛格鲁等(Guloglu et al.,2012)以高收入经济合作与发展组织国家研发(R&D)支出、创新与经济增长之间可能存在的因果关系为突破口,通过广义矩估计(Generalized Method of Moments,GMM)和面板固定效应、面板向量自回归(Panel Vector Autoregression,PVAR)模型等,发现研发支出是经济增长的原因,符合内生增长理论的推定,同时经济增长与创新之间也存在反向因果关系,即经济产出加速了技术革新。

国内学者也对区域创新与经济发展的相关性开展了诸多研究。洪名勇(2003)较早地研究了区域创新与经济增长的关系,从新经济增长理论视角出发,计算了我国31个省区市(不包括我国港澳台地区)的区域创新能力指数和区域经济实力指数,得出区域创新与区域经济非均衡增长模型,发现经济发展较好的东部地区的区域创新能力要高于中西部地区,西部地区的区域创新能力因其经济发展水平较低仍然有待提升。叶明亮等(Yeh et al.,2010)以我国台湾的信息产业公司的企业绩效为对象,采用面板门限回归模型,关注是否存在最佳水平的研发(R&D)强度，使公司能够达到最大化绩效，结果证实确实存在单门限效应，并显示研发（R&D）强度与企业绩效之间存在倒U字形关系。李婧等（2010）以1998—2007年我国30个地区（不包括我国西藏和港澳台地区）的面板数据为研究对象，基于静态与动态空间面板模型，采用研发（R&D）人员投入和研发（R&D）经费支出作为投入变量，采用专利数作为产出变量，发现我国的区域创新活动具有高度的空间集聚特征，形成了东部沿海地区高—高聚集的良性发展态势，且经济发展对于地区的创新活动有着显著的正向影响。鲁钊阳等（2012）重点关注外商直接投资（Foreign Direct Investment，FDI）所带来的技术溢出对区域创新能力差异的影响，采用了区域创新的基尼系数和泰尔指数，研发活动的资本投入量、科技人员投入量、外商直接投资存量等指标进行门限回归分析，认为外商直接投资（FDI）与区域创新之间存在明显的双门限效应，进而将29个省份（不包括我国西藏和港澳台地区，重庆市的数据被纳入四川省统计）划分为高创新能力区域（以东部地区为主）、中创新能力区域和低创新能力区域（以中西部地区为主）。冉光和等（2013）通过对我国29个地区（不包括我国西藏和港澳台地区，重庆市的数据被纳入四川省统计）的面板数据进行回归分析，以金融发展水平为门限变量，实证分析了外商直接投资（FDI）与金融发展的结构和效率对区域创新能力具有显著影响，并且认为只有当跨越区域金融发展的相应门限时，外商直接投资（FDI）才能够对区域创新能力产生更为显著的促进作用。谢波（2013）以1990—2010年我国中部、东部、西部地区的省际面板数据为研究对象，以动态面板数据模型和空间面板数据模型为手段，发现在中西部地区的资源型产业地区，资源型产业对区域创新存在挤出效应，即中西部地区资源型产业的集聚不利于区域技术创新的提升，但东部地区的资源型产业则对区域创新有正向促进作用。王欣等（2016）利用2007—2014年长三角地区25个城市的面板数据，采用包括外生控制变量在内的面板平滑转换模型，发现对外直接投资（Outward Foreign Direct Investment，OFDI）对包括研发（R&D）经费投入、研发（R&D）经费占国内生产总值（GDP）的比重等指标在内的区域创新能力具有显著的影响，且存在明显的单一门限效应。石峰等（2016）以2003—2012年的省级面板数据为依托，实证检验研发投入对区域技术创新的影响，经过实证分析认为研发劳动投入和研发资本投入分别对区域技术创新的影响存在进口贸易的双重门限效应。尚勇敏等（2017）采用数据包络分析方法，以我国作为研究整体来计算马姆奎斯特（Malmquist）指数，并由此分析区域创新的全要素生产率与国内生产总值（GDP）和产业之间的相关关系，并对我国金华模式、温州模式、上海模式、深圳模式、东莞模式等16种具有典型意义的经济发展模式地区进行深入分析，认为区域创新能够有效地促进区域经济发展结构的转变，并且在产业结构转型和要素结构升级两个方面予以体现。反之区域创新也受到区域经济环境的影响。

总体来看，国内外学者对于区域创新和经济发展的关系研究都比较深入，但大多集中在对区域创新促进经济发展影响机制的研究，以及外商直接投资（FDI）、对外直接投资（OFDI）等少数经济指标对区域创新的门限效应分析，对于所涉及的经济指标和区域创新指标都不甚全面，以至于不能较为清晰完整地分析经济发展对区域创新的门限效应和影响。本书在前人学者的研究基础上，构建能够相对综合地反映经济发展和区域创新情况的指标体系，以更为全面地对区域创新的门限效应进行深入分析。

7.2　面板门限回归模型方法

门限回归模型最早在20世纪80年代提出，目前在经济学、管理学、环境科学等领域中均具有广泛的应用。门限回归模型最初由汤家豪于1978年提出，并由汤家豪等（Tong et al.，1980）开展了详细讨论，他们对门限回归模型进行了补充和完善。但早期的门限回归模型在应用中没有受到太多关注，这主要是由于缺乏合适的建模程序，以及因此导致的无法识别门限变量和估计范围的问题。詹尼等（Chan et al.，1986）较早地研究了门限自回归模型的门限参数（即变化点）问题，通过将平滑度引入模型优化最小二乘估计的精度，以得到较好的回归结果。特赛（Tsay，1989）继续优化了门限回归模型的计算过程，并提出使用辅助图形设备来识别潜在门限值的数量和位置，可以通过仿真和数据分析评估其在有限样本情况下的回归效果。

随着门限回归模型的发展，学者们不满足于仅对静态数据进行门限回归分析，他们开始对时间序列和面板数据开展了门限回归的相关研究，其中汉森（Hansen）博士具有较为突出的贡献。汉森（Hansen，1996，1999）提出了时间序列门限自回归模型（Threshold Autoregressive，TAR）的估计和检验，随后又提出通过组内去均值消除个体固定效应，然后再利用最小二乘（OLS）进行门限估计的计算模式，并提出了利用自举法（bootstrapping）对门限效应进行显著性检验，以增强模型的拟合程度。随后卡纳等（Caner et al.，2004）研究了包括内生解释变量和外生门限变量在内的面板门限模型，并使用了两阶段最小二乘法（Two-stage Least Squares，2SLS）或广义矩估计（GMM）对门限模型进行参数估计。我国学者如连玉君、王群勇等也基于汉森（Hansen）和其他继任者的研究成果（Wang，2015），对面板门限回归开展了值得关注的研究，并分别贡献了相应的理论模型和实操方法。

由于区域创新与经济发展之间的关系相对复杂，处于不同经济发展阶段的区域创新能力与水平会有不同的表现，经济变量对创新变量的影响作用可能存在结构性突变问题，因此采用常规的分段回归有可能会因为分组不当而造成偏误且难以修正，因此需要在面板门限回归模型的基础上进行回归分析。具体的门限效应回归模型如式 7-1、式 7-2 所示：

$$y_{it} = \mu + X_{it}(q_{it} < \gamma)\beta_1 + X_{it}(q_{it} \geq \gamma)\beta_2 + \mu_i + e_{it} \quad （式7-1）$$

$$y_{it} = \mu + X_{it}(q_{it},\gamma)\beta + \mu_i + e_{it} \quad （式7-2）$$

$$\text{When } X_{it}(q_{it},\gamma) = \begin{cases} X_{it}\mathrm{I}(q_{it} < \gamma) \\ X_{it}\mathrm{I}(q_{it} \geq \gamma) \end{cases}$$

式 7-1 为单门限效应回归模型的数学表达形式。其中，i 表示地区（省区市）；t 表示年份；X_{it} 为解释变量（经济指标）；y_{it} 为被解释变量（创新指标）；q_{it} 为门限变量；γ 为未知门限值；β 为回归系数；μ 为扰动项；e_{it} 为随机扰动项；μ_i 为个体效应；I( ) 为示性函数，即如果括号中的表达式为真，则取值为 1，反之取值为 0。该式等价于式 7-2，即可以用分段函数加以表示。为了对未知门限值 γ 进行估计，可以搜索门限变量 q_{it} 的子集而不是搜索整个样本，并采用非拒绝域方法进行似然比（LR）检验。

门限效应可以扩充至双门限和三门限。双门限效应回归模型如下所示，但由于篇幅所限，三门限效应回归模型的数学表达形式就不再予以呈现。

$$y_{it} = \mu + X_{it}(q_{it} < \gamma_1)\beta_1 + X_{it}(\gamma_1 \leq q_{it} < \gamma_2)\beta_2 + X_{it}(q_{it} \geq \gamma_2)\beta_3 + \mu_i + e_{it} \quad （式7-3）$$

$$y_{it} = \mu + X_{it}(q_{it},\gamma)\beta + \mu_i + e_{it} \quad （式7-4）$$

$$\text{When } X_{it}(q_{it},\gamma) = \begin{cases} X_{it}\mathrm{I}(q_{it} < \gamma_1) \\ X_{it}\mathrm{I}(\gamma_1 \leq q_{it} < \gamma_2) \\ X_{it}\mathrm{I}(q_{it} \geq \gamma_2) \end{cases}$$

7.3 区域创新的经济门限效应分析

7.3.1 数据来源与前期检验

本章节依据第 3 章内容，筛选出统计口径较为一致的数据展开研究，所有的统计数据来自中国城市统计年鉴、城市年鉴、省或城市创新年鉴、中国火炬计划统计年鉴及统计公报等。需特别指出的是，因为部分数据缺失，此部分计算不包括我国广西和港澳台地区。区域经济发展指标包括经济发展的"三驾马车"，即固定资产投资存量、居民消费与对外经济，其中对外经济指标又包括了外资与外贸两个小方面，能够比较完整地呈现区域创新的综合水平（吴昊等，2019）。

表 7-1 给出了区域创新产出指标和区域经济发展指标各变量的描述性统计结果，并根据模型设定，将区域经济发展指标划定为解释变量，将区域创新产出指标划定为被解释变量。由表 7-1 可知，各变量的内部差异较大，样本分布情况较不均匀。通过对各变量的相关性

分析发现，平均的方差膨胀因子（Variance Inflation Factor，VIF）为 4.20，小于经验规则中所限定的 10，故可以认为不存在较为严重的多重共线性（冷建飞等，2016；傅德印等，2008）。虽然经方差膨胀因子（VIF）检验发现解释变量不存在严重的多重共线性，但值得注意的是人均地区生产总值（Z_5）的方差膨胀因子（VIF）值达到了 11.52，表示该变量与其他解释变量之间的相关性非常强，因此根据面板门限模型的理论模型，将人均地区生产总值（Z_5）设定为解释变量。与此类似，对被解释变量进行方差膨胀因子（VIF）检验，发现人均高新技术企业总收入（Y_6）、人均高新技术企业净利润（Y_7）的方差膨胀因子（VIF）检验值分别高达 60.43 与 34.44，且 Y_1—Y_7 的平均方差膨胀因子（VIF）为 16.98，大于经验规则中所限定的 10，可以认定被解释变量之间存在着较为严重的共线性。将人均高新技术企业总收入（Y_6）、人均高新技术企业净利润（Y_7）剔除之后，平均方差膨胀因子（VIF）降低到 5.09，其共线性已经满足要求，因此本章节中所使用的被解释变量为区域创新产出指标中除人均高新技术企业总收入（Y_6）、人均高新技术企业净利润（Y_7）的其余指标，解释变量为区域经济发展指标。

表 7-1 区域创新产出与区域经济发展指标的统计特征

变量名称	代码	最小值	最大值	p25	p50	p75	均值
十万人发明专利数/件	Y_1	3.847 959 0	2 123.031	20.287 250	45.424 430	115.291 50	120.413 20
人均技术合同成交额/元	Y_2	17.277 660 0	16 212.940	131.195 600	268.540 600	556.676 40	790.797 20
十万人高新技术企业数量/家	Y_3	1.948 394 0	1 174.036	9.603 492	19.366 030	47.106 22	53.302 63
百万人专利合作条约（PCT）专利申请量/个	Y_4	0.759 013 3	3 060.886	6.923 682	15.550 900	47.510 28	123.262 20
人均高新技术企业工业总产值/元	Y_5	275.106 400 0	86 832.500	1 973.946 000	3 429.225 000	7 332.730 00	6 485.834 00
人均高新技术企业总收入/元	Y_6	275.057 500 0	69 733.790	1 967.010 000	3 808.360 000	7 436.277 00	7 869.636 00
人均高新技术企业净利润/元	Y_7	17.457 900 0	5 218.538	109.239 000	219.011 500	462.642 20	554.099 10
人均高新技术企业创汇总额/美元	Y_8	1.496 762 0	1 437.029	20.716 360	46.686 180	174.828 30	164.264 50
人均全社会固定资产投资存量/元	Z_1	9 290.033 000 0	278 473.500	48 650.140 000	82 082.370 000	127 992.700 00	95 316.750 00
人均实际使用外资金额/美元	Z_2	0.915 956 0	1 358.758	28.361 090	73.848 230	137.941 50	117.001 30
人均货物进出口总额/美元	Z_3	42.966 780 0	12 060.720	235.699 500	427.756 500	1 505.905 00	1 669.710 00
城镇居民家庭平均每人全年消费性支出/元	Z_4	5 730.275 000 0	23 359.640	7 554.483 000	9 433.737 000	11 407.730 00	9 964.844 00
人均地区生产总值/元	Z_5	5 274.600 000 0	71 228.050	16 060.200 000	22 709.880 000	31 615.440 00	25 948.540 00

续表 7-1

变量名称	代码	最小值	最大值	p25	p50	p75	均值
单位国内生产总值（GDP）废水排放量 /[t·(万元)$^{-1}$]	Z_6	2.625 167 0	41.889 890	5.672 093	7.152 237	10.335 580 00	8.628 959 00
单位国内生产总值（GDP）电力消费量 /[kW·h·(万元)$^{-1}$]	Z_7	210.284 600 0	3 649.768 000	425.118 700	564.180 400	814.709 00	706.353 60

注：p25 表示样本的第 25 个百分位数；p50 表示样本的第 50 个百分位数；p75 表示样本的第 75 个百分位数。下同。

除单位国内生产总值（GDP）废水排放量（Z_6）、单位国内生产总值（GDP）电力消费量（Z_7）为负功效性指标外，其余指标均为正功效性指标。通过各变量相关关系表（表 7-2）可知，区域创新与区域经济发展的内部各个指标之间均存在比较显著的正相关关系，但单位国内生产总值（GDP）废水排放量（Z_6）与十万人高新技术企业数量（Y_3）、百万人专利合作条约（PCT）专利申请量（Y_4）的相关性不显著。从整体上看，区域经济发展和区域创新存在着比较明显的相关性。对区域创新产出指标与区域经济发展指标进行双变量最小二乘（OLS）回归分析，绘制区域创新与区域经济发展的双变量关系图（图 7-1），发现尽管区域经济发展指标和区域创新产出指标间存在正相关关系，但线性回归的总体拟合效果较不理想，由此可见区域经济发展对区域创新的影响作用较为复杂，应当通过面板数据回归和面板门限回归的综合分析手段，对区域经济发展与区域创新的关系进行深层次分析，以得到更有说服力的结果。

7.3.2 面板协整检验与豪斯曼（Hausman）检验

面板单位根检验旨在检验面板数据的稳定性，以避免"伪回归"的产生。面板协整检验旨在考察变量间是否具有长期稳定的均衡关系，以避免差分后数据不再具有经济意义。由于卡奥（Kao）检验的假设过于严苛，因此本书更倾向于采用佩德罗尼（Pedroni）检验中的韦斯特伦德（Westerlund）方法。经过面板单位根检验以及面板协整检验（表 7-3），总体上认为区域创新产出指标［除人均高新技术企业总收入（Y_6）、人均高新技术企业净利润（Y_7）外］与区域经济发展的各项指标均具备协整关系，即该序列中的各变量之间存在着稳定的长期关系。同时区域经济发展与区域创新的各项指标也均具备协整关系，即该序列中的各变量之间存在着稳定的长期关系，从而可以顺利进行基于固定效应的面板门限回归分析。

表 7-2 各变量相关系数表

分类	Y1	Y2	Y3	Y4	Y5	Y6	Y7	Y8	Z1	Z2	Z3	Z4	Z5	Z6	Z7
Y1	1.0000	—	—	—	—	—	—	—	—	—	—	—	—	—	—
Y2	0.9133*	1.0000	—	—	—	—	—	—	—	—	—	—	—	—	—
Y3	0.7281*	0.7675*	1.0000	—	—	—	—	—	—	—	—	—	—	—	—
Y4	0.8247*	0.7494*	0.6182*	1.0000	—	—	—	—	—	—	—	—	—	—	—
Y5	0.5420*	0.3979*	0.4875*	0.4324*	1.0000	—	—	—	—	—	—	—	—	—	—
Y6	0.8886*	0.8266*	0.8138*	0.7295*	0.7254*	1.0000	—	—	—	—	—	—	—	—	—
Y7	0.9019*	0.8194*	0.7736*	0.7383*	0.7001*	0.9814*	1.0000	—	—	—	—	—	—	—	—
Y8	0.5034*	0.3827*	0.5523*	0.4473*	0.7672*	0.7722*	0.7324*	1.0000	—	—	—	—	—	—	—
Z1	0.4644*	0.4242*	0.3878*	0.2560*	0.4376*	0.5251*	0.4989*	0.4270*	1.0000	—	—	—	—	—	—
Z2	0.5314*	0.4564*	0.4447*	0.3403*	0.5643*	0.6689*	0.6506*	0.6247*	0.5760*	1.0000	—	—	—	—	—
Z3	0.7106*	0.6728*	0.6920*	0.6227*	0.7181*	0.8931*	0.8764*	0.8619*	0.4790*	0.6624*	1.0000	—	—	—	—
Z4	0.7668*	0.5952*	0.5668*	0.6300*	0.6717*	0.7996*	0.7986*	0.6434*	0.7165*	0.6155*	0.7142*	1.0000	—	—	—
Z5	0.7257*	0.6191*	0.5974*	0.5510*	0.7115*	0.8285*	0.8093*	0.7377*	0.7825*	0.7674*	0.7874*	0.8872*	1.0000	—	—
Z6	-0.3014*	-0.2454*	-0.1936	-0.1816	-0.2501*	-0.2913*	-0.2707*	-0.1601	-0.5557*	-0.2863*	-0.1833	-0.5165*	-0.5082*	1.0000	—
Z7	-0.3105*	-0.2208*	-0.2415*	-0.2285*	-0.3280*	-0.3485*	-0.3206*	-0.2735*	-0.3150*	-0.3825*	-0.2976*	-0.4192*	-0.4111*	0.3980*	1.0000

注：Y_1 为十万人发明专利数；Y_2 为人均技术合同成交额；Y_3 为十万人高新技术企业总收入；Y_4 为人均高新技术企业净利润；Y_5 为人均技术合同成交额；Y_6 为人均高新技术企业工业总产值；Y_7 为人均高新技术企业总额；Y_8 为人均货物进出口总额。Z_1 为百万人专利合作条约（PCT）专利申请量；Z_2 为人均高新技术企业创汇总额；Z_3 为人均全社会固定资产投资存量；Z_4 为人均实际使用外资金额；Z_5 为城镇居民家庭平均每人全年消费性支出；Z_6 为人均地区生产总值；Z_6 为单位国内生产总值（GDP）废水排放量；Z_7 为单位国内生产总值（GDP）电力消费量。* 表示在 10% 置信水平上显著。

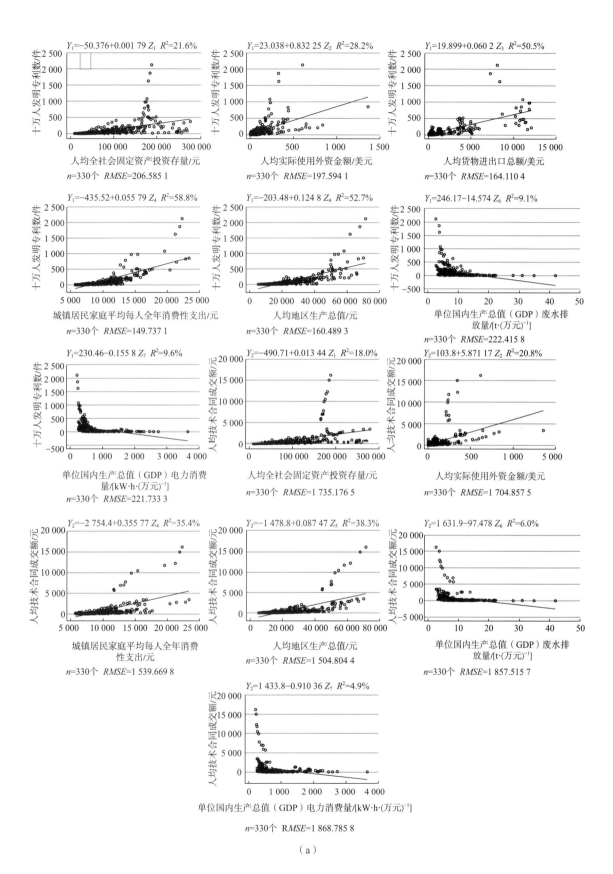

(a)

7 区域创新的经济门限效应

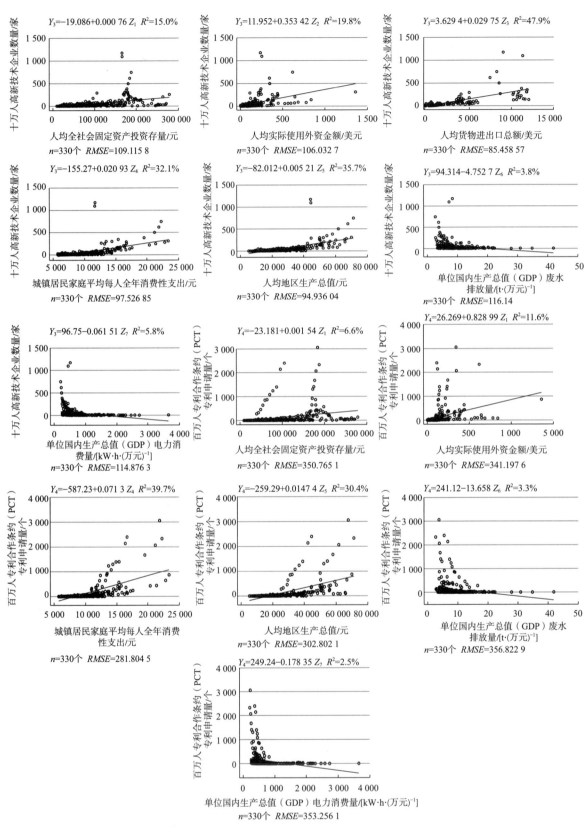

(b)

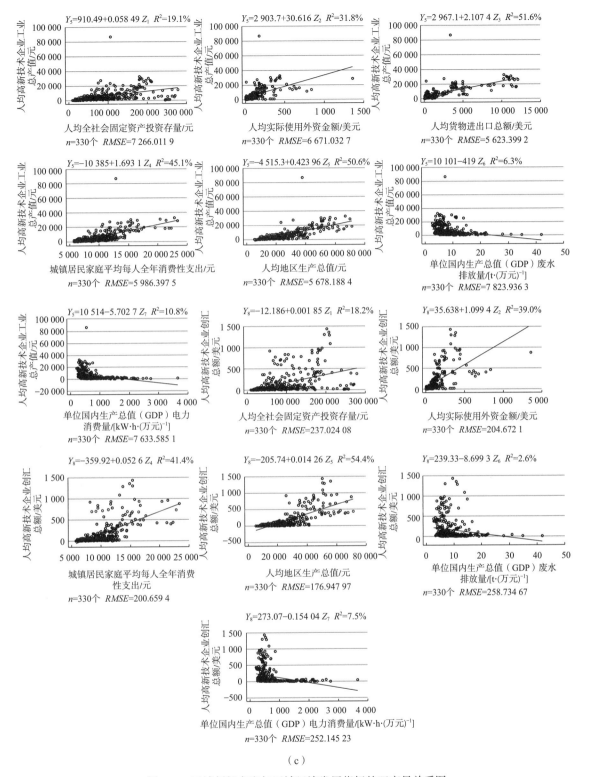

（c）

图 7-1　区域创新产出与区域经济发展指标的双变量关系图

注：RMSE 表示均方根误差，也称标准方差；n 表示总的样本数量；R^2 表示判定系数，越接近1，说明这条直线与原始数据越吻合。

表 7-3 以经济指标为因变量的面板协整检验结果分析

检验统计量		Y_1	Y_2	Y_3	Y_4	Y_5	Y_8
卡奥（Kao）检验	改良的迪基疗法（modified Dickey）	0.685 0	2.609 7 ***	−11.647 9 ***	201 072 **	2.751 8 ***	−2.636 8 ***
	迪基—富勒 t 值（Dickey-Fuller t）	0.519 3	2.545 8 ***	−22.401 4***	1.733 7**	−1.637 2*	−3.784 5 ***
	扩展的迪基—富勒 t 值（augmented Dickey-Fuller t）	−0.574 6	0.814 3	0.784 2	0.097 5	1.607 9	−1.709 6 **
佩德罗尼（Pedroni）检验	改良的菲利普斯—佩龙 t 值（modified Phillips-Perron t）	11.196 4 ***	10.872 1 ***	11.234 4 ***	1.687 6 ***	10.961 1 ***	10.963 9 ***
	菲利普斯—佩龙 t 值（Phillips-Perron t）	−16.599 4 ***	−26.377 0 ***	−15.939 1 ***	−28.631 5 ***	−21.411 8 ***	−20.603 5 ***
	扩展的迪基—富勒 t 值（augmented Dickey-Fuller t）	−11.036 0 ***	−26.377 0 ***	−10.706 9 ***	−21.410 5 ***	−15.049 3 ***	−14.273 9 ***
韦斯特伦德（Westerlund）检验	方差比检验值（variance-ratio）	6.213 4 ***	5.644 7 ***	6.807 4 ***	4.685 7 ***	5.890 8 ***	6.373 9 ***

注：*** 表示在 1% 置信水平上显著；** 表示在 5% 置信水平上显著；* 表示在 10% 置信水平上显著。下同。Y_1 为十万人发明专利数；Y_2 为人均技术合同成交额；Y_3 为十万人高新技术企业数量；Y_4 为百万人专利合作条约（PCT）专利申请量；Y_5 为人均高新技术企业工业总产值；Y_8 为人均高新技术企业创汇总额。

本书基于汉森（Hansen，1999）首创、王群勇（2008）修改完善的面板门限回归模型，需要通过豪斯曼检验（Hausman）检验来确定拟检验的变量关系是否满足固定效应模型，当其效果不佳时还需要通过过度识别检验以进一步确定是否应当采用固定效应模型或随机效应模型（表 7-4）。经过检验，当解释变量为区域经济发展指标，被解释变量为区域创新产出指标中除人均高新技术企业总收入（Y_6）、人均高新技术企业净利润（Y_7）的其余指标时，经过豪斯曼（Hausman）检验和基于萨甘—

表 7-4 豪斯曼（Hausman）检验及过度识别检验汇总表

自变量	因变量	Y_1	Y_2	Y_3	Y_4	Y_5	Y_8
Z_1-Z_7	卡方检验统计量	20.98***	17.88***	29.88***	8.79	3.85	13.25**
		0.000 8	0.006 5	0.000 0	0.117 9	0.426 5	0.021 2
	萨甘—汉森（Sargan-Hansen）统计量	—	—	—	26.209***	22.776***	—
		—	—	—	0.000 5	0.001 9	—

注：Y_1 为十万人发明专利数；Y_2 为人均技术合同成交额；Y_3 为十万人高新技术企业数量；Y_4 为百万人专利合作条约（PCT）专利申请量；Y_5 为人均高新技术企业工业总产值；Y_8 为人均高新技术企业创汇总额。Z_1 为人均全社会固定资产投资存量；Z_2 为人均实际使用外资金额；Z_3 为人均货物进出口总额；Z_4 为城镇居民家庭平均每人全年消费性支出；Z_5 为人均地区生产总值；Z_6 为单位国内生产总值（GDP）废水排放量；Z_7 为单位国内生产总值（GDP）电力消费量。

汉森（Sargan-Hansen）统计量的过度识别检验，均认为固定效应模型要优于随机效应模型，因此满足固定效应模型的前提条件，可以采用面板门限回归模型进行进一步分析。

7.3.3 区域创新与区域经济发展的门限效应分析

面板门限回归模型可以检验人均全社会固定资产投资存量（Z_1）、人均实际使用外资金额（Z_2）、人均货物进出口总额（Z_3）、城镇居民家庭平均每人全年消费性支出（Z_4）、人均地区生产总值（Z_5）、单位国内生产总值（GDP）废水排放量（Z_6）、单位国内生产总值（GDP）电力消费量（Z_7）对于区域创新的各项指标是否存在门限值，进而发现使得经济发展与区域创新之间的关系发生结构性变化的因素。按照模型设定要求，采用自举法（bootstrapping）计算门限效应的 F 值和 p 值，将自举法（bootstrapping）的抽样次数分别设定为 300 次和 500 次，分别检验是否存在单一门限效应、双重门限效应、三重门限效应的显著性。为提升门限效应模型拟合的可信度，将检验门限效应的显著性水平提升到 0.05，即当 p 值高于 0.05 时认为不存在门限效应（Benjamin et al., 2018; Amrhein et al., 2018）。

此外面板门限回归模型可以接受将解释变量作为门限变量进行计算，因此当人均地区生产总值（Z_5）同时作为门限变量和解释变量时，将人均全社会固定资产投资存量（Z_1）、人均实际使用外资金额（Z_2）、人均货物进出口总额（Z_3）、城镇居民家庭平均每人全年消费性支出（Z_4）、单位国内生产总值（GDP）废水排放量（Z_6）、单位国内生产总值（GDP）电力消费量（Z_7）均设定为控制变量。除此情况外，模型中的控制变量均为 7 个解释变量中的另外 6 个，将余下的 1 个变量设定为门限变量。经过计算，表 7-5 给出了门限值、F 统计量和 p 值。从稳健性检验的视角出发，不同的自举法（bootstrapping）抽样次数结果的门限效应稳健，表明其门限效应明显且稳定。

通过门限回归模型计算，发现经济发展确实对区域创新有着显著的门限效应，且各门限变量对区域创新产出各个指标的门限值均有差异，整体上采用面板门限效应回归是行之有效的，但人均货物进出口总额（Z_3）对

表 7-5　2007—2017 年面板门限回归拟合结果汇总表

门限变量	门限类别	Y_1：十万人发明专利数 / 件			Y_2：人均技术合同成交额 / 元		
		门限值	F 统计量	p 值	门限值	F 统计量	p 值
Z_1：人均全社会固定资产投资存量 / 元	单一门限	170 532.797 6	46.160（p75）	0.000***	170 532.797 6	54.810（p75）	0.000***
	双重门限	170 532.797 6	10.790	0.374	170 532.797 6	32.100	0.042
		148 710.434 8			148 710.434 8		
	三重门限	38 558.084 8	12.480	0.378	155 112.780 8	11.580	0.278

续表 7-5

门限变量	门限类别	Y_1：十万人发明专利数/件			Y_2：人均技术合同成交额/元		
		门限值	F统计量	p值	门限值	F统计量	p值
Z_2：人均实际使用外资金额/美元	单一门限	249.101 2	32.490	0.058	249.101 2	44.080（p75）	0.040**
	双重门限	249.101 2	14.260	0.378	249.101 2	9.490	0.660
		232.319 7			218.528 5		
	三重门限	143.543 3	6.000	0.512	244.583 2	14.760	0.144
Z_3：人均货物进出口总额/美元	单一门限	3 082.499 5	19.950	0.306	4 974.408 3	7.910	0.852
	双重门限	3 082.499 5	6.870	0.716	4 974.408 3	4.830	0.814
		366.871 9			3 738.916 9		
	三重门限	4 280.059 1	5.610	0.662	375.015 1	5.100	0.748
Z_4：城镇居民家庭平均每人全年消费性支出/元	单一门限	13 626.998 8	84.440（p75）	0.000***	13 626.998 8	41.480（p75）	0.006***
	双重门限	13 626.998 8	3.760	0.874	13 462.565 8	6.560	0.660
		9 164.877 5			11 477.663 2		
	三重门限	12 674.681 3	9.710	0.372	10 997.537 2	1.800	0.942
Z_5：人均地区生产总值/元	单一门限	47 490.719 3	53.040（p75）	0.002***	47 490.719 3	19.850	0.202
	双重门限	47 490.719 3	4.110	0.922	44 689.122 0	37.840（p75）	0.016**
		29 597.914 3			44 315.864 0		
	三重门限	44 689.122 0	4.010	0.852	31 615.439 1	0.820	0.996
Z_6：单位国内生产总值（GDP）废水排放量/[t·(万元)$^{-1}$]	单一门限	4.928 4	31.230（p25）	0.024***	4.270 0（p25）	62.130（p25）	0.002***
	双重门限	5.236 7	17.750	0.066	4.270 0	18.030	0.048
		3.839 0			10.735 7		
	三重门限	7.173 3	9.990	0.366	8.369 3	5.500	0.620
Z_7：单位国内生产总值（GDP）电力消费量/[kW·h·(万元)$^{-1}$]	单一门限	295.625 0	31.930	0.052	295.625 0（p25）	77.600	0.006***
	双重门限	295.625 0	16.560	0.210	529.101 6	−24.98	1.000
		440.226 0			365.371 2		
	三重门限	506.260 7	4.960	0.794	441.150 7	3.770	0.900

门限变量	门限类别	Y_3：十万人高新技术企业数量/家			Y_4：百万人专利合作条约（PCT）专利申请量/个		
		门限值	F统计量	p值	门限值	F统计量	p值
Z_1：人均全社会固定资产投资存量/元	单一门限	165 603.092 8	35.950	0.090	106 449.569 1	26.820（p50—75）	0.048**
	双重门限	165 603.092 8	20.270	0.216	106 449.569 1	22.310	0.056
		180 809.340 0			38 558.084 8		
	三重门限	145 379.619 4	23.560	0.344	170 532.797 6	12.310	0.574

续表 7-5

门限变量	门限类别	Y_3：十万人高新技术企业数量/家			Y_4：百万人专利合作条约（PCT）专利申请量/个		
		门限值	F统计量	p值	门限值	F统计量	p值
Z_2：人均实际使用外资金额/美元	单一门限	249.101 2	23.810	0.120	249.101 2	7.910	0.858
	双重门限	249.101 2	22.420	0.148	249.101 2	13.870	0.252
		208.658 7			126.411 3		
	三重门限	232.319 7	18.510	0.172	244.583 2	10.710	0.280
Z_3：人均货物进出口总额/美元	单一门限	4 135.508 5	4.870	0.720	4 835.081 9	27.970	0.182
	双重门限	4 135.508 5	2.770	0.750	4 835.081 9	9.650	0.412
		3 082.499 5			1 640.942 9		
	三重门限	1 055.505 7	0.580	0.970	3 448.474 2	2.340	0.926
Z_4：城镇居民家庭平均每人全年消费性支出/元	单一门限	11 750.117 0	17.970	0.324	13 626.998 8	59.810（p75）	0.000***
	双重门限	11 750.117 0	32.490（p50—75）	0.022**	13 626.998 8	0.830	0.996
		11 248.377 8			11 943.413 5		
	三重门限	13 462.565 8	14.540	0.666	11 407.730 5	2.890	0.780
Z_5：人均地区生产总值/元	单一门限	47 490.719 3	47.420（p75）	0.016**	41 209.976 8	8.980	0.668
	双重门限	44 689.122 0	524.690	0.044	41 209.976 8	6.650	0.606
		44 315.864 0			31 355.629 1		
	三重门限	14 784.897 0	2.800	0.814	28 986.527 9	1.470	0.974
Z_6：单位国内生产总值（GDP）废水排放量/[t·(万元)$^{-1}$]	单一门限	8.741 2	11.750	0.216	4.270 0	26.500	0.068
	双重门限	8.369 3	11.530	0.224	4.270 0	8.570	0.302
		7.173 3			8.073 2		
	三重门限	7.688 2	6.090	0.482	8.369 3	9.880	0.492
Z_7：单位国内生产总值（GDP）电力消费量/[kW·h·(万元)$^{-1}$]	单一门限	534.828 0	9.190	0.384	295.625 0	19.760	0.232
	双重门限	518.616 6	20.640	0.054	295.625 0	13.400	0.328
		446.701 6			441.150 7		
	三重门限	427.361 2	3.540	0.806	446.701 6	9.210	0.426

门限变量	门限类别	Y_5：人均高新技术企业工业总产值/元			Y_8：人均高新技术企业创汇总额/美元		
		门限值	F统计量	p值	门限值	F统计量	p值
Z_1：人均全社会固定资产投资存量/元	单一门限	74 404.156 0	11.550	0.108	165 603.092 8	52.380（p75）	0.000***
	双重门限	90 966.478 6	8.080	0.272	165 603.092 8	15.830	0.192
		115 021.314 7			64 949.787 2		
	三重门限	74 404.156 0	4.000	0.698	180 809.340 0	13.240	0.210
Z_2：人均实际使用外资金额/美元	单一门限	174.742 8	9.300	0.378	126.411 3	16.350	0.258
	双重门限	8.833 7	−3.120	1.000	232.319 7	3.720	0.898
		236.620 5			208.658 7		
	三重门限	25.212 5	1.270	0.946	117.304 3	6.130	0.478

续表 7-5

门限变量	门限类别	Y_5：人均高新技术企业工业总产值 / 元			Y_8：人均高新技术企业创汇总额 / 美元		
		门限值	F 统计量	p 值	门限值	F 统计量	p 值
Z_3：人均货物进出口总额 / 美元	单一门限	3 448.474 2	13.480	0.214	3 448.474 2	4.410	0.938
	双重门限	3 448.474 2	1.790	0.964	3 738.916 9	3.050	0.862
		1 505.904 8			1 055.505 7		
	三重门限	965.132 9	0.740	0.976	2 566.677 0	3.550	0.756
Z_4：城镇居民家庭平均每人全年消费性支出 / 元	单一门限	12 879.408 4	4.310	0.734	11 750.117 0	18.220	0.156
	双重门限	12 879.408 4	3.590	0.774	13 161.998 5	0.150	1.000
		11 298.609 5			13 462.565 8		
	三重门限	12 244.721 9	2.340	0.768	10 634.976 8	8.470	0.186
Z_5：人均地区生产总值 / 元	单一门限	44 689.122 0	10.470	0.166	47 490.719 3	81.180 (p75)	0.000***
	双重门限	44 689.122 0	7.230	0.498	47 490.719 3	24.930	0.162
		37 819.605 6			33 240.751 0		
	三重门限	31 355.629 1	1.270	0.960	44 315.864 0	14.960	0.090
Z_6：单位国内生产总值（GDP）废水排放量 / [t·(万元)$^{-1}$]	单一门限	7.774 7	13.810	0.110	4.711 7	52.540 (p25)	0.002***
	双重门限	7.738 9	33.360 (p50—75)	0.012**	4.711 7	17.600	0.070
		7.253 0			6.401 0		
	三重门限	11.261 1	3.620	0.650	6.491 6	8.880	0.264
Z_7：单位国内生产总值（GDP）电力消费量 / [kW·h·(万元)$^{-1}$]	单一门限	581.086 5	11.680	0.168	356.382 7	48.170 (p25)	0.012**
	双重门限	577.580 9	28.150 (p25—50)	0.016**	405.983 6	21.970	0.066
		543.195 6			572.119 5		
	三重门限	432.333 1	5.620	0.720	356.382 7	13.970	0.314

注：括号内为对应门限值的分位数区间，若为双重门限则为第一门限所在的分位数区间。例如，28.150（p25—50）中的 28.150 对应的是第一门限的分位数区间，第二门限的分位数为 p75。

所有的区域创新指标都没有产生显著的门限效应。以被解释变量"人均技术合同成交额（Y_2）"为例，门限变量"人均地区生产总值（Z_5）"对其存在双重门限效应，其中第一个门限值为 44 315.864 0，第二个门限值为 44 689.122 0，且在全部 330 个观测样本中，低于第一门限值的变量数为 290 个，介于两个门限之间的变量数为 3 个，大于第二门限值的变量数为 37 个（表 7-6）。由此可见，人均地区生产总值（Z_5）将人均技术合同成交额（Y_2）划分为三个发展阶段，但由于第二阶段的个数过少，且双重门限的高值往往与单一门限值重合，因此实质上采用以双重门限的低值作为单一门限进行分析，即该指标仍以低于门限值的低群组和高于门限值的高群组进行统计分析，其他的双重门限情形也照此处理。

进一步对门限效应回归结果分析发现，在正向功效性的经济指标当中，区域创新的经济门限值大部分高于门限变量的均值甚至于 75% 分位值，表明跨越区域创新的经济门限对于我国大多数地区而言仍存在难度。例如，对于十万人发明专利数（Y_1）而言，其人均全社会固定资产投资存量（Z_1）的门限值为170 532.797 6，其门限远高于75%分位值的127 992.7，而对于人均技术合同成交额（Y_2）而言，其人均实际使用外资金额（Z_2）的门限值为249.101 2，也远高于其75%分位值的137.941 5。经过统计，在所有的正向功效性指标当中，高于75%分位值的门限变量有11个，在所有的19个门限效应中占据绝大部分。负功效性指标的门限值基本位于25%分位值与50%分位值之间。较高的经济门限制约了经济发展相对落后的地区实现跃迁。从分位数情况来看，跨越城镇居民家庭平均每人全年消费性支出（Z_4）的经济门限对于后发地区而言相对容易，而跨越人均全社会固定资产投资存量（Z_1）、人均实际使用外资金额（Z_2）、人均地区生产总值（Z_5）的门限则面临更多挑战。对于负功效性指标而言，其门限值大多低于25%分位值，由于其指标数额越小越好，因此对于区域创新而言，能否有效地推动节能减排也是促进区域创新迈上发展新阶段的关键因素。

表7-6　各年份超过门限变量值的观测变量数目统计表　单位：个

被解释变量	Y_1				Y_2						Y_3	
门限变量	Z_1	Z_4	Z_5	Z_6	Z_1	Z_2	Z_4	Z_5	Z_6	Z_7	Z_4	Z_5
2007年	2	0	1	0	2	2	1	2	0	0	2	1
2008年	2	1	1	0	2	3	1	2	0	0	2	1
2009年	2	1	2	0	2	3	2	3	0	0	4	2
2010年	3	1	3	1	3	3	3	3	0	0	4	3
2011年	3	1	3	2	3	4	3	3	1	0	5	3
2012年	4	2	3	3	4	4	3	3	2	0	6	3
2013年	4	3	3	4	4	3	3	3	2	1	8	3
2014年	5	5	4	4	5	3	4	4	3	2	9	4
2015年	5	7	4	3	5	3	4	5	3	2	13	4
2016年	6	8	5	11	6	3	5	5	4	4	17	5
2017年	10	8	5	18	10	3	5	7	9	6	21	5
合计	46	37	34	46	46	34	34	40	24	15	91	34
被解释变量	Y_4				Y_5				Y_8			
门限变量	Z_1		Z_4		Z_6		Z_7		Z_1	Z_5	Z_6	Z_7
2007年	3		0		1		1		2	1	0	0
2008年	3		1		3		1		2	1	0	0
2009年	4		1		2		4		3	2	0	0
2010年	5		1		3		8		3	3	0	0
2011年	5		1		11		17		3	3	2	1
2012年	6		2		16		19		4	3	3	3
2013年	9		3		22		20		4	3	3	5
2014年	14		5		25		21		5	4	3	7

续表 7-6

被解释变量	Y_4		Y_5		Y_8			
门限变量	Z_1	Z_4	Z_6	Z_7	Z_1	Z_5	Z_6	Z_7
2015 年	18	7	25	21	5	4	3	7
2016 年	22	8	30	21	7	5	7	8
2017 年	25	8	30	22	13	5	11	9
合计	114	37	168	155	51	34	32	39

注：Y_1 为十万人发明专利数；Y_2 为人均技术合同成交额；Y_3 为十万人高新技术企业数量；Y_4 为百万人专利合作条约（PCT）专利申请量；Y_5 为人均高新技术企业工业总产值；Y_8 为人均高新技术企业创汇总额。Z_1 为人均全社会固定资产投资存量；Z_2 为人均实际使用外资金额；Z_4 为城镇居民家庭平均每人全年消费性支出；Z_5 为人均地区生产总值；Z_6 为单位国内生产总值（GDP）废水排放量；Z_7 为单位国内生产总值（GDP）电力消费量。

对超过门限值的观测变量进行统计后发现，跨越门限值的地区均集中在 2011 和 2012 年之后，由此可见面板数据的大多数门限值都在 2011 年之后，但人均实际使用外资金额（Z_2）作为门限变量的年份分布则相对平均，且以北京、上海、天津等相对固定的地区为主，表明其相对其他门限变量已经形成了稳定发展格局，事实上其他地区在发展区域创新时试图跨越利用外资的门限将更加艰难（表 7-7）。总的来说，中国各地区的经济和区域创新都是在稳定发展的，因此随着年份增加，超过门限值的样本数量也在增多，但在 2017 年却在城镇居民家庭平均每人全年消费性支出（Z_4）、单位国内生产总值（GDP）废水排放量（Z_6）两个方面超过门限值的数量上相比 2016 年基本保持稳定，表明城镇居民家庭平均每人全年消费性支出、单位国内生产总值（GDP）废水排放量对于我国区域创新的推动作用相比前十年有所下滑。超过门限值的样本数量没有持续增加这一现象，可能与我国区域创新已经达到了城镇居民家庭平均每人全年消费性支出和单位国内生产总值（GDP）废水排放量的拐点相关，推动区域创新将更多地从拉动居民消费和提升经济综合水平入手。

表 7-7　各地区超过门限变量值的观测变量数目统计表　　　单位：个

被解释变量		Y_1				Y_2						Y_3	
门限变量		Z_1	Z_4	Z_5	Z_6	Z_1	Z_2	Z_4	Z_5	Z_6	Z_7	Z_4	Z_5
东部地区	北京	8	6	9	6	8	4	9	11	4	5	11	9
	天津	6	4	8	8	6	11	8	9	7	2	7	8
	上海	11	10	11	2	11	11	11	11	1	1	11	11
	河北	0	0	0	1	0	0	0	0	1	0	1	0
	山东	1	0	0	2	1	0	0	0	0	0	3	0
	江苏	2	3	4	2	2	2	4	4	1	0	6	4
	浙江	1	4	2	1	1	0	2	3	0	0	9	2
	福建	1	3	0	2	1	0	0	1	1	0	5	0

续表 7-7

被解释变量		Y_1				Y_2						Y_3	
门限变量		Z_1	Z_4	Z_5	Z_6	Z_1	Z_2	Z_4	Z_5	Z_6	Z_7	Z_4	Z_5
东部地区	广东	0	5	0	0	0	0	0	1	0	0	9	0
	海南	0	0	0	0	0	0	0	0	0	0	1	0
	合计	30	35	34	24	30	28	34	40	16	8	63	34
中部地区	山西	0	0	0	1	0	0	0	0	0	0	0	0
	河南	0	0	0	0	0	0	0	0	0	0	0	0
	安徽	0	0	0	1	0	0	0	0	0	0	1	0
	湖北	0	0	0	2	0	0	0	0	1	0	2	0
	江西	0	0	0	0	0	0	0	0	0	0	0	0
	湖南	0	0	0	1	0	0	0	0	0	2	3	0
	合计	0	0	0	5	0	0	0	0	1	2	6	0
西部地区	四川	0	0	0	0	0	0	0	0	0	0	2	0
	云南	0	0	0	0	0	0	0	0	0	0	0	0
	贵州	0	0	0	2	0	0	0	0	0	0	0	0
	西藏	0	0	0	0	0	0	0	0	0	0	0	0
	重庆	0	0	0	0	0	0	0	0	0	1	3	0
	陕西	0	0	0	4	0	0	0	0	0	0	1	0
	甘肃	0	0	0	1	0	0	0	0	0	0	1	0
	青海	1	0	0	0	1	0	0	0	0	0	2	0
	新疆	0	0	0	0	0	0	0	0	0	0	3	0
	宁夏	0	0	0	0	0	0	0	0	0	0	1	0
	内蒙古	4	0	0	7	4	0	0	0	6	0	5	0
	合计	5	0	0	14	5	0	0	0	6	1	18	0
东北地区	黑龙江	0	0	0	1	0	0	0	0	0	0	0	0
	吉林	0	0	0	2	0	0	0	0	1	4	0	0
	辽宁	11	2	0	0	11	6	0	0	0	0	4	0
	合计	11	2	0	3	11	6	0	0	1	4	4	0

被解释变量		Y_4				Y_5			Y_8			
门限变量		Z_1	Z_4	Z_6	Z_7	Z_1	Z_5	Z_6	Z_7			
东部地区	北京	11	6	9	11	9	9	6	7			
	天津	9	4	10	9	6	8	7	6			
	上海	11	10	7	9	11	11	2	4			
	河北	3	0	7	0	0	0	1	0			
	山东	5	0	7	7	1	0	2	0			
	江苏	5	3	6	7	2	4	2	0			
	浙江	6	4	5	5	2	2	0	0			
	福建	4	3	5	7	1	0	1	0			
	广东	0	5	2	7	0	0	0	0			
	海南	2	0	5	8	0	0	0	0			
	合计	56	35	63	70	32	34	21	17			

续表 7-7

被解释变量		Y_4		Y_5		Y_8			
门限变量		Z_1	Z_4	Z_6	Z_7	Z_1	Z_5	Z_6	Z_7
中部地区	山西	3	0	7	0	0	0	0	0
	河南	2	0	4	4	0	0	0	0
	安徽	2	0	2	7	0	0	0	0
	湖北	3	0	5	7	0	0	1	2
	江西	2	0	2	8	0	0	0	0
	湖南	1	0	4	7	0	0	0	5
	合计	13	0	24	33	0	0	1	7
西部地区	四川	1	0	6	6	0	0	0	1
	云南	0	0	3	1	0	0	0	0
	贵州	0	0	5	0	0	0	0	0
	西藏	0	0	0	0	0	0	0	0
	重庆	4	0	6	8	0	0	0	4
	陕西	4	0	7	7	1	0	1	0
	甘肃	0	0	7	0	0	0	0	0
	青海	4	0	6	0	1	0	0	0
	新疆	3	0	5	0	0	0	0	0
	宁夏	4	0	3	0	1	0	0	0
	内蒙古	8	0	11	0	4	0	7	0
	合计	28	0	59	22	7	0	8	5
东北地区	黑龙江	0	0	6	8	0	0	0	5
	吉林	5	0	7	9	1	0	2	5
	辽宁	11	2	7	7	11	0	0	0
	合计	16	2	20	24	12	0	2	10

注：本次统计不包括我国广西和港澳台地区数据。Y_1 为十万人发明专利数；Y_2 为人均技术合同成交额；Y_3 为十万人高新技术企业数量；Y_4 为百万人专利合作条约（PCT）专利申请量；Y_5 为人均高新技术企业工业总产值；Y_8 为人均高新技术企业创汇总额。Z_1 为人均全社会固定资产投资存量；Z_2 为人均实际使用外资金额；Z_4 为城镇居民家庭平均每人全年消费性支出；Z_5 为人均地区生产总值；Z_6 为单位国内生产总值（GDP）废水排放量；Z_7 为单位国内生产总值（GDP）电力消费量。

从地区视角来看，我国区域的四大板块也呈现出比较明显的分层次发展格局。东部沿海地区的区域创新领先于中部、西部和东北地区的趋势非常明显，平均下来东部沿海地区有 63.88% 的观测变量越过了经济门限，步入了区域创新的新阶段。随后是西部地区，有 16.15% 的观测变量越过了经济门限，四川、重庆、陕西和内蒙古跨越门限的数量较多，表明这些地区的区域创新发展领先于西部其他地区，这也与近些年四川成都市、重庆市、陕西西安市、内蒙古自治区不断提升自主创新能力、塑造经济发展内生动力有关。中部地区和东北地区的相关数值则分别为 8.35% 和 11.62%，表明东北地区和中部地区整体上跨越经济门限的省份较少,仍然处于较为不利的发展阶段。其中城镇居民家庭平均每人全年消费性支出(Z_4)、单位国内生产总值(GDP)废水排放量(Z_6)、单位国内生产总值(GDP)电力消费量(Z_7)的门限效应在各省份之间的分布相对均衡,而其他门限变量的地区间差异则十分显著,如人均实际使用外资金额(Z_2)作为门限变量时,仅有北京、天津、上海、江苏和辽宁越过了门限,如此高的门限效应使得其他地区通过提升进出口来拉动区域创新变得十分困难,因此对于其他地区而言,应当通过发展固定资产投资等其他经济指标来促使本地区的区域创新能力快速提升。

7.4 基于门限效应的固定效应面板回归分析

7.4.1 基于全样本的面板回归

为了更深入地分析区域创新和区域经济发展的相互影响作用,首先基于固定效应模型进行全样本的面板数据回归分析,分别以十万人发明专利数(Y_1)、人均技术合同成交额(Y_2)、十万人高新技术企业数量(Y_3)、百万人专利合作条约(PCT)专利申请量(Y_4)、人均高新技术企业工业总产值(Y_5)、人均高新技术企业创汇总额(Y_8)为被解释变量,以所有的区域经济发展指标为解释变量,分别进行基于稳健标准误的固定效应回归模型检验,以更深入地探究经济发展对区域创新的影响作用。其中,α_1、α_2、$\cdots$、α_7为各个自变量对因变量的回归系数;α为常数项;ε_{it}为误差扰动项。具体回归方程如下:

$$Y_{it} = \alpha + \alpha_1 Z_{1it} + \alpha_2 Z_{2it} + \alpha_3 Z_{3it} + \alpha_4 Z_{4it} + \alpha_5 Z_{5it} + \alpha_6 Z_{6it} + \alpha_7 Z_{7it} + \varepsilon_{it} \quad (式7-5)$$

十万人发明专利数(Y_1)是衡量地区知识产出能力的重要指标,全样本面板回归估计结果显示(表7-8),人均全社会固定资产投资(Z_1)和人均货物进出口总额(Z_3)对其产生了负相关关系,其系数分别为-0.003和-0.062,表明二者对于知识产出有着负向影响作用。人均实际使用外资金额(Z_2)、单位国内生产总值(GDP)废水排放量(Z_6)和单位国内生产总值(GDP)电力消费量(Z_7)对十万人发明专利数(Y_1)并没有产生统计学意义上显著的影响作用。城镇居民家庭平均每人全年消费性支出(Z_4)和人均地区生产总值(Z_5)则与十万人发明专利数(Y_1)具有显著的正相关关系,其回归系数分别达到了0.045和0.018。由此可见,货物进出口贸易已经不是推动以专利为代表的知识产出水平提升的主要因素,表明我国的知识创造已经与对外贸易不再具有直接关系。回归结果在一定程度上说明在区域创新领域,尤其是跟发明专利领域相关的固定资产投资和实际利用外资的水平还相对较弱,以至于存在过度投资和过度利用外资的情形,外资和固定资产投资并没有真正形成对人均发明专利的推动作用,反而起到了负面拉低

表 7-8 全样本面板回归估计结果

全样本	Y_1	Y_2	Y_3	Y_4	Y_5	Y_8
Z_1	−0.003** （−2.405）	−0.009 （−0.929）	0.000 （0.624）	−0.005** （−2.051）	−0.015 （−1.296）	0.000 （−0.091）
Z_2	−0.002 （−0.176）	0.272 （0.302）	0.090 （0.732）	−0.320 （−0.965）	−7.504*** （−2.766）	−0.231* （−1.897）
Z_3	−0.062*** （−6.003）	−0.336*** （−4.253）	−0.036** （−2.356）	−0.070*** （−3.031）	0.515* （1.917）	0.020 （0.539）
Z_4	0.045*** （2.759）	0.177 （1.084）	0.001 （0.083）	0.059 （1.608）	0.050 −0.230	−0.032** （−2.102）
Z_5	0.018*** （3.588）	0.077** （2.327）	0.000 （0.068）	0.030** （2.591）	0.324*** （2.923）	0.004 （0.809）
Z_6	3.195 （1.057）	31.585 （1.474）	−0.375 （−0.263）	4.986 （1.283）	−84.976 （−1.137）	−2.450 （−0.646）
Z_7	0.071 （1.253）	0.113 （0.440）	0.026* （1.806）	0.090 （1.269）	1.130 （1.158）	0.010 （0.570）
常数项	−499.269** （−2.694）	−1 904.335 （−1.163）	38.687 （0.362）	−703.986* （−1.895）	−1 011.888 （−0.305）	352.228* （−1.804）
观测数目（Obs）/ 个	330	330	330	330	330	330
判定系数（R^2）	0.726	0.499	0.104	0.474	0.119	0.180
修正判定系数（adjusted R^2）	0.720	0.488	0.084	0.462	0.099	0.135
F 统计量（F-stat）	20.796	22.232	29.500	7.676	8.637	26.263

注：括号内为 t 检验值，t 检验是利用样本数据对这种因果关系是否存在进行检验。下同。Y_1 为十万人发明专利数；Y_2 为人均技术合同成交额；Y_3 为十万人高新技术企业数量；Y_4 为百万人专利合作条约（PCT）专利申请量；Y_5 为人均高新技术企业工业总产值；Y_8 为人均高新技术企业创汇总额。Z_1 为人均全社会固定资产投资存量；Z_2 为人均实际使用外资金额；Z_3 为人均货物进出口总额；Z_4 为城镇居民家庭平均每人全年消费性支出；Z_5 为人均地区生产总值；Z_6 为单位国内生产总值（GDP）废水排放量；Z_7 为单位国内生产总值（GDP）电力消费量。

作用。人均地区生产总值和居民消费对发明专利的影响系数显示二者对人均发明专利有着显著的正向影响作用，因此从整体上看经济发展能够直接促进发明专利的增加，即能够推动智力产出水平的提升。

人均技术合同成交额（Y_2）用以衡量地区知识扩散的能力，当作为被解释变量时，全样本的回归结果显示，它与人均货物进出口总额（Z_3）、人均地区生产总值（Z_5）的回归系数分别为 −0.336 和 0.077。按单位进行折算，即人均地区生产总值每增长 1 元，人均技术合同成交额增长 0.077 元，人均地区生产总值对人均技术合同成交额的促进作用非常突出。同时在促进技术扩散方面，进出口贸易已经不再产生推动作用，说明货物贸易与知识贸易之间尚存在着一定的不匹配现象。

高新技术企业是产业升级的重要支撑，十万人高新技术企业数量（Y_3）是衡量产业高端化能力的重要指标。在全样本中只有人均货物进出口总额（Z_3）和单位国内生产总值（GDP）电力消费量（Z_7）（负功效性指标）成为显著变量并产生影响作用，其回归系数分别为 −0.036 和 0.026，在一定程度上表明对外贸易已经不是拉动我国高新技术企业发展的核心因素，而电力消费量的升高也与高新技术企业存在比较显著的正相关关系，说明对于高新技术企业的当前发展阶段而言，其仍然具有高能耗高产出的特征，在高新技术企业节能降耗方面仍然还有很多工作需要推进。

百万人专利合作条约（PCT）专利申请量（Y_4）是衡量知识创造国际化能力的核心指标。在全样本中人均全社会固定资产投资存量（Z_1）、人均货物进出口总额（Z_3）对百万人专利合作条约（PCT）专利申请量的影响作用均为负向（分别为 -0.005 和 -0.070），人均地区生产总值（Z_5）则对其具有显著的正相关关系（0.030），与国内的发明专利授权量具有相似的情形，以人均为衡量的经济发展水平直接促进了人均专利合作条约（PCT）国际专利申请量的提升，表明知识产出的国际化能力与经济发展息息相关，而固定资产投资和进出口贸易则产生了一定的负相关性，即可能存在过度投资拉动和过度进出口贸易的情形，意味着可能当前我国已经越过了最佳固定投资规模和进出口贸易规模的平衡点。

人均高新技术企业工业总产值（Y_5）衡量了高新技术企业的产出水平，也在一定程度上代表了其所具有的可持续发展能力。在全样本回归中，人均实际使用外资金额（Z_2）与高新技术产出水平呈负相关，回归系数是 -7.504；人均货物进出口总额（Z_3）与高新技术产出水平呈正相关，回归系数是 0.515，而人均地区生产总值（Z_5）则对其产生了显著正向的影响作用，其回归系数高达 0.324，即人均地区生产总值每提升 1 个单位，人均高新技术企业工业总产值就会相应提升 0.324 个单位。这在一定程度上说明，利用外资和对外贸易对于当前我国高新技术企业而言已经不存在促进作用，反而拉低了其高新技术企业工业总产值的水平，当前我国高新技术企业的发展与外资外贸相对脱钩，而经济发展则与高新技术企业工业总产值存在显著的相互促进作用，这种良性的发展轨道也是当前我国发展"创新驱动"国家战略所需要的。

人均高新技术企业创汇总额（Y_8）衡量着高新技术企业的创汇能力，也可以在一定程度上代表国际竞争能力。通过全样本回归结果可知，人均实际使用外资金额（Z_2）与其的回归系数为 -0.231，而城镇居民家庭平均每人全年消费性支出（Z_4）与其的回归系数则为 -0.032。这种负相关关系在一定程度可以说明，当前我国高新技术企业的创汇能力和国际竞争能力与利用外资的关系已经逐渐淡化，而消费水平的提升并没有促进高新技术企业创汇的增加，说明消费并没有形成高新技术企业的外向发展动力。

总体而言，在全国范围内通过人均国内生产总值（GDP）衡量的经济发展总体水平的提升的确在非常显著地推动区域创新各方面的进步，但固定投资、居民消费和进出口作为拉动经济的"三驾马车"，并没有对区域创新的各个方面，如知识产出能力、知识扩散能力、国际化专利能力和产业高端化能力分别产生非常显著的促进作用，可见经济发展与区域创新之间的关系十分复杂，仍需要结合门限效应进一步研究。

7.4.2 基于门限效应的面板回归

双重门限的门限值接近，导致介于两个门限值之间的观测变量数量过少，无法进行有效的面板数据回归，因此仅将双重门限值的第一个门限值作为门限变量的分段依据，进而以低群组和高群组两个类别对六个被解释变量[十万人发明专利数（Y_1）、人均技术合同成交额（Y_2）、十万人高新技术企业数量（Y_3）、百万人PCT专利申请量（Y_4）、人均高新技术企业工业总产值（Y_5）、人均高新技术企业创汇总额（Y_8）]分别开展基于稳健标准误的固定效应回归分析，最后与全样本的回归结果进行相互讨论。门限变量的选取依据为表7-5中各被解释变量所对应的显著门限变量。

以十万人发明专利数（Y_1）为被解释变量，对门限变量分别为人均全社会固定资产投资存量（Z_1）、城镇居民家庭平均每人全年消费性支出（Z_4）和人均地区生产总值（Z_5）、单位国内生产总值（GDP）废水排放量（Z_6）时的低群组和高群组中的回归系数和显著变量进行分析，发现高低群组之间存在明显差异，表明门限回归具有鲜明效果。此外还能够发现不论是何种门限变量，高群组与全样本回归系数的方向均与全样本保持一致，即人均货物进出口总额（Z_3）和十万人发明专利数（Y_1）具有负相关关系，人均全社会固定资产投资存量（Z_1）、人均实际使用外资金额（Z_2）、城镇居民家庭平均每人全年消费性支出（Z_4）、人均地区生产总值（Z_5）均未对十万人发明专利数（Y_1）产生显著影响。但在低群组中则有所不同，当门限变量为人均全社会固定资产投资存量（Z_1）时，人均全社会固定资产投资存量（Z_1）、人均实际使用外资金额（Z_2）、城镇居民家庭平均每人全年消费性支出（Z_4）、人均地区生产总值（Z_5）、单位国内生产总值（GDP）废水排放量（Z_6）、单位国内生产总值（GDP）电力消费量（Z_7）对十万人发明专利数（Y_1）分别具有显著的相关性，其回归系数分别为-0.001、-0.293、0.013、0.012、2.198和0.042，其中单位国内生产总值（GDP）废水排放量（Z_6）、单位国内生产总值（GDP）电力消费量（Z_7）与全样本回归中有较大差异，从没有相关性转变为产生了正相关关系，表明对于低群组地区而言，水耗与能耗的提升仍然对人均发明专利水平具有促进作用，即对于低群组地区而言，在一定程度上仍然存在以资源换取科技水平提升的资源驱动特征。人均实际使用外资金额（Z_2）在各种门限变量的情况下，整体上与十万人发明专利数（Y_1）呈负相关关系，可以说明当前对于以发明专利衡量的知识产出水平而言，利用外资已经不是推动因素，但人均货物进出口总额（Z_3）仍然在以城镇居民家庭平均每人全年消费性支出（Z_4）为门限变量的情形下与被解释变量产生了正相关关系（回归系数为0.028），可见对外贸易在一定情况下仍然对低群组地区的发明专利产生了显著的推动作用，这在一定程度上表明低群组地区仍以引进吸收再创新为主，自主创新能力仍然有待培育。

城镇居民家庭平均每人全年消费性支出（Z_4）对被解释变量在各门限变量的总体影响均为正向促进作用，并且人均地区生产总值对于高群组地区的促进作用总体上大于低群组地区，说明综合经济实力越强越能促进知识产出水平的提升，因此增强区域的经济综合实力对于智力产出而言尤为重要，这也是低群组地区更应当大力发展经济的重要原因（表7-9）。

以人均技术合同成交额（Y_2）为被解释变量，对门限变量分别为人均全社会固定资产投资存量（Z_1）和人均实际使用外资金额（Z_2）、城镇居民家庭平均每人全年消费性支出（Z_4）、人均地区生产总值（Z_5）、单位国内生产总值（GDP）废水排放量（Z_6）、单位国内生产总值（GDP）电力消费量（Z_7）时的低群组和高群组中的回归系数和显著变量进行分析，发现其情形与全样本有较大差异。当门限变量为人均全社会固定资产投资存量（Z_1）时，在低群组中人均全社会固定资产投资存量（Z_1）、城镇居民家庭平均每人全年消费性支出（Z_4）、单位国内生产总值（GDP）废水排放量（Z_6）对被解释变量产生与全样本相反的显著相关关系，其回归

表7-9　基于门限效应的面板回归估计结果（以十万人发明专利数为被解释变量）

门限变量	Z_1		Z_4		Z_5		Z_6	
	低群组	高群组	低群组	高群组	低群组	高群组	低群组	高群组
Z_1	−0.001*** (−2.870)	−0.002 (−1.517)	0.000 (−0.512)	−0.001 (−1.017)	−0.000* (−1.924)	−0.002 (−1.019)	−0.002** (−2.722)	−0.001*** (−7.277)
Z_2	−0.293*** (−3.169)	0.023 (−0.144)	−0.116* (−1.686)	0.059 (−0.461)	−0.145** (−2.392)	−0.194 (−0.890)	−0.003 (−0.038)	−0.106 (−1.315)
Z_3	−0.007 (−0.750)	−0.120*** (−3.675)	0.028*** (−3.435)	−0.145*** (−5.797)	0.016* (−1.912)	−0.061 (−1.547)	−0.135*** (−4.730)	0.008 (−0.886)
Z_4	0.013*** (2.939)	0.027 (−1.634)	0.007 (−1.597)	0.011 (−0.445)	0.011*** (−3.555)	0.024 (−0.692)	−0.026 (−1.551)	0.027*** (−7.659)
Z_5	0.012*** (9.302)	0.023* (−1.923)	0.006*** (−5.395)	0.019* (−2.063)	0.007*** (−7.067)	0.035** (−2.210)	0.042*** (−3.984)	0.010*** (−6.892)
Z_6	2.198*** (2.630)	−36.761 (−1.072)	1.171 (−1.519)	−106.924 (−1.491)	1.211* (−1.711)	−59.059 (−0.759)	−83.547* (−2.011)	2.144** (−2.129)
Z_7	0.042*** (2.950)	1.247 (−1.478)	0.022 (−1.643)	2.51 (−1.125)	0.033*** (−2.711)	1.347 (−0.620)	1.409*** (−3.596)	0.024 (−1.394)
常数项	−287.833*** (−8.500)	−319.206 (−0.464)	−175.849*** (−5.749)	229.423 (−0.266)	−217.851*** (−8.585)	−934.285 (−0.778)	−591.543 (−0.901)	−332.132*** (−9.612)
观测数目（Obs）/个	284	46	293	37	296	34	46	284
判定系数（R^2）	0.679	0.845	0.587	0.918	0.688	0.832	0.954	0.635
修正判定系数（adjusted R^2）	0.635	0.759	0.529	0.866	0.646	0.748	0.902	0.582
F统计量（F-stat）	75.339	22.549	51.943	35.139	81.863	15.601	62.44	61.444

注：Z_1为人均全社会固定资产投资存量；Z_2为人均实际使用外资金额；Z_3为人均货物进出口总额；Z_4为城镇居民家庭平均每人全年消费性支出；Z_5为人均地区生产总值；Z_6为单位国内生产总值（GDP）废水排放量；Z_7为单位国内生产总值（GDP）电力消费量。

系数分别为0.006、−0.077和13.533，表明固定资产投资在低群组中显著地拉动了人均技术合同成交额的提升。同样的情形在以城镇居民家庭平均每人全年消费性支出（Z_4）为门限变量时也有出现，表明低群组地区仍然可以通过推动固定资产投资来促进知识与技术的转移与转化。在大多数门限变量的情形下，人均货物进出口总额（Z_3）对低群组地区有着显著的促进作用，而对高群组地区有着阻碍作用。进出口贸易对于低群组技术成交额的正向影响作用也符合创新经济学的规律，即开放发展有利于区域创新，而对于高群组地区而言已经不需要通过开放发展来拉动技术交易，这在一定程度上说明高群组地区具有较强的自主创新水平。单位国内生产总值（GDP）废水排放量（Z_6）、单位国内生产总值（GDP）电力消费量（Z_7）对于低群组地区而言具有明显的正相关关系，表明在技术与知识转移转化方面，低群组地区具有资源驱动特征。此外人均实际使用外资金额（Z_2）对于大多数低群组地区具有负相关关系，说明对于这些经济欠发达地区而言，利用外资更多是用于制造加工而非用于科技成果的转移与转化，也没有用于区域创新和产业创新，需要及时调整轨道，以将外资外贸更多地用于推动技术的转移与转化过程（表7-10）。

以十万人高新技术企业数量（Y_3）为被解释变量，对门限变量分别为城镇居民家庭平均每人全年消费性支出（Z_4）和人均地区生产总值（Z_5）时的低群组和高群组中的回归系数和显著变量进行分析，可以直观地发现在不同的门限变量下，人均货物进出口总额（Z_3）在以城镇居民家庭平均每人全年消费性支出（Z_4）为门限变量的条件下，低群组地区和高群组地区的回归系数分别为0.012和−0.057，表明进出口贸易对于居民消费和固定投资较为落后的地区仍然是推动高新技术产业发展的重要力量，而当经济发展到较高层级时不再通过进出口贸易来发展高新技术产业。在以城镇居民家庭平均每人全年消费性支出（Z_4）和人均地

表7-10 基于门限效应的面板回归估计结果（以人均技术合同成交额为被解释变量）

门限变量	Z_1		Z_2		Z_4	
	低群组	高群组	低群组	高群组	低群组	高群组
Z_1	0.006*** （4.380）	0.003 （0.290）	−0.004*** （−2.636）	−0.004 （−0.402）	0.003*** （2.814）	−0.003 （−0.308）
Z_2	−1.240*** （−2.645）	0.063 （−0.049）	−0.178 （−0.223）	−0.109 （−0.077）	−0.516 （−1.229）	0.537 （−0.570）
Z_3	−0.093** （−2.003）	−0.481* （−1.867）	0.592*** （8.141）	−1.021*** （−2.841）	0.099** （1.976）	−0.643*** （−3.494）
Z_4	−0.077*** （−3.361）	0.124 （0.968）	0.166*** （5.835）	0.018 （0.105）	−0.037 （−1.470）	0.126 （0.699）
Z_5	0.039*** （5.972）	0.133 （1.444）	0.009 （0.886）	0.151 （1.506）	0.034*** （4.713）	0.075 （1.108）
Z_6	13.533*** （3.193）	37.644 （0.139）	21.814*** （2.976）	150.954 （0.359）	15.395*** （3.263）	−507.111 （−0.959）
Z_7	−0.005 （−0.072）	3.890 （0.586）	−0.088 （−0.696）	1.369 （0.137）	−0.066 （−0.803）	19.998 （1.215）

续表 7-10

门限变量	Z_1		Z_2		Z_4	
	低群组	高群组	低群组	高群组	低群组	高群组
常数项	−128.403 (−0.748)	−5 022.856 (−0.926)	−1 675.492*** (−6.773)	1 211.665 (0.175)	−409.749** (−2.189)	−2 696.134 (−0.424)
观测数目(Obs)/个	284	46	296	34	293	37
判定系数(R^2)	0.609	0.657	0.505	0.738	0.537	0.762
修正判定系数(adjusted R^2)	0.555	0.468	0.44	0.607	0.472	0.611
F 统计量(F-stat)	55.323	7.937	37.986	8.845	42.492	10.064
门限变量	Z_5		Z_6		Z_7	
	低群组	高群组	低群组	高群组	低群组	高群组
Z_1	0.003*** (3.508)	−0.019 (−1.299)	−0.049 (−1.103)	−0.001 (−0.581)	0.012 (1.357)	0.000 (0.482)
Z_2	−0.681* (−1.834)	−2.107 (−1.224)	−1.035 (−0.572)	−0.751 (−1.410)	−1.435 (−1.763)	0.677 (1.640)
Z_3	0.011 (0.168)	−0.015 (−0.046)	0.318 (0.534)	0.375*** (6.362)	0.381* (3.614)	0.238*** (4.412)
Z_4	−0.024 (−1.248)	0.251 (0.975)	0.855 (0.724)	0.049** (2.210)	−0.029 (−0.440)	0.039** (1.997)
Z_5	0.028*** (4.107)	0.208* (1.716)	0.302* (2.322)	0.032*** (3.262)	0.549*** (12.620)	0.027*** (3.440)
Z_6	10.748** (2.515)	513.771 (1.022)	−429.339 (−0.620)	21.810*** (3.140)	320.282 (1.570)	20.913*** (3.489)
Z_7	−0.060 (−0.821)	−6.805 (−0.510)	10.516* (1.907)	−0.082 (−0.680)	16.551 (1.897)	−0.072 (−0.676)
常数项	−354.505** (−2.307)	−7 038.338 (−0.786)	−19 143.218 (−1.270)	−1 224.994*** (−5.353)	−29 851.572** (−5.643)	−1 090.041*** (−5.415)
观测数目(Obs)/个	290	40	24	306	15	315
判定系数(R^2)	0.563	0.685	0.908	0.432	0.998	0.484
修正判定系数(adjusted R^2)	0.504	0.527	0.698	0.356	0.987	0.418
F 统计量(F-stat)	—	—	9.872	29.216	151.525	37.316

注：Z_1 为人均全社会固定资产投资存量；Z_2 为人均实际使用外资金额；Z_3 为人均货物进出口总额；Z_4 为城镇居民家庭平均每人全年消费性支出；Z_5 为人均地区生产总值；Z_6 为单位国内生产总值（GDP）废水排放量；Z_7 为单位国内生产总值（GDP）电力消费量。

区生产总值（Z_5）为门限变量的条件下，人均全社会固定资产投资存量（Z_1）分别对十万人高新技术企业数量（Y_3）在低群组地区的回归系数分别为 0.001 和 −0.000 2，整体来看固定资产投资仍然是培育地区高新技术产业的推动力量。在以人均地区生产总值（Z_5）为门限变量的条件下，高群组地区的人均实际使用外资金额（Z_2）的回归系数为 −0.082，说明实际利用外资也对十万人高新技术企业数量产生了负向影响作用，表明在高新技术产业培育方面同样存在着过度利用外资的情况，大量外资并没有有效地支撑高新技术产业的发展。与之相反的是居民消费对于低群组地区的高新技术产业产生了促进作用（0.004），表明通过拉动消费来发展高新技术产业是行之有效的手段。单位国内生产总值（GDP）废水排放量（Z_6）、单位国内生产总值（GDP）电力消费量（Z_7）对于低群组地区而言具有明显的正相关关系，表明在高新技术产业培育方面，低群组地区具有资源驱动特征（表 7-11）。

表 7-11　基于门限效应的面板回归估计结果（以十万人高新技术企业数量为被解释变量）

门限变量	Z_4		Z_5	
	低群组	高群组	低群组	高群组
Z_1	0.001 0*** （4.644）	0.001 0 （1.350）	−0.000 2* （−1.667）	0.000 0 （0.697）
Z_2	−0.002 （−0.080）	0.187 （1.189）	−0.082** （−2.463）	−0.030 （−0.420）
Z_3	0.012*** （3.953）	−0.057** （−2.023）	−0.007 （−1.557）	−0.019 （−1.495）
Z_4	0.001 （1.173）	−0.007 （−0.444）	0.004** （2.526）	0.015 （1.359）
Z_5	−0.001*** （−3.308）	−0.002 （−0.233）	0.003*** （4.683）	0.007 （1.443）
Z_6	0.274 （1.488）	−45.885* （−1.730）	0.686* （1.756）	−29.714 （−1.165）
Z_7	0.005 （1.284）	0.816 （1.270）	0.017** （2.566）	0.833 （1.170）
常数项	−3.314 （−0.391）	182.57 （0.354）	−60.897*** （−4.345）	−509.916 （−1.296）
观测数目（Obs）/个	239	91	296	34
判定系数（R^2）	0.411	0.173	0.371	0.826
修正判定系数（adjusted R^2）	0.313	−0.201	0.286	0.739
F 统计量（F-stat）	20.349	1.851	21.862	14.943

注：Z_1 为人均全社会固定资产投资存量；Z_2 为人均实际使用外资金额；Z_3 为人均货物进出口总额；Z_4 为城镇居民家庭平均每人全年消费性支出；Z_5 为人均地区生产总值；Z_6 为单位国内生产总值（GDP）废水排放量；Z_7 为单位国内生产总值（GDP）电力消费量。

以百万人专利合作条约（PCT）专利申请量（Y_4）为被解释变量，对门限变量分别为人均全社会固定资产投资（Z_1）和城镇居民家庭平均每人全年消费性支出（Z_4）时的低群组和高群组中的回归系数和显著变量进行分析，发现不同门限变量的高群组均与全样本有相似情形。当门限变量为人均全社会固定资产投资存量（Z_1）时，低群组中的城镇居民家庭平均每人全年消费性支出（Z_4）、人均地区生产总值（Z_5）对被解释变量具有显著的正相关性，其回归系数分别为 0.119 和 0.061，表明人均国内生产总值（GDP）和居民消费能够有效地拉动百万人专利合作条约

（PCT）专利申请量的增长，而人均全社会固定资产投资存量（Z_1）、人均实际使用外资金额（Z_2）、单位国内生产总值（GDP）电力消费量（负向功效性指标，Z_7）则对被解释变量具有负向的影响作用，其回归系数分别为 -0.012、-2.194、0.172，表明在专利合作条约（PCT）专利申请量方面，也具有一定的过度固定投资和过度使用外资的倾向，而大量的固定资产投资并没有真正地投向推动专利合作条约（PCT）专利的实务中来，这也为进一步优化投资结构提供了指导方向。而且对于低群组地区而言，高能耗仍然是不可避免地推动专利国际化的路径。当门限变量为城镇居民家庭平均每人全年消费性支出（Z_4）时，人均货物进出口总额（Z_3）对低群组的影响系数为 0.071，而对高群组则为 -0.225，表明进出口贸易对于低群组地区的人均专利合作条约（PCT）专利申请量具有明显的促进作用，而对高群组地区产生了负向影响作用，专利的国际化水平对于高低群组地区具有明显的差异，高群组地区已经不再依靠外资外贸来推动知识产权的国际化进程。人均国内生产总值（GDP）代表着综合经济发展水平，对专利合作条约（PCT）专利有着非常显著的促进作用，而且相比高群组，人均国内生产总值（GDP）对于低群组地区的专利合作条约（PCT）专利的促进作用更加明显。可见积极地发展经济能够有效促进低群组地区专利的国际化步伐，即能够推动这些省份在知识创造方面更加具有国际竞争力（表 7-12）。

表 7-12 基于门限效应的面板回归估计结果
[以百万人专利合作条约（PCT）专利申请量为被解释变量]

门限变量	Z_1		Z_4	
	低群组	高群组	低群组	高群组
Z_1	-0.012*** (-7.498)	-0.004*** (-3.536)	-0.001** (-2.331)	0.000 (-0.083)
Z_2	-2.194*** (-4.594)	-0.114 (-0.511)	-0.231** (-2.321)	-0.021 (-0.060)
Z_3	-0.079 (-1.482)	-0.039 (-0.907)	0.071*** (-5.983)	-0.225*** (-3.241)
Z_4	0.119*** (-4.8)	0.075*** (-3.459)	0.010 (-1.633)	-0.010 (-0.141)
Z_5	0.061*** (8.44)	0.032*** (2.728)	0.005*** (2.765)	0.026 (1.036)
Z_6	5.251 (1.511)	36.626 (1.344)	1.373 (1.228)	-160.989 (-0.808)
Z_7	0.172*** (2.712)	0.240 (0.506)	0.009 (0.438)	3.420 (0.552)
常数项	-1 371.125*** (-8.746)	-1 464.313*** (-2.764)	-165.275*** (-3.727)	561.722 (0.234)
观测数目（Obs）/个	216	114	293	37
判定系数（R^2）	0.488	0.584	0.258	0.712

续表 7-12

门限变量	Z_1		Z_4	
	低群组	高群组	低群组	高群组
修正判定系数（adjusted R^2）	0.395	0.426	0.154	0.528
F 统计量（F-stat）	24.744	16.429	12.738	7.762

注：Z_1 为人均全社会固定资产投资存量；Z_2 为人均实际使用外资金额；Z_3 为人均货物进出口总额；Z_4 为城镇居民家庭平均每人全年消费性支出；Z_5 为人均地区生产总值；Z_6 为单位国内生产总值（GDP）废水排放量；Z_7 为单位国内生产总值（GDP）电力消费量。

以人均高新技术企业工业总产值（Y_5）为被解释变量，当门限变量分别为单位国内生产总值（GDP）废水排放量（Z_6）、单位国内生产总值（GDP）电力消费量（Z_7）时具有显著的门限效应。由于二者均为负功效性指标，因此低群组地区代表着经济和科技更为发达的省份，反之亦然。根据回归结果可以看到，总体上人均实际使用外资金额（Z_2）对于低群组地区的人均高新技术企业工业总产值（Y_5）具有负相关性，而人均地区生产总值（Z_5）对于低群组地区的人均高新技术企业工业总产值（Y_5）而言具有显著的正向促进作用，人均货物进出口总额（Z_3）则在高群组地区中与人均高新技术企业工业总产值（Y_5）具有强烈的正相关关系，反映出对外经济贸易能够有效推动环境集约发展水平较低的地区，即对经济与科技发展较为落后的地区产生促进作用。对于这些地区而言，高新技术企业的发展将更依赖对外贸易，同时对外贸易也能反之推动高新技术企业的快速发展（表 7-13）。

表 7-13　基于门限效应的面板回归估计结果
（以人均高新技术企业工业总产值为被解释变量）

门限变量	Z_6		Z_7	
	低群组	高群组	低群组	高群组
Z_1	−0.009	−0.014	−0.017	−0.007
	(−0.900)	(−0.151)	(−0.787)	(−0.232)
Z_2	−5.745***	−20.178	−8.992**	−3.272
	(−2.884)	(−0.660)	(−2.526)	(−0.244)
Z_3	0.226	3.611	0.423	12.812**
	(0.485)	(1.326)	(1.275)	(2.086)
Z_4	0.239	1.126	0.007	0.382
	(1.272)	(0.646)	(0.037)	(0.828)
Z_5	0.159*	0.395	0.377*	0.169
	(1.86)	(0.715)	(1.859)	(0.668)
Z_6	−35.856	159.129	−625.555	45.856
	(−0.093)	(0.771)	(−1.252)	(0.566)

续表 7-13

门限变量	Z_6		Z_7	
	低群组	高群组	低群组	高群组
Z_7	2.770	1.577	11.882	1.524
	(1.060)	(0.369)	(0.980)	(1.385)
常数项	246.120	−17 410.894	−1 414.708	−14 042.674
	(0.045)	(−1.588)	(−0.230)	(−1.273)
观测数目（Obs）/个	168	162	155	175
判定系数（R^2）	0.152	0.086	0.289	0.097
修正判定系数（adjusted R^2）	−0.081	−0.168	0.255	0.059
F 统计量（F-stat）	3.346	1.685	8.207	3.401

注：Z_1 为人均全社会固定资产投资存量；Z_2 为人均实际使用外资金额；Z_3 为人均货物进出口总额；Z_4 为城镇居民家庭平均每人全年消费性支出；Z_5 为人均地区生产总值；Z_6 为单位国内生产总值（GDP）废水排放量；Z_7 为单位国内生产总值（GDP）电力消费量。

以人均高新技术企业创汇总额（Y_8）为被解释变量，以人均全社会固定资产投资存量（Z_1）、人均地区生产总值（Z_5）、单位国内生产总值（GDP）废水排放量（Z_6）、单位国内生产总值（GDP）电力消费量（Z_7）分别为门限变量，总体上可以发现低群组地区和高群组地区具有明显差异，尤其是当解释变量为人均货物进出口总额（Z_3）和人均地区生产总值（Z_5）时最为明显。当门限变量分别为人均全社会固定资产投资（Z_1）、人均地区生产总值（Z_5）、单位国内生产总值（GDP）废水排放量（Z_6）、单位国内生产总值（GDP）电力消费量（Z_7）时，人均货物进出口总额（Z_3）均对低群组地区［当门限变量为单位国内生产总值（GDP）废水排放量（Z_6）、单位国内生产总值（GDP）电力消费量（Z_7）时则为高群组地区］具有显著的正相关性，说明对外进出口贸易仍然是推动经济和科技发展水平较低层次地区的高新技术企业创汇的核心动力，且高新技术企业的创汇反过来也会进一步促进当地省份的对外贸易水平。人均地区生产总值（Z_5）则对低群组地区［当门限变量为单位国内生产总值（GDP）废水排放量（Z_6）、单位国内生产总值（GDP）电力消费量（Z_7）时则为高群组地区］的正向影响作用要高于高群组地区，说明对于低群组地区而言，发展经济的综合实力会有利于推动高新技术企业的创汇水平，同时高新技术企业创汇也会显著地促进低群组地区经济综合水平的进一步发展（表 7-14）。

7.5 本章小结

以上基于面板门限回归模型和基于门限效应的分段面板固定效应模

表 7-14 基于门限效应的面板回归估计结果

（以人均高新技术企业创汇总额为被解释变量）

门限变量	Z_1		Z_5		Z_6		Z_7	
	低群组	高群组	低群组	高群组	低群组	高群组	低群组	高群组
Z_1	−0.001*** (−3.059)	0.003** (2.308)	−0.001*** (−3.581)	0.004** (2.105)	0.001* (1.808)	0.001* (1.878)	0.001 (1.176)	0.000 (−1.251)
Z_2	−0.540*** (−3.344)	−0.005 (−0.034)	−0.177* (−1.711)	0.123 (0.705)	0.186*** (5.332)	−0.486*** (−3.365)	0.187*** (2.921)	−0.282* (−1.953)
Z_3	0.093*** (5.731)	−0.010 (−0.383)	0.083*** (5.675)	−0.008 (−0.269)	−0.004 (−0.362)	0.058*** (3.438)	−0.022 (−1.024)	0.108*** (5.865)
Z_4	0.025*** (3.111)	−0.009 (−0.590)	0.012** (2.340)	0.016 (0.575)	0.010 (1.404)	−0.015** (−2.398)	0.020 (1.508)	0.011 (1.509)
Z_5	0.006*** (2.910)	−0.006 (−0.556)	0.008*** (4.238)	−0.012 (−0.931)	−0.011** (−2.342)	0.008*** (2.940)	−0.021*** (−3.124)	0.003 (1.222)
Z_6	1.147 (0.831)	29.341 (0.916)	2.230* (1.826)	−38.266 (−0.604)	−16.958 (−0.804)	2.068 (1.135)	1.458 (0.073)	1.381 (0.804)
Z_7	0.029 (1.232)	−0.785 (−1.001)	0.027 (1.276)	1.795 (1.023)	−0.534*** (−3.007)	0.034 (1.092)	−0.632 (−0.667)	0.018 (0.609)
常数项	−226.518*** (−3.830)	507.870 (0.849)	−202.170*** (−4.631)	−31.632 (−0.032)	833.863** (2.464)	−29.238 (−0.471)	960.757 (1.405)	−129.327* (−1.951)
观测数目（Obs）/个	279	51	297	33	32	298	39	291
判定系数（R^2）	0.315	0.317	0.351	0.441	0.781	0.192	0.397	0.200
修正判定系数（adjusted R^2）	0.219	−0.102	0.264	0.147	0.514	0.080	0.004	0.086
F 统计量（F-stat）	16.005	2.051	20.140	2.362	7.112	8.844	2.165	9.060

注：Z_1 为人均全社会固定资产投资存量；Z_2 为人均实际使用外资金额；Z_3 为人均货物进出口总额；Z_4 为城镇居民家庭平均每人全年消费性支出；Z_5 为人均地区生产总值；Z_6 为单位国内生产总值（GDP）废水排放量；Z_7 为单位国内生产总值（GDP）电力消费量。

型，以 2007—2017 年 30 个省（不包括我国广西和港澳台地区）为研究单元，对区域创新的经济门限效应开展了分年度、分地区的统计计算，并以门限效应的计算结果为依据，对区域创新和区域经济发展的影响效应开展了前瞻性研究。

区域创新脱离不开其所在的社会环境，经济发展作为社会环境的重要组成部分对区域创新的影响不言而喻。我国正处于以投资驱动和外向型经济驱动为主向区域创新驱动转轨的变革阶段，需要着重提升中西部地区的区域创新水平，以推动区域均衡发展（樊杰等，2016）。基于章节研究成果，提出如下政策建议：

（1）应当借鉴欧盟技术转移体系和法国创新署（OSEO）模式体系，建立我国区域创新促进体系（苏晓，2018；庞瑞芝等，2014），以增强经济发展对区域创新的推动、支撑和强化能力，进而加快区域创新的成果向实际应用转化，让区域创新能够更快地与经济发展水平相适宜。

（2）针对经济发展水平较低的中西部地区而言，居民消费、固定投资和外资外贸仍然是推动区域创新的有效手段，应该进一步发展经济，让中西部地区的区域创新能够获得更深厚的土壤，让经济发展哺育区域创新（李剑力，2018；靳媚等，2018）。

（3）对于中西部地区应当安排定向的区域创新扶持政策，鼓励跨区域的定点帮扶，鼓励中关村国家自主创新示范区等国内区域创新高地向中西部地区转移，降低中西部地区的区域创新活动跨越经济发展门限的难度，让我国的区域创新实现更加均衡的发展。

8 结论、讨论及政策建议

8.1 主要结论

经过对区域创新价值链的文献梳理，我们已经比较清晰地掌握了创新活动的基本规律，将区域创新活动划分为投入端与产出端的研究范式已经较为成熟。创新价值链模型是研究区域创新活动的起点，区域创新活动的过程既是创新资源转换的过程，也是价值增殖的过程。本书基于价值链理论，将区域创新活动划分为三个阶段，即初始投入阶段（创新投入阶段）、中间产出阶段（创新产出阶段）与产业化阶段（创新经济产出阶段）。基于三个阶段的简化概念模型，本书对区域创新水平和区域经济发展水平、区域创新效率与区域创新转化经济效率开展了综合研究，并结合门限回归对经济发展阶段创新活动的影响作用与机制进行更深层次的研究，得出如下主要结论：

8.1.1 区域创新投入指标呈现"东高西低"的空间分布格局

我国区域创新投入的地区差异较大，当前我国的区域创新投入指标整体上从绝对值来看仍具有较大的地区差异，但从相对量来看地域差异是在缩小当中。在创新方面，我国区域创新投入的空间格局呈现"东高西低"的特征。在经济发展水平方面，东部沿海地区更好，对创新的投入力度也更大。但部分指标，如高校人口比和万人高校在校生数等的省级区域差异较小。另外，西部地区人均高新技术企业研发（R&D）经费支出甚至超过了东部。

8.1.2 区域创新产出指标的地域差异较高且同样呈现"东高西低"特征

与区域创新投入指标类似，我国区域创新产出指标的地区差异仍保持在较高的水平，但从相对量来看地域差异是在缩小当中，变异系数的下降表明数据的离散程度呈现逐渐下降的趋势，部分指标有上升或波动。与知识产出相关的指标和与知识扩散相关的指标的右偏幅度在稳步扩大，其余指标的偏度系数震荡上升或下降。由峰度系数和偏度系数指示的高新技术企业的地域差异则呈缩小态势。在区域创新产出水平方面，东部沿海地区水平较高，中部地区中湖北、江西、湖南的带动性较强，东北地区仅辽宁的创新产出水平保持增长态势。

8.1.3 区域经济发展指标的地域差异在稳步缩小

与区域创新投入指标、区域创新产出指标相比，我国的区域经济发展指标的地域差异相对较小，各个分指标的地域差异也相对均衡，在波动中缩小。虽然中西部地区的经济发展速度较快，但受发展基础限制，东部沿海地区的经济发展指标仍显著高于西部地区。对于一些负向指标，比如单位国内生产总值（GDP）电力消费量、单位国内生产总值（GDP）废水排放量等，在空间格局上表现为"西高东低、零星分布"的发展态势，但在区域差异方面表现为逐步缩小。区域创新的空间差异要比区域经济的空间差异更大，即区域创新相比区域经济发展的情况更为复杂。相比于区域经济，区域创新可能更适合集聚发展，以充分发挥创新的集聚发展优势。

8.1.4 区域创新水平和区域经济发展水平显著正相关

本书的研究结果表明，区域经济发展水平和区域创新水平呈稳定正相关，因此，各省可以通过同时提高区域创新水平和区域经济发展水平来实现两者的互促发展和双重提升。同时还发现部分指标，如规上研发（R&D）人员全时当量、万人高新技术企业科技活动人员等指标对区域发展的负向影响显著，这在一定程度上说明区域经济发展水平和区域创新水平的相互影响是复杂的。另一个需要注意的指标是单位国内生产总值（GDP）电力消费量对区域创新发展的作用是负向的，这跟我国的经济结构有关，如外资和居民消费对创新的影响比较模糊，高耗能高污染的发展方式仍然存在。

8.1.5 区域创新效率"东西高中间低"

在区域创新效率方面，我国整体上实现了平稳提升，但仍然需要提高。从区域角度来看，东部沿海地区处于高水平、高稳定度发展阶段，其中北京始终处于区域创新效率首位。从区域差异来看，受益于中西部地区创新效率的显著提升，我国省级层面的区域创新效率差异显著缩小，这种趋向均衡的态势有利于通过区域创新来推动区域协调发展。

8.1.6 区域创新转化经济效率呈现"西高东低，零星分布"的空间格局

在区域创新转化经济效率方面，2007—2017年我国整体处于略微下

滑的态势，区域创新效率的波动要小于区域创新转化经济效率的波动。区域创新转化经济效率呈"西高东低，零星分布"的格局。从全国层面来看，区域创新转化经济效率要高于区域创新效率。在中西部地区，不论是区域创新转化经济效率还是区域创新效率都在快速追赶东南沿海地区，因此这两个指标的区域差异呈缩小态势。

8.1.7　区域创新及其转化效率有待提高

在区域创新的全要素生产率方面，全国层面该指标在逐步提升。技术变化值提升高度要大于效率变化值的降低幅度，因此，技术提升是区域全要素生产力提升的主要原因。我国大部分省份尚未达到创新活动的拐点，因此，相对于效率提升，更应该依托技术进步来促进全要素生产率的提升。

在区域创新转化经济的全要素生产率方面，我国整体上有较为明显的下降态势，这缘于效率提升的幅度要低于技术降低的幅度，前者所带来的产出贡献提升幅度要小于后者带来的产出贡献增长幅度。研究还表明，我国区域创新转化经济全要素生产率的区域差异在逐渐缩小，中西部地区具有实现赶超东部地区的可能性。

8.1.8　推进区域创新与区域经济互动融合发展

研究表明，区域创新效率和区域创新转化经济效率呈稳健正相关，因此，绝大多数省级地区仍可利用区域创新效率来提高区域创新转化经济效率，从而推动区域创新和经济的双提升。

8.1.9　区域创新的经济门限效应显著，跨越区域创新的经济门限面临挑战

本书研究发现，经济发展对区域创新有显著的门限效应，不同指标对跨越门限效应的作用方向不同，如高人均国内生产总值（GDP）对跨越门限效应有较大帮助，固定资产投资对全国的区域创新影响方向为负，而固定资产投资等指标对被解释变量的低收入群组地区存在正向效应。对于我国大多数省份来说，跨越区域创新的经济门限仍然存在难度，也导致发展相对落后省份难以实现跃迁。从我国区域四大板块来看，东部地区区域创新领先，东北地区发展不利。

8.2　政策建议

本书基于区域创新与区域经济的发展水平、发展效率及全要素生产率、门限效应等视角对区域创新与经济发展的互动关系进行深度研

究，并结合《"十三五"国家科技创新规划》《国家高新技术产业开发区"十三五"发展规划》《"十三五"国家科技人才发展规划》《中共中央关于制定国民经济和社会发展第十四个五年规划和二〇三五年远景目标的建议》等大政方针，提出以下推动我国区域创新与经济互动发展的政策建议：

8.2.1 立足区域自身基础，努力提高区域创新的投入与产出能力

当前我国已经进入"创新驱动"战略发展的关键阶段，推动区域创新成为各个省份的重要课题，需要通过大力推动区域创新实现高效、绿色、可持续的发展。在区域创新投入方面，需要加大公共财政资金对社会发展区域创新的投入力度，不断提升包括人均研发经费、规上研发（R&D）投入强度和人均高新技术企业研发（R&D）经费支出的资金投入程度，以及对规上研发（R&D）人员全时当量、万人高新技术企业科技活动人员、万人高新技术企业大专以上人数的人力资源投入程度，并充分发挥财政资金的杠杆作用，通过"科技银行""绿色技术银行"等新方式带动社会资金参与科技活动当中，引导地方政府增加社会发展区域的创新投入，不断通过资金补贴、风险投资、人才引进等手段持续提升区域创新的资金投入与人力投入，促使区域创新投入水平迈上新台阶。在区域创新产出方面，需要着眼增量培育发展及抢占产业制高点，抓住新一轮产业技术革命带来的创业机遇，着力提升自主创新能力，重点提升人均发明专利数、人均技术合同成交额、人均高新技术企业数量和人均专利合作条约（PCT）专利申请量的产出水平，不断提高高新技术企业的工业总产值、总收入、净利润和创汇总额的综合能力，并不断强化科技成果的转移与转化，强化科技金融支撑，完善创业孵化体系，优化创新创业环境，推动制造业高端化发展，鼓励服务业商业模式创新，全面加强产业负面清单管理，打造我国高新技术产业升级和转型升级的持续动力。

为提升区域创新能力，还需要以全球链接强化资源整合。着眼扩大对外开放及资源要素的集聚，抓住创新全球化机遇，重点强化国家合作交流平台的搭建，加快引进国外科教智力资源，支持企业绿地投资及跨国并购，大力推动跨国技术转移，实现"两种资源、两个市场"的充分利用，为我国创新驱动发展提供战略支撑。此外，还需以结构改革加速协同创新，着眼深化内部改革及开放式协同创新，抓住新一轮体制机制改革机遇，加快构建以政府为引导、企业为主体、产业为导向、"政产学研资介用"相结合的创新体系。重点建立并完善跨部门跨地区配置资源的机制，创新产业组织管理模式，改革科技管理体制机制，发挥社会枢纽组织作用，以体制机制激发市场、企业的创新活力，为我国创新驱动发展提供制度保障。

8.2.2 鼓励东部沿海地区创新扩散，促进区域协调发展

我国的区域创新水平与经济发展水平总体上均呈现"东高西低"的区域发展格局，但西部地区的区域创新效率与区域创新转化经济效率保持在较高水平，为我国在区域创新与经济发展的双重层面上不断缩小地域差异提供了较大的可能性。区域创新与经济发展不论在发展层级上还是发展效率上都高度正相关，且人均研发经费、人均技术合同成交额、人均高新技术企业数量等对区域经济发展水平的效率具有显著的正向影响作用，而人均地区生产总值对区域创新水平与效率同样有着明显的促进作用，因此加快中西部地区的经济发展水平与效率就是提升区域创新水平与效率的有效途径。我国需要明确东、中、西及东北各地区的区域角色定位，在优化东部沿海地区区域创新与经济发展的同时，以武汉、合肥、长株潭为核心城市提升中部地区区域创新与经济发展的水平与效率，以西安、重庆、成都、乌鲁木齐为核心城市提升西部地区区域创新与经济发展的水平与效率，以大连、沈阳、长春、哈尔滨为核心城市提升东北地区区域创新与经济发展的水平与效率，并鼓励东部沿海地区省份通过产业转化基地、项目对口资助、技术专项扶贫等模式，向中、西、东北地区不断转移与转化创新成果，加强引导各类创新主体支持对口援建，打造科技和经济的双重合作平台，促进跨地域的经济科技合作，促进区域创新与经济发展的协同与互补。

8.2.3 进一步畅通区域创新成果转化链条，促进创新和经济的更好互动

区域创新活动具有鲜明的链条特征，本书也基于创新价值链构建了区域创新活动的三阶段概念模型（初始投入阶段、中间产出阶段与产业化阶段）。对于各省份而言，能否进一步地畅通"区域创新投入→区域创新产出→区域创新经济产出"的链条过程，即畅通创新成果转化链条，是实现经济与科技高效互动发展的关键。各省份应当从基础前沿、重大共性关键技术到应用示范开展"全链条"和"一体化"的科技计划设计，系统组织实施，支持科技型中小企业和高校、科研院所开展深入的科研交流与广泛的应用转化合作，通过搭造良好的产学研合作和转化渠道，构建相对高效便捷的创新转移与转化链条，以有力地支撑科技成果的转移与转化和示范推广，并进一步激发区域经济活力。各省份还可以抓住深化改革开放所带来的市场机遇、投资机遇、增长机遇、合作机遇，加快引进培育高水平创新创业人才，鼓励支持科技人员围绕新兴产业领域开展高水平创业。支持初创期科技型中小企业内具有充足创新能力的科研人员成立科技型中小企业，形成新的创新活跃点。

为提升区域创新转化效果，应当抓住新一轮产业技术革命与我国加快转变经济发展方式的历史性交汇的契机，围绕产业链布局创新链，强

化基础研究和共性技术研究，鼓励共性技术、关键技术、瓶颈技术的突破与集成，抢占产业发展的战略制高点与技术主导权。此外，还应当抓住国家加快推进科技管理体制机制改革的机遇，深度促进金融与科技、科技与经济、改革与开放的融合，加快形成以产业为导向、以政府为引导、以企业为主体、以高校院所及中介组织为支撑的"政产学研资介用"协同创新体系，完善产业要素配置机制，培育壮大创新主体，营造适宜各地区创新创业的政策环境、文化氛围及发展环境。

8.2.4 不同地区采取不同的创新发展策略

应当针对不同地域采取不同对策，以便更加有效地推动区域经济与区域创新的互动发展。对于东部沿海地区而言，其已经具备了较高的区域创新和经济发展的水平与效率，且其创新效率与经济的全要素生产率难以继续提升，因此一方面需要加快传统制造业向中西部地区的产业转移，积极推进现代服务业与科技、信息的融合互动，促进高端服务业不断深化发展，不断优化提升产业结构，进一步推动经济与创新的相互促进和深化发展。另一方面需要依靠北京、上海、深圳、杭州、苏州等核心城市及其周边地区，着力发展高精尖产业，推动产业结构向知识密集型和技术密集型产业转型，加快产业门类的优化调整和产业发展层级的进一步提升，并以国家高新区和自主创新示范区为分散点状动力源，推动区域经济与科技发展水平和效率的整体提升。

对于中部地区而言，在经济发展与区域创新方面都出现了"中部凹陷"的情形，不论是经济、科技的水平还是效率都有待提升，因此需要一方面加强产业结构调整，积极推进现代物流、信息科技等生产性服务业的发展，全面提升综合经济实力。同时依托原有制造业等产业基础，有序承接东部制造业的产业转移，并借助中部人口优势，大力发展劳动密集型产业，提升城市发展活力。另一方面应当顺应技术密集型产业加快发展的趋势，加快推进高端装备制造业等战略性新兴产业的发展，强化自主研发和自主创新能力，推动产业门类的不断完善和产业层级的创新创优，在稳步推进产业升级的基础上增强产业创新水平。

对于西部地区而言，其经济发展与区域创新的水平较低但效率较高，追赶东南沿海地区的态势明显，但需要转变资源依赖导向的发展路径。一方面针对原有冶金、化工、能源等产业，转变发展思路，设计生产高附加值的产品，走信息工业化的发展道路。同时加大现代服务业（包括金融业、物流业、电子商务业等）的发展力度，以提升配套服务能力。另一方面借助"一带一路"发展倡议，积极承接国外和东部地区的产业转移，主要以承接低碳环保的高端装备制造、农牧产品加工和现代服务业为主。同时加强与东部地区的产业合作，积极引进高精尖技术并培养相关的创新型人才，提升自主创新能力和成果转化能力，稳步推进产业结构转型升级。

对于东北地区而言，目前仅有辽宁具有较好的经济发展和区域创新水平与效率，黑龙江与吉林的经济和创新发展均较为滞后。一方面借助"一带一路"区域产业合作优势，依托传统工业，加强区域内协作，形成钢铁、煤炭、电力、冶金等出口产品的比较优势，并将过剩的产能转移到沿线国家。同时积极推进高端装备制造、新一代信息技术、生物医药等新兴战略性产业发展，促进产业结构的转型升级，增强城市经济适宜性。另一方面大力发展文化创意、科研服务、金融服务等产业，打造东北高端服务业基地，促进创新型人才集聚，推动经济与科技的双重发展。

8.3 进一步展望

由于影响区域创新与经济发展的因素较多，而衡量区域创新与经济发展水平的指标也较为复杂，很多因素和指标难以量化，本书仅能管中窥豹，关于区域创新与经济发展的互动关系研究这一宏大课题，还有待今后进一步的深化和完善。

（1）区域创新与经济发展的指标选取上还有待改进。本书按照创新投入到经济发展的三阶段概念模型，采用了8项区域创新投入指标、8项区域创新产出指标和7项区域经济发展指标，但上述指标仍有一定的缺陷，不一定能全面衡量区域创新和经济发展的总体情况，仅能管中窥豹。此外如高新技术企业工业增加值这项指标无法获得，仅能退而求其次，采用工业总产值和总收入数据，这可能造成一定的偏误。此外，本书纳入指标体系的数据均为量化数据，缺少质性数据和典型事例，在质性研究和案例剖析方面还需要补充与完善。

（2）区域创新水平和区域经济发展水平的度量方法有待改进。本书采用熵值法作为测度区域创新和区域经济发展水平及相应权重的核心方法，虽然熵值法作为客观评价方法具有一定的优越性，但在多指标评价系统中不占优势，且仅能依据信息熵的差异大小进行权重计算，而无法真正根据某一指标对于区域创新水平和区域经济发展水平的重要性和贡献度进行权重的计算。因此本书采用熵值法有其合理性但也是一种权宜之计，未来还需要结合层次分析法（AHP）来探索更有效的多指标评价方法，以客观度量中国各省份的区域创新水平和区域经济发展水平。

（3）区域创新和区域经济发展的互动关系还有待进一步深入。受数据的限制，本书主要采用静态面板回归分析方法［固定效应模型、随机效应模型、面板修正标准误（PCSE）等］来分析区域创新和区域经济发展整体和局部的互动关系。但在分析影响因素及其机制时，并没有考虑空间溢出效应，影响因素的直接效应、间接效应，同时也没有考虑到时间上的动态影响。在未来的研究中，可以探索采用空间面板回归、动态面板回归等研究方法来进一步分析，并且将科研投入到科研产出再到经济产出的滞后期纳入其中，尝试使用面板向量自回归（PVAR）来进行更深度的研究，以充分探索区域创新和区域经济发展的互动关系及相应的影响因素和机制。

（4）研究范围还应当进一步细化。由于关于区域创新的很多数据只统计到省级层面而没有下放到地级市层面，因此本书仅能采用省级层面的面板数据进行研究，相对来讲较为粗糙。本书也曾尝试基于272个地级市的统计数据开展研究，未来将进一步通过替换数据、调研访谈等方法对数据库加以补充，进一步细分不同规模等级的城市组来进行分类研究，以更加深度地研究区域创新和区域经济发展的互动关系。

参考文献

·中文文献·

安虎森,肖欢,2015.我国区域经济理论形成与演进[J].南京社会科学(9):23-30.

包群,2007.自主创新与技术模仿:一个无规模效应的内生增长模型[J].数量经济技术经济研究,24(10):24-34.

毕亮亮,施祖麟,2008.长三角城市科技创新能力评价及"区域科技创新圈"的构建:基于因子分析与聚类分析模型的初探[J].经济地理,28(6):946-951,954.

波特,2003.竞争论[M].高登第,李明轩,译.北京:中信出版社.

蔡冰冰,赵威,李永贺,等,2019.中国区域创新与区域经济耦合协调度空间格局及影响因素分析[J].科技管理研究,39(9):96-105.

曹贤忠,曾刚,邹琳,2015.长三角城市群R&D资源投入产出效率分析及空间分异[J].经济地理,35(1):104-111.

常晓然,周全,吴晓波,2016.我国54个城市的创新效率比较研究:基于包含非期望产出的SBM-NDEA模型[J].管理工程学报,30(1):9-18.

陈红儿,陈刚,2002.区域产业竞争力评价模型与案例分析[J].中国软科学(1):99-104.

陈蕾,2010.科技中介服务机构建设的必要性研究:基于区域创新体系[J].现代商业(11):58-60.

陈强,2014.高级计量经济学及Stata应用[M].2版.北京:高等教育出版社.

陈晓红,解海涛,2006.基于"四主体动态模型"的中小企业协同创新体系研究[J].科学学与科学技术管理,27(8):37-43.

陈孝新,2004.几种综合评价方法的实证比较[J].江西财经大学学报(3):20-23.

陈雁云,2011.产业发展、城市集聚耦合与经济增长的关联度[J].改革(4):69-75.

程华,朱文晶,2009.浙江R&D投入促进创新能力研究[J].浙江统计(7):10-12.

代明,殷仪金,戴谢尔,2012.创新理论:1912—2012:纪念熊彼特《经济发展理论》首版100周年[J].经济学动态(4):143-150.

董理,莫琦,2010.需求导向下的区域创新价值链的构建及其机制分析[J].特区经济(6):290-292.

杜娟,霍佳震,2014.基于数据包络分析的中国城市创新能力评价[J].中国管理科学,22(6):85-93.

杜义飞,李仕明,2004.产业价值链:价值战略的创新形式[J].科学学研究，22（5）：552-556.

樊杰，刘汉初，2016."十三五"时期科技创新驱动对我国区域发展格局变化的影响与适应［J］.经济地理，36（1）：1-9.

范柏乃，单世涛，陆长生，2002.城市技术创新能力评价指标筛选方法研究［J］.科学学研究，20（6）：663-668.

方创琳，马海涛，王振波，等，2014.中国创新型城市建设的综合评估与空间格局分异［J］.地理学报，69（4）：459-473.

冯娟，2008.企业作为技术创新主体的必要性［J］.中国高新技术企业（5）：24，26.

冯之浚，1999.国家创新系统的理论与政策［M］.北京：经济科学出版社.

符想花，2010.基于多元统计分析的区域高技术产业发展水平比较研究［J］.经济经纬，27（1）：64-67.

傅德印，黄健，2008.典型相关分析中的统计检验问题［J］.统计研究，25（7）：110-112.

傅家骥，姜彦福，雷家骕，1992.技术创新：中国企业发展之路［M］.北京：企业管理出版社.

郭峰，2006.产业集群与区域创新耦合机制研究［J］.学习论坛，22（7）：36-37.

郭凯，2014.基于灰色系统理论与模糊数学的洛阳创新型城市评价研究［J］.科技管理研究，34（5）：49-53.

郭腾云，徐勇，马国霞，等，2009.区域经济空间结构理论与方法的回顾［J］.地理科学进展，28（1）：111-118.

韩保江，2015.中国经济中高速增长的"多元动力"：论习近平经济思想的基本内核与逻辑框架［J］.中共中央党校学报，19（6）：5-12.

韩立红，2013.小城镇建设与区域经济发展的互动机制研究［D］.青岛：中国海洋大学.

郝继平，徐立群，李刚，等，2009.目标探测精度正态分布偏峰度检验设计及应用［J］.中北大学学报（自然科学版），30（5）：472-476.

郝生宾，2011.企业自主创新能力的双螺旋耦合结构模型研究［J］.科技进步与对策，28（14）：83-86.

郝生宾，丁渤，2008.企业技术能力与技术管理能力的耦合度模型及其应用研究［J］.预测，27（6）：12-15.

洪名勇，2003.科技创新能力与区域经济实力差异的实证研究［J］.经济地理，23（5）：606-610.

洪银兴，2017.科技创新阶段及其创新价值链分析［J］.经济学家（4）：5-12.

侯景新，肖龙，石林，等，2018.城市发展前沿问题研究［M］.北京：经济管理出版社.

胡鞍钢，鄢一龙，杨竺松，2013.关于"十三五"规划基本思路的建议［J］.

经济研究参考（55）：71-78.

胡贝贝，王胜光，张秀峰，2017.创新经济体知识生产中的规模递增效应：基于我国高新区的实证检验［J］.科研管理，38（2）：52-58.

胡雷芳，2007.五种常用系统聚类分析方法及其比较［J］.浙江统计（4）：11-13.

胡锐，2007.Tobit模型的产生及发展［J］.统计与咨询（1）：73.

胡志坚，苏靖，1999.区域创新系统理论的提出与发展［J］.中国科技论坛（6）：20-23.

黄鲁成，2003.区域技术创新生态系统的特征［J］.中国科技论坛（1）：23-26.

黄师平，王晔，2018.国内外区域创新评价指标体系研究进展［J］.科技与经济，31（4）：11-15.

贾康，2015.把握经济发展"新常态" 打造中国经济升级版［J］.国家行政学院学报（1）：4-10.

江必新，2014.国家治理现代化基本问题研究［J］.中南大学学报（社会科学版），20（3）：139-148.

蒋天颖，华明浩，许强，等，2014.区域创新与城市化耦合发展机制及其空间分异：以浙江省为例［J］.经济地理，34（6）：25-32.

靳媚，蔡延泽，2018.科技创新对区域经济非均衡增长的作用研究［J］.创新科技，18（3）：9-12.

科技部，2013.关于国家创新调查监测与评价指标体系上网征求意见的说明［EB/OL］.（2013-11-29）［2022-01-15］.http：//www.most.gov.cn/cxdc/cxdczbtx/201311/t20131129_110674.htm.

孔然，关伟，马海泉，等，2013.高校在国家创新体系中的地位和作用：基于以人文社会科学为主高校的视角［J］.中国高校科技（12）：12-15.

寇明婷，陈凯华，高霞，等，2014.创新型城市技术创新投资效率的测度方法研究：基于创新过程的视角［J］.科研管理，35（6）：56-67.

冷建飞，高旭，朱嘉平，2016.多元线性回归统计预测模型的应用［J］.统计与决策（7）：82-85.

李高扬，刘明广，2011.基于结构方程模型的区域创新能力评价［J］.技术经济与管理研究（5）：28-32.

李嘉明，甘慧，2009.基于协同学理论的产学研联盟演化机制研究［J］.科研管理，30（S1）：542-550.

李剑力，2018.河南打造中西部科技创新高地的途径与对策［J］.决策探索（下）(9)：21-22.

李婧，谭清美，白俊红，2010.中国区域创新生产的空间计量分析：基于静态与动态空间面板模型的实证研究［J］.管理世界（7）：43-55，65.

李青，2005.区域创新下区域发展观念及政策的变化［J］.理论参考（9）：25-28.

李双杰，范超，2009. 随机前沿分析与数据包络分析方法的评析与比较［J］. 统计与决策（7）：25-28.

李伟，聂鸣，李顺才，2009. 企业自主创新体系框架及影响因素研究：以华为为例［J］. 科学管理研究，27（1）：9-11，25.

李文明，赵曙明，王雅林，2006. 科技创新的特点、主体与动力激励系统研究［J］. 现代经济探讨（6）：60-63.

李习保，2007. 区域创新环境对创新活动效率影响的实证研究［J］. 数量经济技术经济研究，24（8）：13-24.

李颖，2019. 中国省域R&D资本存量的测算及空间特征研究［J］. 软科学，33（7）：21-26.

李兆友，1997. 技术创新主体研究综述［J］. 哲学动态（11）：29-32.

李正辉，徐维，2011. 区域科技创新与经济增长：基于省级面板数据模型的实证分析［J］. 科技与经济，24（1）：20-24.

李政，杨思莹，2017. 科技创新、产业升级与经济增长：互动机理与实证检验［J］. 吉林大学社会科学学报，57（3）：41-52.

林衡博，陈运兴，2003. 弗里曼国家创新体系理论的改进初探［J］. 当代经济（6）：35-36.

刘和东，2007. 自主创新与经济增长关系的实证研究［J］. 科技管理研究，27（12）：16-18.

刘和东，梁东黎，2006. R&D投入与自主创新能力关系的协整分析：以我国大中型工业企业为对象的实证研究［J］. 科学学与科学技术管理，27（8）：21-25.

刘明广，2015. 国内外城市创新能力评价研究综述［J］. 当代经济（32）：6-9.

刘顺忠，官建成，2002. 区域创新系统创新绩效的评价［J］. 中国管理科学，10（1）：75-78.

刘小元，林嵩，2013. 地方政府行为对创业企业技术创新的影响：基于技术创新资源配置与创新产出的双重视角［J］. 研究与发展管理，25（5）：12-25.

刘学良，陈琳，2011. 横截面与时间序列的相关异质：再论面板数据模型及其固定效应估计［J］. 数量经济技术经济研究，28（12）：96-114.

刘燕华，王文涛，2016. 新常态下的创新驱动：对创新服务体系的认识［J］. 工业技术经济，35（1）：3-11.

刘耀彬，李仁东，宋学锋，2005. 中国区域城市化与生态环境耦合的关联分析［J］. 地理学报，60（2）：237-247.

鲁钊阳，廖杉杉，2012. FDI技术溢出与区域创新能力差异的双门槛效应［J］. 数量经济技术经济研究，29（5）：75-88.

陆根书，吴军华，张晓磊，2008. 创新能力评价研究述评［J］. 高等工程教育研究（6）：50-56.

马克思,1953a.资本论:第三卷[M].郭大力,王亚楠,译.北京:人民出版社.

马克思,1953b.资本论:第一卷[M].郭大力,王亚楠,译.北京:人民出版社.

茅力可,邓汉慧,2007.我国科技园区发展的障碍:入园企业的非集群化问题[J].商场现代化(25):234-235.

孟卫东,王清,2013.区域创新体系科技资源配置效率影响因素实证分析[J].统计与决策(4):96-99.

庞瑞芝,范玉,李扬,2014.中国科技创新支撑经济发展了吗[J].数量经济技术经济研究,31(10):37-52.

庞瑞芝,李鹏,2011.中国工业创新:过程、效率与模式:基于2001—2008年大中型工业企业的数据[J].产业经济研究(2):1-7.

朴哲范,缪彬彬,张伟恩,2019.区域经济创新发展能力评价研究:以浙江省为例[J].河北经贸大学学报,40(3):87-93.

钱振华,成刚,2013.数据包络分析SBM超效率模型无可行解问题的两阶段求解法[J].数学的实践与认识,43(5):171-178.

邱东,1990.多指标综合评价方法[J].统计研究,7(6):43-51.

冉光和,徐鲲,鲁钊阳,2013.金融发展、FDI对区域创新能力的影响[J].科研管理,34(7):45-52.

饶燕婷,2012."产学研"协同创新的内涵、要求与政策构想[J].高教探索(4):29-32.

任义君,2008.科技创新能力与区域经济增长的典型相关分析[J].学术交流(4):95-97.

尚勇敏,曾刚,2017.科技创新推动区域经济发展模式转型:作用和机制[J].地理研究,36(12):2279-2290.

邵云飞,欧阳青燕,2009.基于多元统计的我国区域技术创新能力分类特征[J].系统工程,27(6):15-22.

盛彦文,马延吉,2017.区域产学研创新系统耦合协调度评价及影响因素[J].经济地理,37(11):10-18,36.

石峰,谢小春,姚旭兵,2016.进口贸易门槛、研发投入与区域技术创新[J].经济问题探索(2):54-62.

苏晓,2018.欧盟技术转移体系和科技资源共享政策及启示[J].中国市场(35):13-17.

苏治,徐淑丹,2015.中国技术进步与经济增长收敛性测度:基于创新与效率的视角[J].中国社会科学(7):4-25.

孙利娟,邢小军,周德群,2010.熵值赋权法的改进[J].统计与决策(21):153-154.

孙晓东,2005.基于主成分分析和灰色关联聚类分析的指标综合方法研究[C]//中国优选法统筹法与经济数学研究会.中国优选法统筹法与经济数学研究会第七届全国会员代表大会暨第七届中国管理科学学术年会论文集.北京：中国优选法统筹法与经济数学研究会：22-26.

陶雪飞，2013.城市科技创新综合能力评价指标体系及实证研究[J].经济地理，33（10）：16-19.

田亚新，2008.关于技术创新研究的文献综述[J].科技信息（学术研究）（8）：9，12.

涂成林，2007.关于国内区域创新体系不同模式的比较与借鉴[J].中国科技论坛（1）：47-51.

万东华，2009.一种新的经济折旧率测算方法及其应用[J].统计研究，26（10）：15-18.

王富喜，毛爱华，李赫龙，等，2013.基于熵值法的山东省城镇化质量测度及空间差异分析[J].地理科学，33（11）：1323-1329.

王刚，2015.基于超效率DEA模型和Malmquist生产率指数的湖北省科技投入产出效率分析及对策研究[J].科技进步与对策，32（16）：110-114.

王桂月，徐瑶玉，王圆圆，等，2016.我国科技创新对产业转型升级的影响分析[J].华东经济管理，30（3）：83-90.

王海鹏，田澎，靳萍，2005.中国科技投入与经济增长的Granger因果关系分析[J].系统工程，23（7）：85-88.

王环，2014.环渤海经济圈科技创新与科技金融耦合研究[D].青岛：中国海洋大学.

王会，郭超艺，2017.线性无量纲化方法对熵值法指标权重的影响研究[J].中国人口·资源与环境，27（11）：95-98.

王立成，牛勇平，2010.科技投入与经济增长：基于我国沿海三大经济区域的实证分析[J].中国软科学（8）：169-177.

王丽民，吴玉霞，2013.技术创新主体研究综述：争论、共识与思考[J].河北大学学报（哲学社会科学版），38（6）：152-156.

王鹏，吴思霖，李彦，2019.国家高新区的设立能否推动城市产业结构优化升级：基于PSM-DID方法的实证分析[J].经济社会体制比较（4）：17-29.

王群勇，2008.STATA使用指南与应用案例[M].北京：中国财政经济出版社.

王希良，柳洲，2011.我国科技中介机构发展历程与趋势[J].哈尔滨商业大学学报（社会科学版）（6）：8-12.

王霞，王岩红，苏林，等，2014.国家高新区产城融合度指标体系的构建及评价：基于因子分析及熵值法[J].科学学与科学技术管理，35（7）：79-88.

王欣，姚洪兴，2016.长三角OFDI对区域技术创新的非线性动态影响效应：基于吸收能力的PSTR模型检验[J].世界经济研究（11）：86-100.

王新红，李世婷，2017.基于改进熵值法的中国制造业创新驱动能力评价研究[J].商业研究（1）：27-33.

王学民,2008.偏度和峰度概念的认识误区[J].统计与决策(12):145-146.

王亚娟,张钰,刘益,2014.企业间技术耦合和关系耦合:知识获取效率对供应商创新的中介作用研究[J].科学学研究,32(1):103-113.

魏下海,余玲铮,2011.中国全要素生产率变动的再测算与适用性研究:基于数据包络分析与随机前沿分析方法的比较[J].华中农业大学学报(社会科学版)(3):76-83.

闻媛,2004.政府介入高新技术产业发展的经济学分析[J].财贸研究,15(6):1-6.

吴大进,曹力,陈力华,1990.协同学原理和应用[M].武汉:华中理工大学出版社.

吴殿廷,吴迪,2015.用主成分分析法作多指标综合评价应该注意的问题[J].数学的实践与认识,45(20):143-150.

吴昊,侯景新,2019.基于DEA模型的中国城市创新效率及其影响因素分析:以副省级及以上城市为例[J].开发研究(1):99-107.

吴伟伟,梁大鹏,于渤,2009.技术管理与技术能力的双螺旋耦合模式研究[J].中国科技论坛(11):13-18.

吴延兵,2008.中国地区工业知识生产效率测算[J].财经研究,34(10):4-14.

习近平,2016.为建设世界科技强国而奋斗:在全国科技创新大会、两院院士大会、中国科协第九次全国代表大会上的讲话[J].科技管理研究(12):1-4.

夏业领,何刚,2018.中国科技创新—产业升级协同度综合测度[J].科技管理研究,38(8):27-33.

肖仁桥,王宗军,钱丽,2015.我国不同性质企业技术创新效率及其影响因素研究:基于两阶段价值链的视角[J].管理工程学报,29(2):190-201.

肖泽磊,都新亚,范斐,2017.中国创新能力的区域差异测度、演化及收敛研究[J].统计与决策(3):88-93.

谢波,2013.资源产业集聚、技术创新能力与区域经济增长:基于省际面板的实证分析[J].科技进步与对策,30(7):31-36.

谢青,田志龙,2015.创新政策如何推动我国新能源汽车产业的发展:基于政策工具与创新价值链的政策文本分析[J].科学学与科学技术管理,36(6):3-14.

谢彦龙,李同昇,李梦雪,等,2017.区域创新与经济发展时空耦合协调分析:以陕西省为例[J].科技管理研究,37(2):90-96.

熊彼特,2013.资本主义、社会主义和民主[M].杨中秋,译.北京:电子工业出版社.

熊勇清,李世才,2010.战略性新兴产业与传统产业耦合发展的过程及作用机制探讨[J].科学学与科学技术管理,31(11):84-87,109.

徐晓雯，2010.政府科技投入对企业科技投入的政策效果研究：基于国家创新体系视角［J］.财政研究（10）：23-26.

徐占忱，2006.区域企业集群耦合互动创新机理研究［D］.哈尔滨：哈尔滨工业大学.

许树辉，王利华，2014.城市创新与地方产业集群升级的互动关系研究：基于广东韶关制造业的实证分析［J］.西北大学学报（自然科学版），44（2）：297-305.

杨水利，杨祎，2019.技术创新模式对全球价值链分工地位的影响［J］.科研管理，40（12）：11-20.

杨武，杨淼，2016.基于科技创新驱动的我国经济发展与结构优化测度研究［J］.软科学，30（4）：1-7，12.

杨宇，2006.多指标综合评价中赋权方法评析［J］.统计与决策（7）：17-19.

姚建建，门金来，2020.中国区域经济—科技创新—科技人才耦合协调发展及时空演化研究［J］.干旱区资源与环境，34（5）：28-36.

伊特韦尔，米尔盖特，纽曼，1996a.新帕尔格雷夫经济学大辞典 第一卷：A—D［M］.北京：经济科学出版社.

伊特韦尔，米尔盖特，纽曼，1996b.新帕尔格雷夫经济学大辞典 第二卷：E—J［M］.北京：经济科学出版社.

伊特韦尔，米尔盖特，纽曼，1996c.新帕尔格雷夫经济学大辞典 第三卷：K—P［M］.北京：经济科学出版社.

伊特韦尔，米尔盖特，纽曼，1996d.新帕尔格雷夫经济学大辞典 第三卷：Q—Z［M］.北京：经济科学出版社.

易明，王腾，吴超，2013.外商直接投资、知识溢出影响区域创新水平的实证研究［J］.宏观经济研究（3）：98-105.

于志军，2016.创新价值链视角下高校科技创新效率研究［D］.合肥：合肥工业大学.

余珮，程阳，2016.我国国家级高新技术园区创新效率的测度与区域比较研究：基于创新价值链视角［J］.当代财经（12）：3-15.

余以胜，赵浚吟，陈必坤，等，2014.区域创新体系中创新主体的知识流动研究［J］.情报理论与实践，37（7）：59-63.

余泳泽，2009.我国高技术产业技术创新效率及其影响因素研究：基于价值链视角下的两阶段分析［J］.经济科学，31（4）：62-74.

余泳泽，刘大勇，2013.我国区域创新效率的空间外溢效应与价值链外溢效应：创新价值链视角下的多维空间面板模型研究［J］.管理世界（7）：6-20，70.

张凡，2019.区域创新效率与经济增长实证研究［J］.中国软科学，338（2）：155-162.

张慧颖，戴万亮，2011.基于创新价值链的区域创新价值链概念模型［J］.科技进步与对策，28（1）：28-32.

张景安,2003.实现由技术引进为主向自主创新为主转变的战略思考[J].中国软科学(11):1-5.

张军,吴桂英,张吉鹏,2004.中国省际物质资本存量估算:1952—2000[J].经济研究,39(10):35-44.

张可云,2013.区域科学的兴衰、新经济地理学争论与区域经济学的未来方向[J].经济学动态(3):9-22.

张来武,2011.科技创新驱动经济发展方式转变[J].中国软科学(12):1-5.

张明喜,2009.区域科技投入与经济增长关系的实证分析[J].经济理论与经济管理(12):66-71.

张首魁,党兴华,李莉,2006.松散耦合系统:技术创新网络组织结构研究[J].中国软科学(9):122-129.

张婷,2006.区域知识创新与技术创新耦合的研究[D].武汉:武汉理工大学.

张小蒂,朱勤,2007.论全球价值链中我国企业创新与市场势力构建的良性互动[J].中国工业经济(5):30-38.

张晓林,吴育华,2005.创新价值链及其有效运作的机制分析[J].大连理工大学学报(社会科学版),26(3):23-26.

张秀生,卫鹏鹏,2005.区域经济理论[M].武汉:武汉大学出版社.

张迎春,李萍,2006.企业家创新能力对区域经济增长的贡献分析:以辽宁省为例[J].财经问题研究(9):92-96.

赵冉,韩旭,2019.高等教育、创新能力与经济增长耦合协调发展及空间演进分析[J].黑龙江高教研究,37(2):23-29.

赵心刚,汪克夷,孙海洋,2012.我国上市公司研发投入对公司绩效影响的滞后效应研究:基于双向固定效应模型的实证分析[J].现代管理科学(8):17-19.

赵峥,姜欣,2014.中国省际创新效率及其影响因素的实证研究[J].北京理工大学学报(社会科学版),16(2):61-66.

甄峰,黄朝永,罗守贵,2000.区域创新能力评价指标体系研究[J].科学管理研究,18(6):5-8.

郑士贵,1996.技术创新扩散中企业采用行为的一种解说[J].管理观察(11):20.

中共中央办公厅,国务院办公厅,2015.关于在部分区域系统推进全面创新改革试验的总体方案[EB/OL].(2015-09-07)[2022-01-15].http://www.gov.cn/zhengce/2015-09/07/content_2926502.htm.

钟柯远,2005.完善国家创新价值链[J].决策咨询通讯(4):1-2.

周亚虹,贺小丹,沈瑶,2012.中国工业企业自主创新的影响因素和产出绩效研究[J].经济研究,47(5):107-119.

周勇,2016.区域创新体系中行为主体的协同关系研究:基于政府主导视角[J].中国特色社会主义研究,7(5):32-37.

朱春奎, 2004. 财政科技投入与经济增长的动态均衡关系研究 [J]. 科学学与科学技术管理, 25 (3): 29-33.

朱杭, 莫燕, 周晓林, 2006. 技术中介提升创新价值链效益的机理分析 [J]. 科技进步与对策, 23 (9): 43-45.

朱晶晶, 胡晓东, 2012. 创新型城市评价指标的构建及熵值法实证研究 [J]. 河北企业 (12): 33-35.

朱孔来, 张莹, 花迎霞, 等, 2010. 国内外对创新型城市评价研究现状综述 [J]. 技术经济与管理研究 (6): 7-12.

朱喜安, 魏国栋, 2015. 熵值法中无量纲化方法优良标准的探讨 [J]. 统计与决策 (2): 12-15.

朱勇, 吴易风, 1999. 技术进步与经济的内生增长: 新增长理论发展述评 [J]. 中国社会科学 (1): 21-39.

祝影, 王飞, 2016. 基于耦合理论的中国省域创新驱动发展评价研究 [J]. 管理学报, 13 (10): 1509-1517.

宗振利, 廖直东, 2014. 中国省际三次产业资本存量再估算: 1978—2011 [J]. 贵州财经大学学报 (3): 8-16.

邹薇, 2002. 发展经济学理论的危机与新发展 [J]. 当代经济研究 (4): 13-18.

左其亭, 陈曦, 2001. 社会经济—生态环境耦合系统动力学模型 [J]. 上海环境科学 (12): 592-594.

· 外文文献 ·

ADAM F, 2014. Innovation union scoreboard: central monitoring system for the EU [M] //ADAM F. Measuring national innovation performance: the innovation union scoreboard revisited. Heidelberg: Springer.

AGHION P, HOWITT P, 1992. A model of growth through creative destruction [J]. Econometrica, 60 (2): 323-351.

AMRHEIN V, GREENLAND S, 2018. Remove, rather than redefine, statistical significance [J]. Nature human behaviour, 2 (1): 4.

ANDERSEN P, CHRISTIAN PETERSEN N, 1993. A procedure for ranking efficient units in data envelopment analysis [J]. Management science, 39 (10): 1261-1264.

ANGELES DIEZ M, 2001. The evaluation of regional innovation and cluster policies: towards a participatory approach [J]. European planning studies, 9 (7): 907-923.

ASHEIM B T, ISAKSEN A, 1997. Location, agglomeration and innovation: towards regional innovation systems in Norway [J]. European planning studies, 5 (3): 299-330.

ASTERIOU D, HALL S G, 2007. Applied econometrics: a modern approach

[M]. New York: Palgrave Macmillan.

BALZAT M, PYKA A, 2005. Mapping national innovation systems in the OECD area [J]. International journal of technology and globalisation, 2 (1/2): 158-176.

BANKER R D, CHARNES A, COOPER W W, 1984. Some models for estimating technical and scale inefficiencies in data envelopment analysis [J]. Management science, 30 (9): 1031-1142.

BATABYAL A A, YOO S J, 2017. On research and development in a model of Schumpeterian economic growth in a creative region [J]. Technological forecasting & social change, 115: 69-74.

BECK N, KATZ J N, 1995. What to do (and not to do) with time-series cross-section data [J]. American political science review, 89 (3): 634-647.

BENJAMIN D J, BERGER J O, JOHANNESSON M, et al, 2018. Redefine statistical significance [J]. Nature human behaviour, 2 (1): 6-10.

BILBAO-OSORIO B, RODRÍGUEZ-POSE A, 2004. From R&D to innovation and economic growth in the EU [J]. Growth and change, 35 (4): 434-455.

BOEING P S, SANDNER P, 2011. The innovative performance of China's national innovation system [Z]. [S.l.]: Social Science Electronic Publishing.

CAINELLI G, EVANGELISTA R, SAVONA M, 2006. Innovation and economic performance in services: a firm-level analysis [J]. Cambridge journal of economics, 30 (3): 435-458.

CANER M, HANSEN B E, 2004. Instrumental variable estimation of a threshold model [J]. Econometric theory, 20 (5): 813-843.

CAPELLO R, LENZI C, 2013. Territorial patterns of innovation and economic growth in European regions [J]. Growth and change, 44 (2): 195-227.

CHAN K S, TONG H, 1986. On estimating thresholds in autoregressive models [J]. Journal of time series analysis, 7 (3): 179-190.

CHARNES A, COOPER W W, RHODES E, 1978. Measuring the efficiency of decision making units [J]. European journal of operational research, 2 (6): 429-444.

CHEN K H, GUAN J C, 2012. Measuring the efficiency of China's regional innovation systems: application of network data envelopment analysis (DEA)[J]. Regional studies, 46 (3): 355-377.

CHEN Q, 2014. Advanced econometrics and stata application [M]. Beijing: Higher Education Press.

CHOI J I, BYUN J W, LEE B C, et al, 2013. The impact of openness on innovation efficiency: manufacturing and service industry [R]. San Jose: Proceedings of PICMET 2013.

COCKBURN I, GRILICHES Z, 1987. Industry effects and appropriability measures in the stock market's valuation of R&D and patents [J]. Nber working papers, 78 (2): 419-423.

COHEN W M, NELSON R R, WALSH J P, 2002. Links and impacts: the influence of public research on industrial R&D [J]. Management science, 48 (1): 1-23.

COOKE P, 1992. Regional innovation systems: competitive regulation in the new Europe [J]. Geoforum, 23 (3): 365-382.

COOKE P, 1996. Regional innovation systems: the role of governances in a globalized world [M]. London: UCL Press.

COOKE P, URANGA M G, ETXEBARRIA G, 1998. Regional systems of innovation: an evolutionary perspective [J]. Environment and planning A: economy and space, 30 (9): 1563-1584.

DAVIS L E, NORTH D C, 1971. Institutional change and American economic growth [M]. Cambridge: Cambridge University Press.

DORE R, 1988. Technology policy and economic performance: lessons from Japan: Christopher Freeman, (Frances Printer Publishers, London, New York, 1987) pp. 155, £20.00 [J]. Research policy, 17 (5): 309-310.

DRISCOLL J C, KRAAY A C, 1998. Consistent covariance matrix estimation with spatially dependent panel data [J]. The review of economics and statistics, 80 (4): 549-560.

DUTTA S, BENAVENTE D, 2012. The Global Innovation Index 2011 [EB/OL]. (2012-12-20)[2020-04-07]. http://www.globalinnovationindex.org/gii/main/fullreport/index.html.

EDQUIST C, MIKEL Z-I, JON, 2015. The innovation union scoreboard is flawed: the case of Sweden-not the innovation leader of the EU-updated version, No 2015/27, papers in innovation studies, Lund University, CIRCLE-center for innovation, research and competences in the learning economy [EB/OL]. (2015-02-27)[2020-04-07]. https://EconPapers.repec.org-/RePEc: hhs: lucirc: 2015_027.

European Commission, 2011. Innovation union scoreboard 2010 [EB/OL]. (2011-12-25)[2020-04-07]. http://www.proinno-europe.eu/inno-metrics/page/innovation-union-scoreboard-2010.

European Commission, 2018. European innovation scoreboard 2017 [R]. Brussels: European Commission.

EVANGELISTA R, SANDVEN T, SIRILLI G, et al, 1998. Measuring innovation in European industry [J]. International journal of the economics of business, 5 (3): 311-333.

FLORIDA R, 2002. The Rise of the Creative Class [M]. New York: Basic

Books.

FREEMAN C, 1982. The economics of industrial innovation [M]. 2nd ed. London: Francis Pinter.

FREES E W, 1995. Assessing cross-sectional correlation in panel data [J]. Journal of econometrics, 69 (2): 393-414.

FRIEDMAN M, 1937. The use of ranks to avoid the assumption of normality implicit in the analysis of variance [J]. Journal of the American statistical association, 32 (200): 675-701.

FRITSCH M, 2002. Measuring the quality of regional innovation systems: a knowledge production function approach [J]. International regional science review, 25 (1): 86-101.

FRITSCH M, SLAVTCHEV V, 2010. How does industry specialization affect the efficiency of regional innovation systems [J]. The annals of regional science, 45 (1): 87-108.

FRITSCH M, SLAVTCHEV V, 2011. Determinants of the efficiency of regional innovation systems [J]. Regional studies, 45 (7): 905-918.

FURMAN J L, PORTER M E, STERN S, 2002. The determinants of national innovative capacity [J]. Research policy, 31 (6): 899-933.

GANN D M, WANG Y S, HAWKINS R, et al, 1998. Do regulations encourage innovation: the case of energy efficiency in housing [J]. Building research & information, 26 (5): 280-296.

GANOTAKIS P, LOVE J H, 2012. The innovation value chain in new technology-based firms: evidence from the U.K. [J]. Journal of product innovation management, 29 (5): 839-860.

GREENE W H, 2000. Econometric analysis [M]. 4th ed. New Jersey: Prentice Hall.

GRILICHES Z, 1979. Issues in assessing the contribution of research and development to productivity growth [J]. The Bell journal of economics, 10 (1): 92-116.

GRILICHES Z, MAIRESSE J, 1991. R&D and productivity growth: comparing Japanese and U.S. manufacturing firms [M]. Chicago: University of Chicago Press.

GROSSMAN G M, HELPMAN E, 1991. Innovation and growth in the global economy [M]. Cambridge: The MIT Press.

GULOGLU B, TEKIN R B, 2012. A panel causality analysis of the relationship among research and development, innovation, and economic growth in high-income OECD countries [J]. Eurasian economic review, 2 (1): 32-47.

HALL L A, BAGCHI-SEN S, 2002. A study of R&D, innovation, and business performance in the Canadian biotechnology industry [J]. Technovation, 22 (2022): 231-244.

HANSEN B E, 1996. Inference in TAR models [Z]. Chestnut Hill: Boston College Department of Economics.

HANSEN B E, 1999. Threshold effects in non-dynamic panels: estimation, testing, and inference [J]. Journal of econometrics, 93 (2): 345-368.

HANSEN M T, BIRKINSHAW J, 2007. The innovation value chain [J]. Harvard business review, 85 (6): 121-130, 142.

HARRIS R D F, ELIAS T, 1999. Inference for unit roots in dynamic panels where the time dimension is fixed [J]. Journal of econometrics, 91 (2): 203-205.

HAUSMAN J A, 1978. Specification tests in econometrics [J]. Econometrica, 46 (6): 1251-1271.

HAYAMI Y, RUTTAN V W, 1970. Agricultural productivity differences among countries [J]. The American economic review, 60 (5): 895-911.

HENDERSON D J, ZELENYUK V, BADUNENKO O, 2008. Technological change and transition: relative contributions to worldwide growth during the 1990s [J]. Oxford bulletin of economics and statistics, 70 (4): 461-492.

HONG J, FENG B, WU Y R, et al, 2016. Do government grants promote innovation efficiency in China's high-tech industries [J]. Technovation 57/58 (2016): 4-13.

HUA L, WANG W P, 2015. The impact of network structure on innovation efficiency: an agent-based study in the context of innovation networks [J]. Complexity, 21 (2): 111-122.

IM K S, HASHEM P, YONGCHEOL S, 2003. Testing for unit roots in heterogeneous panels [J]. Journal of econometrics, 115 (1): 53-74.

JAFFE A B, 1989. Real effects of academic research [J]. The American economic review, 79 (5): 957-970.

JOANES D N, GILL C A, 1998. Comparing measures of sample skewness and kurtosis [J]. The statistician, 47 (1): 183-189.

JONES C, 1995. R&D-based models of economic growth [J]. Journal of political economy, 103 (4): 759-784.

KAASA A, 2009. Effects of different dimensions of social capital on innovative activity: evidence from Europe at the regional level [J]. Technovation, 29 (3): 218-233.

KAO C, 1999. Spurious regression and residual-based tests for cointegration in panel data [J]. Journal of econometrics, 90 (1): 1-44.

KMENTA J, 1986. Elements of econometrics [M]. 2th ed. New York: McMillan.

KUMAR S, RUSSELL R R, 2002. Technological change, technological catch-up, and capital deepening: relative contributions to growth and convergence [J]. The American economic review, 92 (3): 527-548.

LAGENDIJK A, CORNFORD J, 2000. Regional institutions and knowledge-tracking new forms of regional development policy [J]. Geoforum, 31 (2): 209-218.

LEE H Y, PARK Y T, 2005. An international comparison of R&D efficiency: DEA approach [J]. Asian journal of technology innovation, 13 (2): 207-222.

LENGYEL B, LEYDESDORFF L, 2011. Regional innovation systems in Hungary: the failing synergy at the national level [J]. Regional studies, 45 (5): 677-693.

LEVIN A, LIN C-F, JAMES CHU C-S, 2002. Unit root tests in panel data: asymptotic and finite-sample properties [J]. Journal of econometrics, 108 (1): 1-24.

LI H, SHI J-F, 2014. Energy efficiency analysis on Chinese industrial sectors: an improved super-SBM model with undesirable outputs [J]. Journal of cleaner production, 65 (4): 97-107.

LICHTENBERG F R, VAN POTTELSBERGHE DE LA POTTERIE B, 1998. International R&D spillovers: a comment [J]. European economic review, 42 (8): 1483-1491.

LUCAS JR R E, 1999. On the mechanics of economic development [J]. Journal of monetary economics, 22 (1): 3-42.

MADDALA G S, WU S W, 1999. A comparative study of unit root tests with panel data and a new simple test [J]. Oxford bulletin of economics and statistics, 61 (S1): 631-652.

MALERBA F, ORSENIGO L, 1995. Schumpeterian patterns of innovation [J]. Cambridge journal of economics, 19 (1): 47-65.

MALMQUIST S, 1953. Index numbers and indifference surfaces [J]. Trabajos de estadistica, 4 (2): 209-242.

MARADANA R P, PRADHAN R P, DASH S, et al, 2017. Does innovation promote economic growth? Evidence from European countries [J]. Journal of innovation and entrepreneurship, 6 (1): 1-23.

MARSHALL A, 1890. Principles of economies [M]. London: Macmillan Press.

MOSCHOS D, 1989. Export expansion, growth and the level of economic development: an empirical analysis [J]. Journal of development economics, 30 (1): 93-102.

MURPHY K M, SHLEIFER A, VISHNY R W, 1989a. Income distribution, market size, and industrialization [J]. The quarterly journal of economics, 104（3）: 537-564.

MURPHY K M, SHLEIFER A, VISHNY R W, 1989b. Industrialization and the big push [J]. The journal of political economy, 97（5）: 1003-1026.

OECD, 1999. Managing national innovation systems [R]. Paris: OECD.

OECD, 2013. The knowledge-based economy [EB/OL]. (2013-03-14) [2020-04-08]. http: //www.oecd.org/science/scitech/-1913021.pdf.

PARKS R W, 1967. Efficient estimation of a system of regression equations when disturbances are both serially and contemporaneously correlated [J]. Journal of the American statistical association, 62（318）: 500-509.

PEDRONI P, 1999. Critical values for cointegration tests in heterogeneous panels with multiple regressors [J]. Oxford bulletin of economics and statistics, 61（S1）: 653-670.

PEDRONI P, 2004. Panel cointegration: asymptotic and finite sample properties of pooled time series tests with an application to the PPP hypothesis [J]. Econometric theory, 20（3）: 597-625.

PESARAN M H, 2004. General diagnostic tests for cross-sectional dependence in panels [J]. Empirical economics, 60（1）: 13-50.

POSNER M V, 1961. International trade and technical change [J]. Oxford economic papers, 13（3）: 323-341.

RADOSEVIC S, 1998. Defining systems of innovation: a methodological discussion 1 [J]. Technology in society, 20（1）: 75-86.

RIDDEL M, SCHWER R K, 2003. Regional innovative capacity with endogenous employment: empirical evidence from the US [J]. Review of regional studies, 33（1）: 73-84.

ROMER P M, 1986. Increasing returns and long-run growth [J]. Journal of political economy, 94（5）: 1002-1037.

ROMER P M, 1990. Endogenous technological change [J]. Journal of political economy, 98（5）: 71-102.

ROPER S, DU J, LOVE J H, 2008. Modelling the innovation value chain [J]. Research policy, 37（6/7）: 961-977.

SARKEES M, HULLAND J, 2009. Innovation and efficiency: it is possible to have it all [J]. Business horizons, 52（1）: 45-55.

ŞENER S, SARıDOĞAN E, 2011. The effects of science-technology-innovation on competitiveness and economic growth [J]. Procedia-social and behavioral sciences, 24（2011）: 815-828.

SHEPHARD R W, 1970. Theory of cost and production functions [J]. The journal of economic history, 31: 721-723.

SILVERBERG G, VERSPAGEN B, 1994. Learning, innovation and economic growth: a long-run model of industrial dynamics [J]. Industrial and corporate change, 3 (1): 199-223.

SMITH A, 2005. An inquiry into the nature and causes of wealth of nations [Z]. Philadelphia: The Pennsylvania State University: 10-18.

SOLOW R M, 1956. A contribution to the theory of economic growth [J]. The quarterly journal of economics, 70 (1): 65-94.

SOLOW R M, 1957. Technical change and the aggregate production function [J]. The review of economics and statistics, 39 (3): 312.

SPIELMAN D, BIRNER R, 2008. How innovative is your agriculture? Using innovation indicators and benchmarks to strengthen national agricultural innovation systems [Z]. Washington, DC: World Bank.

STEFANO T, DEBORA G, HUGO H, 2007. European innovation scoreboard 2006: comparative analysis of innovation performance [Z]. Luxembourg: European Commission.

TONE K, 2002. A slacks-based measure of super-efficiency in data envelopment analysis [J]. European journal of operational research, 143 (1): 32-41.

TONE K, 2004. Dealing with undesirable outputs in DEA: a slacks-based measure (SBM) approach [R]. Toronto: North American Productivity Workshop 2004.

TONG H, LIM K S, 1980. Threshold autoregression, limit cycles and cyclical data [J]. Journal of the royal statistical society B: methodological, 42 (3): 245-268.

TSAY R S, 1989. Testing and modeling threshold autoregressive processes [J]. Journal of the American statistical association, 84 (405): 231-240.

WANG Q Y, 2015. Fixed-effect panel threshold model using stata [J]. The stata journal: promoting communications on statistics and stata, 15 (1): 121-134.

WEICK K E, 1976. Educational organizations as loosely coupled systems [J]. Administrative science quarterly, 21 (1): 1-19.

WESTERLUND J, 2005. New simple tests for panel cointegration [J]. Econometric reviews, 24 (3): 297-316.

WESTERLUND J, 2007. Testing for error correction in panel data [J]. Oxford bulletin of economics and statistics, 69 (6): 709-748.

WONG P K, HO Y P, AUTIO E, 2005. Entrepreneurship, innovation and economic growth: evidence from GEM data [J]. Small business economics, 24 (3): 335-350.

WOOLDRIDGE J, 2002. Econometric analysis of cross section and panel data [M]. Cambridge: The MIT Press.

World Bank, 1999. World development report 1998/1999: knowledge for development [M]. Oxford: Oxford University Press.

YANG X K, BORLAND J, 1991. A microeconomic mechanism for economic growth [J]. Journal of political economy, 99 (3): 460-482.

YEH M-L, CHU H-P, SHER P J, et al, 2010. R&D intensity, firm performance and the identification of the threshold: fresh evidence from the panel threshold regression model [J]. Applied economics, 42 (3): 389-401.

YU W T, HONG J, ZHU Y H, et al, 2014. Creative industry clusters, regional innovation and economic growth in China [J]. Regional science policy & practice, 6 (4): 329-347.

图表来源

图 2-1 源自：林衡博，陈运兴，2003. 弗里曼国家创新体系理论的改进初探［J］. 当代经济（6）：35-36.

图 3-1、图 3-2 源自：笔者根据相关资料整理绘制.

图 3-3 源自：张慧颖，戴万亮，2011. 基于创新价值链的区域创新价值链概念模型［J］. 科技进步与对策，28（1）：28-32.

图 3-4 源自：笔者根据相关资料整理绘制.

表 2-1 源自：黄师平，王晔，2018. 国内外区域创新评价指标体系研究进展［J］. 科技与经济，31（4）：11-15.

注：未注明来源的图表均为笔者绘制。

后记

  本书是在我博士学位论文基础上提升改造而成，感谢中国人民大学师生对我的关爱，特别感谢导师侯景新教授的悉心指导。

  区域创新和经济发展互动关系其实是一个地理问题，我从小就对地理学感兴趣，因为儿时在姥爷家玩耍，作为地理学教授的姥爷和姥姥总和我一起翻阅《地理知识》。后来上学了，同样是地理学教授的父亲，更是经常带我游历名山大川，探访古街陋巷，甚至让我参加了他的课题调研，我对地理学的兴趣愈加浓厚。2006年考大学时，本想报读表姐所在的中山大学地理信息科学专业，可惜当年中山大学在北京不招该专业的学生，只好选择了相近的环境工程专业。后来考博士研究生时，我就毫不犹豫地选择了中国人民大学经济学院区域经济研究所——全国经济地理研究会会长单位、中国区域经济研究大本营。我现在从事的工作与父亲的科研领域无缝对接，子承父业，算是对姥爷、姥姥当年的引导及父母养育之恩的回报。

  这部著作得到了北京师范大学多项课题的支持，同时也得到了北京师范大学有关师生的帮助。攻读博士学位和撰写本书的过程中更是得到了爱妻的理解和大力支持，襁褓中的爱女更令我心花怒放。借此机会一并向他们表示感谢。

  博士研究生毕业，娶妻生女，顺利就业并从事自己喜欢的专业，家庭和社会对我太好了。有道是日积月累点滴在，一土一石堆成山。希望本书的出版成为我今后努力的起点，提醒并敦促自己不忘初心，勇攀高峰。

吴昊

2022年6月于北京

本书作者

吴昊，男，出生于吉林长春，中咨海外跨区域产业协作中心副主任，博士，中级经济师。2010年毕业于中山大学环境工程专业，获工科学士学位；2013年毕业于北京师范大学公共管理（社会政策）专业，获管理学硕士学位；2020年毕业于中国人民大学城市经济学专业，获经济学博士学位。曾在工业和信息化部电信研究院、北京长城企业战略研究所等多家单位实习和工作。主要从事国民经济与社会发展规划、产业发展规划、园区规划、科技创新规划的编制研究工作，曾主持完成《黑龙江大庆产业链规划》《河北邯郸产业发展规划》《新疆石河子市"十四五"工业发展规划》《新疆博乐市"十四五"时期重大项目规划》《天津滨海新区"十四五"重大建设任务前期研究》《浙江宁波高新区"十三五"产业发展规划》《湖南衡阳高新区"十三五"产业发展规划》《天津经济技术开发区细胞谷国家级新型工业化产业示范基地创建工作方案》《中材人工晶体研究院（山东）有限公司双创基地建设方案》等，以及多项新型工业化与科技创新专项课题，合著《区域发展产业规划》《城市发展前沿问题研究》等多部专著，发表学术论文《基于DEA模型的中国城市创新效率及其影响因素分析——以副省级及以上城市为例》等多篇。